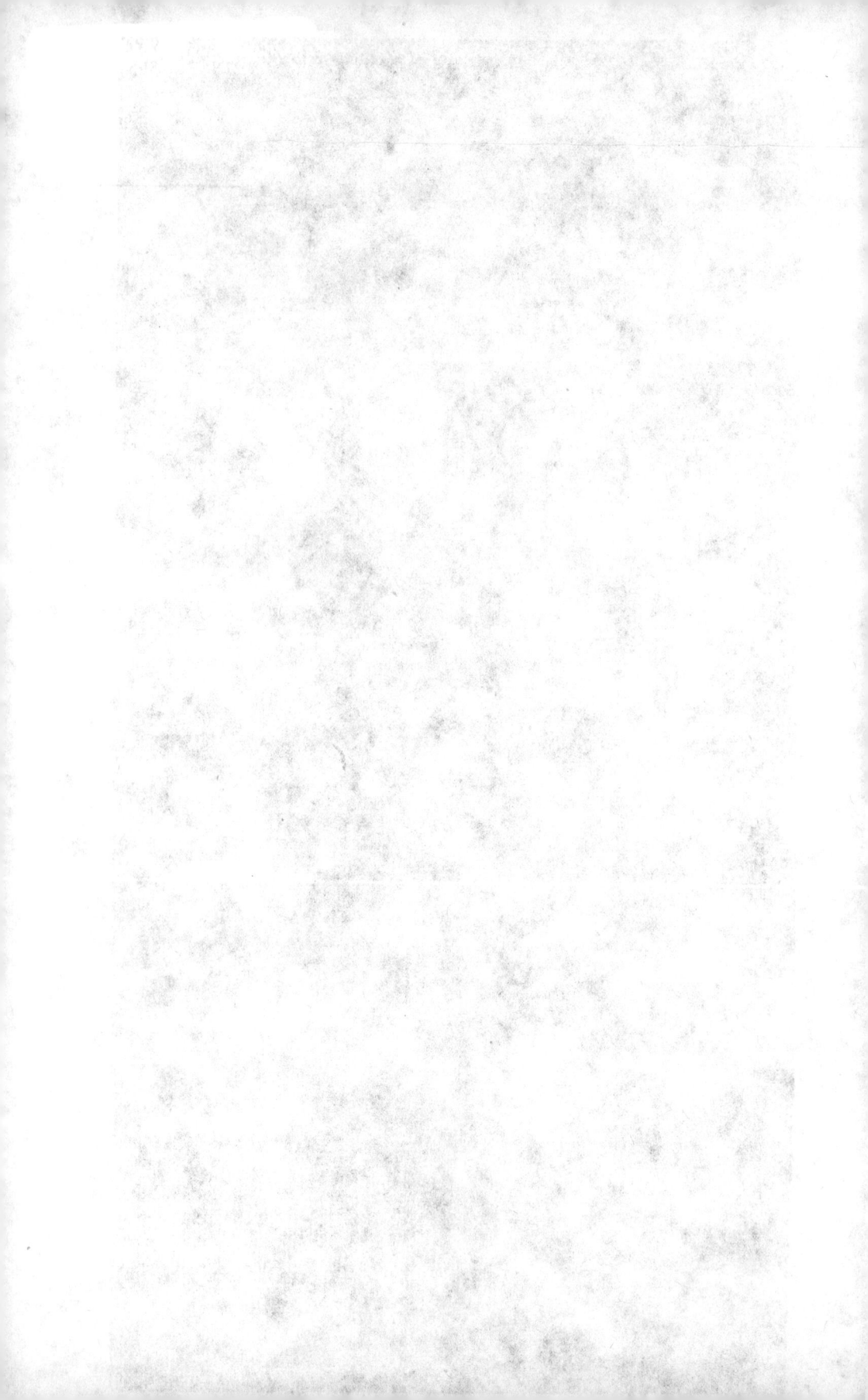

BIBLIOTHÈQUE
DE PHILOSOPHIE CONTEMPORAINE

LA PSYCHOLOGIE

DES INDIVIDUS ET DES SOCIÉTÉS

CHEZ TAINE HISTORIEN DES LITTÉRATURES

ÉTUDE CRITIQUE

PAR

PAUL LACOMBE

PARIS

FÉLIX ALCAN, ÉDITEUR

LIBRAIRIES FÉLIX ALCAN ET GUILLAUMIN RÉUNIES

108, BOULEVARD SAINT-GERMAIN, 108

1906

LA PSYCHOLOGIE
DES INDIVIDUS ET DES SOCIÉTÉS

DU MÊME AUTEUR

LIBRAIRIE FÉLIX ALCAN

LA PSYCHOLOGIE
DES INDIVIDUS ET DES SOCIÉTÉS

CHEZ TAINE HISTORIEN DES LITTÉRATURES

ÉTUDE CRITIQUE

PAR

PAUL LACOMBE

———

A LA CHÈRE MÉMOIRE DE L. L.

AVERTISSEMENT

Ceci est un examen critique — très critique même — des théories de Taine. Le procédé dont j'use avec lui consiste à le suivre de près, pas à pas, à confronter ses affirmations avec les faits, à sonder ses généralisations pour en vérifier le contenu, à les rapprocher les unes des autres pour voir si elles s'ajustent. Ce procédé, je le savais, et j'en ai pris résolument mon parti d'avance, d'abord n'est pas du tout artistique ; il est défavorable au style et à la belle composition. Secondement, il donne des résultats tels qu'il va m'exposer à une méprise. Le lecteur pourrait bien s'imaginer finalement que je tiens en médiocre estime le génie de Taine. Or rien de cela. Je respecte Taine infiniment. Je le considère comme un esprit d'une haute puissance. Je révère en lui les suprèmes qualités de l'homme de pensée ; labeur journalier, opiniâtre jusqu'à être excessif et épuisant, conscience dans la recherche, sincérité avec soi-même et franchise devant le public, aucune pose, aucun charlatanisme, le dédain de la popularité porté à un point tel qu'aucun autre des grands esprits contemporains, émules de Taine, n'y a atteint. Je suis étonné que Taine ait voulu et pu apprendre tant de choses, en tant de directions diverses. J'admire qu'il ait pu embrasser d'une vue synthétique une telle masse de faits d'ordres différents, construire de si vastes synthèses et peindre de si larges tableaux. Inutile de dire ce que je pense de son talent littéraire si éclatant.

Taine fut un initiateur. C'est un grand, un très grand éloge. Il n'en est pas moins vrai que celui qui le premier perce une voie neuve dans des lieux difficiles, est destiné, à tracer une voie tortueuse. D'autres viennent après lui, qui plus facilement et avec moins de mérite, marchent pourtant plus droit, et vont plus loin. Depuis Taine on a marché, en rectifiant sa route. Supérieur de sa personne à ceux qui l'ont suivi, ses idées n'en sont pas moins dépassées.

Pour aller plus loin que lui, ses successeurs se sont aidés de lui ; ils doivent à sa mémoire une respectueuse et profonde reconnaissance. S'ils manquaient de gratitude envers Taine, c'est qu'ils prendraient pour un avantage tout à fait personnel ce qui n'est qu'un avantage de postériorité dans le temps : ce serait se méconnaître et se surfaire.

« Mais pourquoi user de cette méthode critique envers un illustre devancier ? » Parce que l'intérêt de la science le veut ainsi. Il serait funeste pour elle que ceux qui ont été nos guides, entre deux étapes dans la poursuite du vrai, restassent nos guides à jamais. Et cela ne manquerait pas d'arriver, précisément à raison de leur célébrité, si on ne leur appliquait une critique, je ne dis pas sévère, mais exempte de complaisance. Une vénération systématique, une reconnaissance aveugle pour leurs services, feraient de ces mêmes hommes, qui furent les vaillants serviteurs de la science, pendant leur vie, des obstacles à la science après leur mort. Toute leur existence a d'avance protesté contre cette manière d'être honorés.

LA PSYCHOLOGIE
DES INDIVIDUS ET DES SOCIÉTÉS

CHEZ TAINE HISTORIEN DES LITTÉRATURES

CHAPITRE PREMIER

LES THÈSES CAPITALES DE TAINE EXPOSÉES SOMMAIRE-
MENT DANS L'*INTRODUCTION A L'HISTOIRE LITTÉ-
RAIRE D'ANGLETERRE*. — LA THÈSE DES RACES Y
TIENT LE PREMIER RANG.

L'histoire de la littérature anglaise est précédée
d'une introduction qui est comme le manifeste princier de Taine prenant possession de l'histoire, et
comme la charte contenant les grandes lois qu'il lui
assigne. Si on veut — et on doit le vouloir — se former
le plus tôt possible une idée d'ensemble de la philosophie historique de Taine, il faut faire de cette magis-
trale introduction son point de départ, l'objet de son
premier examen. On trouve là accumulées les principales affirmations de Taine, celles qu'il n'a depuis ni
rétractées, ni atténuées, mais au contraire développées
et mêlées systématiquement au courant des faits, à
titre de causes et d'explications.

*
* *

La première affirmation que je rencontre est celle-ci : « On a découvert récemment que la littérature d'un temps donné était l'expression intellectuelle et morale de ce temps. » — Je demande : qu'est-ce que la littérature? Qu'est-ce que ce terme contient, englobe, et qu'est-ce qu'il ne contient pas ? Est-ce tout ce qui est écrit, ou un genre particulier d'écrits? Et si c'est, comme il semble, un genre particulier d'écrits, ne faut-il pas d'abord déterminer, définir ce genre? Taine ne l'a pas fait; non plus au reste qu'aucun de ses prédécesseurs.

Cette définition qui manque, me semble indispensable; j'essaierai de dire pourquoi elle est indispensable et d'expliquer comment, sans elle, un historien philosophe court le risque de tomber en de fausses conclusions.

La littérature est donc, selon Taine, l'expression du temps qui la vit naître; c'en est même, à ses yeux, l'expression la plus complète et la plus fidèle. Le document littéraire est en même temps un document historique, et historique au premier chef. C'est pourquoi Taine, en une même phrase, parle d'interroger, d'interpréter un poème, un symbole de foi, un code. — Représentez-vous, à côté l'un de l'autre, Eviradnus, le Credo catholique, le Code civil. Avant de les interroger, de les interpréter comme témoins de notre temps, est-ce qu'il ne faudrait pas faire à leur égard ce qu'on fait pour tout homme qui témoigne, c'est-à-dire tâcher de savoir jusqu'à quel point ils ont l'intention, la volonté d'être véridiques, jusqu'à quel point ils sont compétents pour dire la vérité, ou plutôt quelle espèce de vérité ils sont en mesure de nous dire ?

C'est un étrange rapprochement que de mettre ensemble un code et un poème. Dans l'auteur de tout code, il y a une disposition d'esprit générale, fondamentale, ou si vous voulez une intention, une visée; dans l'auteur de tout poème, il y a aussi une disposition d'esprit, une visée; mais ces intentions, ces visées fondamentales, de l'un à l'autre, diffèrent. L'auteur d'un code veut, désire que les hommes autour de lui fassent certains actes et s'abstiennent de certains autres. L'auteur d'un poème, que veut-il? Quelle est sa visée la plus ordinaire ou la plus dominante? Est-il sûr que la visée ordinaire ou principale d'un auteur de poème, — ou même d'une œuvre littéraire quelconque — soit *de dire vrai?* N'est-ce pas plutôt *d'intéresser*, *d'émouvoir*, et de se faire valoir, ce qui pourrait bien mener son homme plus ou moins à côté de la vérité ou au delà ?

« Sous tout document laissé par le passé, cherchons l'homme auteur du document. » Excellente idée, mais tout de suite Taine l'exagère, il veut que nous allions jusqu'à « voir cet homme des yeux de notre tête », jusqu'à le voir avec ses gestes et ses habits, « distinct comme celui qui passait tout à l'heure dans la rue ». Dès son premier pas, Taine nous avertit ainsi de l'intérêt excessif qu'il accorde à l'élément pittoresque, à la représentation visuelle. Il la croit instructive, alors qu'elle n'est qu'émouvante ; c'est tout pour l'art, mais pour la science peu ou rien.

Cette erreur, nous le verrons, n'est pas sans conséquences. Elle a dans son œuvre des prolongements fâcheux. Il croit, par exemple, pouvoir affirmer que nos auteurs classiques ont eu une idée trop mince, trop abstraite de l'homme intérieur, bref qu'ils ont été d'assez pauvres psychologues, parce qu'ils sont médiocrement pittoresques, parce qu'ils n'abondent pas en descriptions des dehors et du milieu. Et, en outre, il a tiré de là de bien téméraires inférences sur l'esprit français. Théophile Gautier, son contemporain, aurait dû suffire à l'avertir qu'on peut être un pauvre psychologue, tout en faisant d'amples et exactes descriptions.

*_**

« Les faits moraux, comme les faits physiques, sont causés ; le vice et la vertu sont des produits comme le vitriol et le sucre ; ce sont données com-

plexes, dépendant de la rencontre de données simples.
Cherchons donc les données simples, et considérons
le premier fait venu, par exemple la musique d'un
temple protestant. Elle est faite de graves et mono-
tones mélodies, cette musique. C'est que, comme l'architecture du temple et le détail des cérémonies qui
s'y accomplissent, elle vient de l'idée générale que
l'homme protestant s'est formée du culte extérieur dû
à Dieu. Or cette idée provient elle-même d'une autre
plus large : celle de toute la conduite que l'homme
est tenu d'avoir vis-à-vis de Dieu. Et cette seconde
idée découle d'une troisième, la conception que
l'homme s'est faite du caractère de son Dieu. On
touche ici le fond de l'homme, car, pour expliquer
cette conception, il faut considérer la race elle-même,
c'est-à-dire le Germain. »

L'affirmation d'une race germaine apparaît ici tout
d'un coup, sans que nous sachions encore ce que
Taine entend par une race. Et voici comment il nous
dépeint cette première race. « Apercevez la structure
« de caractère du Germain, dans cette *lenteur* et cette
« *froideur* de la sensation qui empêchent l'homme de
« tomber violemment et facilement sous l'empire du
« plaisir sensible, cette *rudesse* du goût, cette irré-
« gularité et ces *soubresauts* de la conception qui
« arrêtent en lui la naissance des belles ordonnances
« et des formes harmonieuses, ce dédain des appa-
« rences, ce besoin du vrai, cette attache aux idées

« abstraites et nues, que développe en lui la con-
« science, au détriment du reste. » Or, les quelques
grands traits, comme ceux-ci, qui constituent une
race, sont les grandes causes universelles et per-
manentes qui déterminent les religions, les philosophies, les poésies, les industries, les formes de
société et de famille ; c'est, nous dit Taine, qu' « il
y a un système dans les sentiments, dans les idées
humaines, et ce système a pour moteur premier certains traits, certains caractères d'esprit et de cœur
communs aux hommes d'une race, d'un siècle, ou
d'un pays. De même qu'en minéralogie les cristaux
divers s'expliquent par un élément géométrique primitif, les civilisations s'expliquent par un élément
psychologique primitif. En minéralogie, on commence
par considérer un solide régulier en général, c'est-à-
dire un solide idéal, abstrait... *Pareillement, si vous
voulez saisir l'ensemble des variétés historiques, considérez d'avance une âme humaine en général, avec ses
deux ou trois facultés fondamentales, et dans cet
abrégé vous apercevrez les principales formes qu'elle
peut présenter.* »

Je souligne tout ce passage ; il est précieux pour
moi ; je compte en tirer un avantage important.
« Après tout cette sorte de tableau idéal n'est guère
complexe. Qu'y a-t-il au point de départ dans *l'homme ?*
(Remarquez, *l'homme*, sans qualificatif.) Des images
ou *représentations* des objets (tel arbre, tel animal,

bref une chose sensible); ceci est la matière du reste,
et le développement de cette matière est double,
spéculatif ou pratique, selon que les représentations
aboutissent à une *conception générale* ou à une *résolution active*. Voilà tout l'homme en raccourci. »
Toutes les diversités humaines partent de là, car « la
moindre altération dans les facteurs amène des alté-
rations gigantesques dans les produits. Selon que
la représentation est nette et comme découpée à l'em-
porte-pièce, ou bien confuse et mal délimitée; selon
qu'elle concentre en soi un grand ou un petit nombre
de caractères de l'objet; selon qu'elle est violente et
accompagnée d'impulsions, ou tranquille et entourée
de calme, toutes les opérations et tout le train de la
machine humaine sont transformés. »

Effectivement, si je rappelle en mon esprit l'image
d'un arbre, je puis me le représenter en totalité, avec
une netteté variable; je puis me le représenter plus
ou moins détaillé; je comprends Taine sur ces deux
points; mais je ne comprends pas ce qu'il veut dire
avec sa représentation *violente*.

« Pareillement encore, selon que le développement
ultérieur de la représentation varie, tout le développement humain varie. » Ce qui suit la représentation :
« c'est une conception générale ».— En effet, la représentation de plusieurs arbres est suivie de cette idée
générale : l'arbre.— « Si la conception générale est une
notation sèche. » Qu'est-ce qu'une notation sèche, et

qu'une notation qui n'est pas sèche, quand il s'agit de l'idée générale d'arbre? L'explication, au moyen d'un exemple, n'aurait pas été inutile ici. Nous devons nous en passer. Donc s'il y a notation sèche « la langue devient une sorte d'algèbre; la religion et la poésie *s'atténuent*, la philosophie se réduit à une sorte de bon sens moral et pratique, la science à un recueil de recettes, de classification..., l'esprit tout entier prend un tour positiviste ». — Nous avons devant nous la race chinoise.

« Si, au contraire, la conception générale est une création poétique et figurative, un symbole vivant, la langue devient une sorte d'épopée où chaque mot est un personnage, la poésie et la religion prennent une ampleur magnifique et *inépuisable*, la métaphysique se développe largement et subitement, sans souci des applications positives ; l'esprit tout entier s'éprend du beau et du sublime et conçoit un modèle idéal capable, par sa noblesse et son harmonie, de rallier autour de soi les tendresses et les enthousiasmes du genre humain. » — Nous avons devant nous la race aryenne.

Je ne comprends pas bien comment la conception générale de l'arbre; ou de l'animal, d'un objet quelconque, peut devenir poétique, *figurative*, tout en restant générale. Il n'y a figure que d'objet particulier. Qu'on peigne un arbre avec des couleurs ou avec des mots, on est forcé de lui donner une forme précise, toujours particulière par quelque détail. Et plus une peinture voudra être poétique, artistique, plus elle sera précisée et particularisée. Tout individualiser est le but de l'art, comme abstraire des individus uniquement le trait de ressemblance générale, qui les unit, est le but de la science ou de la philosophie. Une conception à la fois générale et figurative, c'est, pour moi, une formule qui accouple deux idées contraires.

La manière de concevoir, que Taine attribue aux races aryennes, me semble un non-sens. Supposons-la cependant possible, voyez tout ce qui s'en serait suivi, selon lui. « La poésie et la religion en auraient pris une ampleur magnifique et *inépuisable*. » — Songez un peu à ce qu'est une *religion* comme le Catholicisme, à l'immense quantité d'éléments rassemblés sous ce seul mot, à toutes les parties diverses de l'âme humaine qui se sont émues pour donner cet ensemble ; et qu'il y a là de tout, depuis les opérations les plus subtiles de l'intelligence humaine jusqu'aux nuances les plus fugitives des sentiments les plus divers, même les plus opposés (par exemple l'espérance et la terreur). Quoi ! cette immense institution serait tout entière sortie d'une façon de faire une opération *uniquement intellectuelle* et élémentaire ! — Et, comme la religion, la métaphysique en aurait pris un développement large et subtil ! « Sans souci des applications positives » — (témoin les Anglais, j'imagine). — Et l'esprit aryen *tout entier*, par suite de la même

cause, se serait épris du beau et du sublime et aurait
conçu un modèle idéal, etc. ! — Mais, s'il vous plaît,
où est la preuve? Admettons d'un côté l'opération
élémentaire, la façon primitive de concevoir ; admettons, d'autre part, comme vrai, cette espèce de tableau
à grands traits (assez outrés ou vagues) des civilisations aryennes, ce que je demande à Taine, c'est de
me montrer avec certitude que le lien de cause à effet
unit la conception primitive avec le tableau. Encore
une fois où est la preuve? Comment s'est-il démontré
cela à lui-même? Pas de preuve. Pas ombre de ren-
seignement sur le travail d'esprit que Taine a fait, ou
aurait dû faire, pour vérifier quelque peu des asser-
tions si larges et hasardeuses à proportion. — Et il
continue audacieusement : « Si maintenant la conception générale est poétique mais non *ménagée* (quel
sens donne-t-il à cette épithète?) si l'homme y atteint,
non par une gradation continue, mais par une intuition
brusque, si l'opération originelle n'est pas le développement régulier, mais l'explosion violente, alors,
la métaphysique manque, la religion ne conçoit que le
Dieu roi, dévorateur et solitaire, la science ne peut se
former, l'esprit se trouve trop raide et trop entier pour
reproduire l'ordonnance délicate de la nature, la
poésie ne sait enfanter qu'une suite d'*exclamations* (?)
véhémentes et grandioses... l'homme se réduit à
l'enthousiasme lyrique, à la *passion irréfrénable*, à
l'action *fanatique et bornée*. » — Et nous avons les

Sémites. — Oui, cela ressemble assez à ce que les civilisations sémitiques nous paraissent être, vues ou plutôt entrevues de loin, de très loin; le portrait ne choque pas nos idées; mais je le croirais volontiers fait de chic, comme disent les artistes [1]. En tout cas ce qui manque, c'est comme devant, que la connexion soit démontrée des effets avec la cause prétendue.

Remarquez combien d'effets; et à combien d'ordres différents ces effets appartiennent : par exemple, le lyrisme de la poésie, et la passion irréfrénable, et l'action fanatique.

« C'est dans cet intervalle entre la représentation « particulière et la conception universelle que se « trouvent les germes des plus grandes différences « humaines. Quelques races, par exemple les classi- « ques (encore une surprise, quelles sont les races « classiques? Avec les races sémitiques, nous étions « dans le connu, sinon dans le certain; mais nous « voici dans le tout nouveau et dans l'ambigu... En « fait, jamais Taine ne nous donnera une liste précise « des races classiques), les races classiques passent « de la représentation à la conception générale par

1. Je remarque en passant que l'intuition brusque, l'explosion violente attribuée aux Sémites, ressemble singulièrement à la façon de concevoir par bonds ou par sursauts que Taine attribue aux races germaniques et en particulier aux anglo-saxons, qui sont, eux, des Aryens. Cela nous gêne beaucoup pour concevoir nette- ment, dans leurs contours distinctifs, la race sémitique et la race aryenne. De plus à y regarder de près, les Arabes ne sont pas si purement monothéistes, ni dans le passé, ni dans le présent. Et ils ne sont pas que lyriques, ils sont également conteurs.

« une échelle graduée d'idées, régulièrement classées
« et de plus en plus générales; d'autres, par exemple
« les germaniques, opèrent la même traversée par
« bonds, sans uniformité après des tâtonnements pro-
« longés et vagues. (Ajoutez cela, s'il vous plaît, au
« portrait du Germain donné plus haut.) Quelques-
« uns, comme les Romains et les Anglais, s'arrêtent
« aux premiers échelons; d'autres, comme les Hin-
« dous et les Allemands montent, jusqu'au dernier. »

En deux ou trois pages, voici que Taine nous a déjà
peint ou esquissé un assez grand nombre de races ou
sous-races; l'Aryen, le Sémite, le Chinois, le Germain,
le Romain, l'Anglais, sans compter le groupe indéter-
miné des races classiques. C'est abattre bien de la
besogne en peu de temps; et cependant, en voici
encore :

« Si maintenant, on regardait le passage de la
représentation à la résolution, on y trouverait des
différences de la même importance... Selon que
l'*impression* (?) est vive, comme dans les climats du
Midi, ou terne, comme dans les climats du Nord,
selon qu'elle aboutit à l'action dans le premier instant, comme chez les *Barbares*, ou tardivement
comme chez les peuples *civilisés*... tout le système
des passions humaines est différent. » Qu'entend-il
par impression? Que met-il sous ce mot? Et puis...
remarquez-le, Taine est parti pour nous dire ce qui
cause les différentes façons dont on passe de la

représentation à la résolution; et cette fois ce sont les climats différents qu'il allègue, et aussi les différents degrés de civilisation; c'est sortir un peu brusquement de son explication des choses au moyen de la race.

Taine y rentre en nous avertissant que parfois, chez un peuple, l'ascendant de sa race est annulé au cours de l'histoire, de grandes forces étrangères étant venues contrarier la force primitive. « La race a émi- « gré, comme l'ancien peuple aryen, et le changement « de climat a altéré chez elle l'économie de l'intelli- « gence et toute l'organisation de la Société. » — (Je préviens que nous rencontrerons tout à l'heure une appréciation quelque peu contradictoire, au moins en apparence.) — Ou bien le peuple a été conquis, comme la nation saxonne — ou, au contraire, il a conquis un autre peuple, ce qui l'a obligé à vivre campé, comme les Spartiates. N'importe, « toujours « on rencontre, pour ressort primitif, quelque disposi- « tion très générale de l'esprit ou de l'âme, soit *innée*, « et *attachée* naturellement à la race, soit acquise et « produite par quelque circonstance appliquée à la « race ».

« Ces grands ressorts font peu à peu leurs effets... « au bout de quelques siècles ils mettent la nation « dans un état nouveau, lequel est une condition nou- « velle qui, en surajoutant son effet à celui des res- « sorts permanents, produit à son tour un autre état.»

Autrement dit, « trois sources différentes contribuent « à produire » toute la série des états moraux successifs d'un peuple : la race, le milieu, le moment.

La race « ce sont ces dispositions *innées* et *hérédi-* « *taires* que l'homme apporte avec lui à la lumière. « La race est une force distincte, si distincte qu'à tra- « vers les énormes déviations que les deux autres « moteurs lui imposent, on la reconnaît encore, et « qu'une race comme l'ancien peuple aryen, éparse « depuis le Gange jusqu'aux Hébrides, établie sous « tous les climats, échelonnée à tous les degrés de la « civilisation, transformée par trente siècles de révo- « lutions, manifeste pourtant dans ses langues, dans « ses religions et dans ses philosophi-? la com- « munauté de sang et d'esprit qui relie encore aujour- « d'hui tous ses rejetons..... Les grands traits de « la forme originelle ont subsisté, et on retrouve les « deux ou trois linéaments principaux de l'empreinte « primitive sous les empreintes secondaires que le « temps a posées dessus. »

Mettez en regard de ceci la phrase que j'ai déjà signalée : « La race a émigré, comme l'ancien peuple « aryen, et le changement de climat a altéré chez « elle toute *l'économie de l'intelligence* et toute l'orga- « nisation de la société, » et dites-moi si vous ne percevez pas là quelque contradiction?

Rappelons-nous maintenant que ces différentes dispositions *innées* qui sont la race même, pour si différentes qu'elles apparaissent dans les différentes races humaines, ne proviennent cependant toutes que d'une divergence simple, élémentaire : la façon différente dont les hommes passent de la *représentation* à l'idée générale d'un côté, à la *résolution* d'autre côté. De ces façons différentes dérivent les productions différentes de l'intelligence et les organisations différentes de la société. Je demande alors quels sont les *deux ou trois* (incertitude singulière !) principaux linéaments que manifestent en commun tous les rejetons de la race aryenne? Je le demande, d'autant plus embarrassé qu'ici un autre souvenir me revient : je me souviens que l'Anglo-Saxon, un Aryen, va par bonds et sursauts de la représentation à l'idée générale; et que le Latin, autre Aryen, franchit le même intervalle par échelons parfaitement ménagés — ce qui est bien une divergence dans le processus primitif, élémentaire, dont l'influence capitale s'étend si loin selon Taine.

J'ai lu vingt fois probablement cette introduction de l'histoire de la littérature anglaise, et, plume en main, j'ai cherché de mon mieux à trouver la liaison des idées, à saisir la cohésion du système; il faut que je l'avoue franchement, les explications de Taine en ce qui concerne la race me paraissent finalement incohérentes. Que d'autres s'y retrouvent, c'est possible, et cela ne m'étonnera pas outre mesure; mais pour mon compte, je m'y perds. — Au reste je n'ai pas besoin d'avertir que je reviendrai sur ce sujet.

Le milieu, on comprend aisément et tout de suite ce que c'est : c'est tout ce qui environne un homme donné, soit nature physique, le climat, le sol, etc.; soit institutions humaines, telles que la religion, le gouvernement... bref, l'atmosphère matérielle, morale, intellectuelle, dans laquelle l'homme vit et se meut. Taine ici ne nomme expressément que le climat, les circonstances politiques et les conditions sociales, en donnant pour chacun de ces facteurs un exemple des effets qu'il peut produire; il n'avait pas à détailler davantage le milieu dans une simple introduction. Nous verrons le parti qu'il en a tiré finalement dans ses ouvrages postérieurs.

On comprend moins vite ce que c'est que le moment. Cependant, voici : avec les forces du dedans (race) et du dehors (milieu), il y a l'œuvre qu'elles ont faite ensemble. Cette œuvre elle-même contribue à produire celle qui suit; outre l'impulsion permanente et le milieu donné, il y a la vitesse acquise; cette *vitesse acquise*, ce *moment*, avec l'acception spéciale que Taine donne à ce mot, montrent qu'il a emprunté d'abord l'idée à la mécanique. Il a sans doute su donner à cette idée, après coup, une interprétation psychologique; mais il reste encore à la fin, dans la vue de Taine, trop de son premier regard sur ce sujet. Après avoir dessiné quelques exemples historiques du *moment*, il dit : « Il n'y a ici, comme partout qu'un

« problème de mécanique : l'effet total est un composé
« déterminé tout entier par la grandeur et la direction
« des forces qui le produisent..... L'effet est grand
« ou petit, selon que les forces fondamentales sont
« grandes ou petites et tirent plus ou moins exacte-
« ment dans le même sens. » — Que race, milieu et
moment se combinent pour s'ajouter l'un à l'autre ou
pour s'annuler l'un par l'autre, à première vue, quoi
de plus lucide, de plus plausible, de plus simple?
Cependant nous aurons à examiner si la complexité
réelle des événements nous permet de leur imposer
une explication si simple et si aisée.

***

De quelle façon ces trois causes, appliquées maintenant, non plus sur une race, mais plus étroitement
sur une nation ou sur un siècle, y distribuent-elles
leurs effets? Divisons d'abord, dit Taine, toute civilisation entre les cinq ou six provinces qui la composent : religion, art, philosophie, état, famille, industrie. Nous remarquons que ces provinces diverses ont
entre elles quelque chose de commun. Ainsi par
exemple la religion, l'art, la philosophie d'une civilisation reposent sur une même base, qui est « une
certaine conception de la nature et de ses causes
primordiales ». L'Etat et la famille sont, de leur côté,

fondés sur un sentiment commun « qui est l'obéissance » mais une obéissance à caractère variable.
Supposez en effet que l'obéissance soit purement de
la crainte : vous avez le despotisme oriental, avec
toutes ses suites; et dans la famille l'esclavage de la
femme et le harem. Si l'obéissance a pour racine
l'instinct de la discipline, la sociabilité et l'honneur
(il faudrait, ce me semble, mettre *racines* au pluriel)
« vous trouvez, comme en France, la parfaite organisation militaire, la belle hiérarchie administrative, le
manque d'esprit public avec les saccades du patrio-
tisme, la prompte docilité du sujet avec les impatiences
du révolutionnaire, les courbettes du courtisan, avec
les résistances du galant homme, l'agrément délicat
de la conversation et du monde avec les tracasseries
du foyer et de la famille, l'égalité des époux et l'imper-
fection du mariage sous la contrainte nécessaire de la
loi. Si enfin le sentiment d'obéissance a pour racine
l'instinct de subordination et l'idée du devoir, vous
apercevez, comme dans les nations germaniques, la
sécurité et le bonheur (c'est beaucoup dire) du ménage,
la solide assiette de la vie domestique, le développement tardif et incomplet de la vie mondaine, la
déférence innée pour les inégalités établies, la superstition du passé, le maintien des inégalités sociales,
le respect naturel et habituel de la loi. »

Ce qui me frappe d'abord dans ce morceau c'est
que les causes alléguées ne sont pas très nettement

définies ; par exemple qu'est-ce que l'instinct de la discipline et celui de la subordination ont de différent?. Et de même l'honneur et le devoir? C'était à dire. Toute religion contient une conception quelconque de la nature et de ses lois primordiales, je le veux bien, mais une religion ne contient pas que cela. Le catholicisme me paraît renfermer bien des choses qui ne sont pas précisément une vue intellectuelle, une conception de la nature telle que la voit le croyant ; par exemple, des règles de conduite qui répondent à ce qui devrait être, non à ce qui est *naturellement*. Et quant à ce qui constitue la *base* même de toute religion, on en dispute et on en peut bien disputer. Beaucoup pensent que la vraie base est l'envie naturelle qu'a l'homme de vivre, par delà l'existence terrestre, et la satisfaction que donne à ce désir, à cette espérance, le rêve, le tableau, plus ou moins circonstancié de l'existence ultra-terrestre, mis à la disposition du croyant par toute religion, un peu développée ; d'autres, fort nombreux aussi, trouvent ailleurs la base en question. Quant à l'art, l'affirmation de Taine appelle une observation opposée. On ne voit pas avec évidence qu'il y ait une conception quelconque de la nature et de ses lois dans des œuvres qui sont à coup sûr *artistiques*. Quelle conception de la nature et de ses lois y a-t-il à la *base* du *Misanthrope* ou de *Britannicus* ou d'*Othello* (pour nous en tenir à l'art littéraire)? Il y a la nature humaine, dira-t-on, puisqu'il y a là des

caractères humains, des passions humaines. Si c'est
cela que Taine a voulu dire, à la bonne heure; mais
alors il n'a dit rien que de très vieux; et il ne l'a pas
très bien dit, car il a usé d'une formule fort ambiguë,
qu'il faut interpréter (et peut-être fort hasardeusement)
pour lui donner quelque air de concordance avec les
faits, c'est-à-dire avec les œuvres littéraires.

L'État et la famille ne sont pas fondés rien que sur
l'obéissance. Les sujets, même dans l'état despotique,
et a fortiori ceux de l'État qui n'est pas despotique,
se croient tenus d'obéir, tandis que d'autre part le
gouvernant croit avoir droit à être obéi; mais les uns
et même l'autre ont toujours à quelque degré une
autre idée, c'est que l'obéissance est due d'un côté,
réclamée de l'autre, sous la condition que le gouvernant gouvernera avec justice, qu'il garantira la paix
et la sécurité, bref que l'existence de l'État procurera
à chacun plus d'avantages que de dommages. La famille, si elle est fondée d'un côté sur l'obéissance,
l'est aussi, d'autre part, sur l'affection réelle ou pré-
sumée, sur le désir de perpétuer un nom, de trans-
mettre des biens, des honneurs, de constituer une
sorte de personne — la famille — plus étendue et plus
durable que l'individu.

Comment Taine a-t-il obtenu les résultats qu'il
nous présente? Par quels procédés scientifiques? Il
fait des tableaux, un peu d'après l'histoire, beaucoup
d'après son imagination et ses préférences précon-

çues[1]. Il les fait, avec des traits assemblés par l'unique raison qu'ils se trouvent juxtaposés dans le temps ou dans le pays. Et puis il donne à chacun de ces ramassis d'effets une cause préconçue, jamais vérifiée ; au moins ne voyons-nous pas quand et comment elle l'aurait été. Il croit avoir accroché chacun de ses tableaux à une cause ; et vraiment, il ne les a accrochés qu'à un clou.

*

Taine nous a dit que les diverses provinces d'une civilisation avaient des parties communes. C'en est assez pour qu'il passe tout de suite beaucoup plus loin et nous affirme qu'une civilisation fait corps et que ses parties se tiennent à la façon des parties d'un corps organique, si bien que tout accident, qui modifie l'une quelconque de ses parties, détermine dans toutes les autres une variation correspondante,... et c'est la loi *des dépendances mutuelles*. — Nous constatons maintenant, après l'influence de la mécanique, celle de la biologie. — Nous reviendrons, bien entendu, sur cet important sujet.

1. Je ne vois pas pourquoi en France l'association de la discipline, de la sociabilité et de l'honneur produirait les tracasseries du foyer ? Et au reste je me demande si dans les nations germaniques, en dépit de l'idée du devoir, il n'y a pas de ces tracasseries. Je ne sais rien là-dessus avec certitude, mais j'ai de violents soupçons.

*_**

Nous voici arrivés à la fin (ou à peu près) de cette monumentale préface. Il faut revenir sur ses pas. Dans cette chaîne de propositions que Taine nous présente, il est très remarquable que le premier anneau soit celui-ci : Les multiples manifestations morales et intellectuelles d'un homme quelconque ont pour point de départ, pour première cause, deux opérations élémentaires, la représentation concrète des objets, l'abstraction d'idées générales tirées de ces objets ; secondément, ces idées concrètes, ces idées générales, intéressent, émeuvent l'homme et par suite le déterminent à agir dans un sens ou dans un autre. — Jusque-là, c'est de la psychologie incontestable : L'homme ne marche pas en aveugle ; il va ici ou là, vers tel objet ou loin de lui, d'après une perception et une réflexion nécessairement antécédentes. Mais Taine nous propose d'admettre beaucoup plus que cela ; il veut que la façon diverse que les hommes peuvent mettre, et mettent en effet à accomplir ces premiers pas, produise des divergences infinies, non seulement dans le caractère des individus, mais dans la constitution des sociétés. Je crois que ces premiers pas ne mènent pas si loin. Cette démarche première et élémentaire, décrite par Taine, n'étend pas son ascendant jusque

sur les effets lointains que Taine lui attribue
D'autres causes ont été nécessaires et sont effectivement entrées en jeu pour la production de
ces effets. Notre impression première est donc que
Taine a vu l'homme, sous un angle singulièrement
étroit, ce qui fait qu'il a terriblement simplifié
l'histoire.

***

Évidemment la race, le milieu, le moment, ré-
sument pour Taine toutes les causes de tout phénomène donné ; nous avons là le corps central de toute
sa philosophie historique et comme la trinité de ses
idées. L'opinion, au reste, ne s'y est point trompée:
le nom de Taine évoque désormais en tout esprit la
série de ces trois termes. Mais cette série est en
même temps une hiérarchie, il ne faut pas l'oublier.
Comme cause efficiente, la race a été placée par
Taine bien au-dessus des deux autres. Les trois personnes de sa trinité, à lui, ne sont pas égales. Nous
devrions, ce semble, ouvrir notre examen critique
par un débat sur la race ; toutefois, je le rejette
un peu plus loin. Taine a fait en cinq volumes une
grande histoire de la littérature anglaise, avec l'ambition de démontrer expérimentalement la réalité de sa
théorie sur les causes, et particulièrement son opinion

sur la suprématie, la souveraineté de la race. Il faut
voir préalablement si les faits lui donnent raison; car
s'il a réellement l'expérience pour lui, tout est dit;
les arguments déductifs que j'aurais à lui opposer,
quelque plausibles qu'ils fussent, ne feraient que
blanchir contre ce rocher.

CHAPITRE II

CONSTRUCTION IMAGINAIRE DES RACES ANGLO-SAXONNE
ET LATINO-FRANÇAISE

L'histoire de la littérature anglaise s'ouvre par le portrait du Saxon. — Vu dans son pays d'origine, vu plus tard en Angleterre, le Saxon, paraît-il, est exactement le même ; donc un unique portrait suffit. Ce qui se montre d'abord en ce Saxon, c'est qu'il est ivrogne, glouton, batailleur, courageux, cruel ; par quoi il ne se distingue pas beaucoup de l'homme latin, grec, slave, ou celte, pris au même étage de civilisation. Mais attendez, voici qui le met singulièrement à part et au-dessus :

« Sous cette barbarie native, il y avait des pen-« chants nobles, inconnus au monde romain. » Lesquels ? Pour ma part je serais très curieux de connaître un penchant, noble ou non, qui ne se serait manifesté à aucun degré dans une vaste portion de l'humanité. Comme c'est de l'*invraisemblable*, il faudrait en apporter de fortes preuves.

« Au premier rang, les Saxons ont un certain sérieux
« qui les écarte des sentiments frivoles et les mène
« sur la voie des sentiments élevés. » Qu'est-ce que
ce sérieux qui mène sur la voie des sentiments
élevés?

« Dès l'origine, en Germanie, on les voit sévères
« de mœurs (où voit-on cela? Dans Tacite? ce serait
« loin d'être assez) avec des inclinations graves, et
« une dignité virile... Nul goût pour la volupté; chez
eux l'amour est tardif. » Entendez simplement que,
chez eux, la puberté est en retard, effet évident du
climat et d'un régime de privations, non d'une vertu
volontaire. « La guerre est journalière,... il s'agit
« de ne pas être tué, rançonné, mutilé... et par sur-
« croît violée, si l'on est femme. » On viole donc chez
ce peuple, et même journellement, ce semble, puisque
la guerre y est *journalière*. Mais à quel dessein viole-
t-on, puisqu'on n'y a aucun goût pour la volupté?
Ecoutez cet extrait de la vie de saint Dunstan que
Taine lui-même nous offre :

« Le roi Edwy, ayant épousé Elgita sa parente au
« degré prohibé, quitta, le jour même du couronne-
« ment, la salle où l'on buvait pour aller près d'elle.
« Les nobles se crurent insultés, (sachant bien pour
« quoi le roi leur faussait compagnie). Dunstan s'en
« fut lui-même trouver le jeune homme ; il trouva la
« femme adultère, sa mère et le roi ensemble sur le
« lit de débauche. » Cette mère sur ce lit, dans les

circonstances données, me gêne ; il m'est difficile de voir là une scène de mœurs sévères.

« A travers les emportements de la brutalité primi-« tive, on voit percer obscurément la grande idée du « devoir qui est celle de la contrainte exercée par soi, « sur soi, en vue de quelque but noble. Chez eux le « mariage est pur et la pudicité volontaire. »

Qu'est-ce que cela veut dire? Sans doute qu'ils ne connaissent pas l'adultère ? Mais non, car voici la phrase qui suit : « Chez les Saxons, l'homme adul-« tère est puni de mort, la femme obligée de se « pendre ou percée à coups de couteau par ses com-« pagnes. » Il y a donc des adultères ; on les frappe de peines sévères, il est vrai; mais ces peines sévères ne prouvent pas du tout la rareté du crime ; ce serait plutôt le contraire ; et convenons que ces peines sévères peuvent contribuer à produire cette pudicité qu'on qualifie de « volontaire ». Au reste, l'adultère a été et est encore puni de peines capitales chez nombre de peuples sauvages ou barbares, dont Taine n'aurait certainement pas songé à vanter la vertu et la pudicité. « Les femmes des Cimbres, ne pouvant « obtenir de Marius la sauvegarde de leur chasteté, « se sont tuées par multitudes de leurs propres « mains. » Des foules de femmes, autres que les Germaines, se sont suicidées, comme elles, le soir d'un combat désastreux, affolées non pas uniquement par le souci de leur chasteté, mais par la mort universelle

des leurs, pères, maris, compatriotes, et par la pers-
pective d'une dure existence d'esclave.

Viennent ensuite quelques phrases, empruntées à
cette « Germanie » de Tacite, dont on sait bien la
visée secrète, laquelle n'était pas précisément l'exacte
et fidèle peinture des réalités germaniques. « Ils croient
« qu'il y a dans les femmes quelque chose de saint. »
Pour mettre les choses au point disons : « Ils croient
« qu'il y a dans certaines femmes une sorte d'ins-
« piration. » Il y avait en effet chez eux des prophé-
tesses, des divinatrices, des pythonisses, comme il y
en a eu chez les Celtes, les Grecs et les Latins, et
d'autres peuples encore.

« Ils n'épousent qu'une femme. » Autant en faisaient les Romains et les Grecs primitifs, quitte à
avoir quelquefois en sus des concubines. « Et lui gar-
« dent leur foi. » Voyez-vous Tacite, à la distance où
il est des maris germains, nous garantissant leur fidélité ! J'imagine donc qu'à la guerre les Germains céli-
bataires sont les seuls qui se mêlent de violer. Voilà
encore une chose dont Taine doit être bien sûr.

Grégoire de .Tours et d'autres chroniqueurs, —
moins éloquents, moins artistes en beau langage, et
c'est tant mieux, — les ont vues, de plus près et plus
longuement, ces mœurs germaines, et ils en racontent
des choses qui s'accordent mal avec les peintures de
Tacite. Je sais ce qu'on répond : « Grégoire de Tours
« a vu des bandes guerrières, Tacite a peint les

« Germains dans leurs foyers, parmi leurs femmes,
« leurs enfants, menant l'existence régulière du clan
« et de la tribu. »

Cette hypothèse purement gratuite ne répond pas à
tout. On veut me faire croire que le Germain, vivant
de sa vie ordinaire, manifestait un sérieux, une dignité,
une pudicité, une fidélité et une indifférence sexuelle,
qui étaient chez lui des traits de race, les effets spon-
tanés d'une supériorité de nature. Or voici le Germain
qui s'établit hors de son pays, parmi des peuples
d'une autre race et plus civilisés que lui, et je l'y vois
tout à coup débauché, sensuel, polygame. Le milieu
nouveau, où il s'est placé, influe d'une façon bien singulière sur cet homme, qui m'est donné comme une
nature humaine supérieure. Soumis à la même
épreuve, un homme de race latine, — race inférieure
comme vous savez, — ne s'en serait pas plus mal
tiré. J'avoue que cela me fait douter des mœurs si
exceptionnelles que le Germain aurait manifestées
dans son pays, et qui n'ont d'autre garant qu'un
Tacite.

Ces jugements généraux, qui prétendent à résumer
les qualités et les défauts communs à des masses
d'hommes, ne sont pas des preuves. Cela est fait de
chic comme disent les artistes. Nous n'avons plus
sous les yeux l'ancien Germain. Les historiens antiques, à qui échut cette chance, en revanche ne pos-
sédaient pas ce qu'il aurait fallu pour mettre cette

chance à profit ; j'entends des habitudes de critique exacte, rigoureuse et d'induction prudente, à la moderne.

Les phrases de Tacite induisent Taine à produire celle-ci : « Depuis quinze siècles, l'idée du mariage « n'a pas changé dans cette race. » Oui, cette race a été théoriquement monogame ; elle a eu du mariage l'idée que le prêtre catholique répandait chaque dimanche du haut de sa chaire en France, en Italie, en Espagne, et ailleurs encore.

L'idée de la race germaine, pendant dix siècles, n'est autre que celle de toutes les nations catholiques, et pendant les cinq siècles suivants, n'est autre que celle de toutes les nations catholiques et protestantes. Il n'y a pas lieu de tant se récrier.

« Le simple Germain sait s'oublier pour son chef : « l'homme, dans cette race, peut accepter un supé- « rieur ; être capable de dévouement et de respect... « c'est sur cette subordination volontaire que s'as- « siéra la société féodale. »

Le dévouement du fidèle, ou familier, ou commensal, ou compagnon de bande, à son chef, n'est pas chose exclusivement germanique — pas plus que le régime féodal, qui se serait, selon Taine, élevé sur l'assise de ces mœurs [1].

1. N'est-il pas bien caractéristique que Taine ait si parfaitement oublié, en la présente occasion, des textes qu'il avait certainement lus plusieurs fois : « Adiatumnus, cum sexcentis devotis, quos illi Soldurios appellant, quorum hæc est conditio ut omnibus in vita

« Replié sur lui-même par la tristesse et la rudesse
« de son climat, le Germain a découvert la beauté
« morale¹ pendant que les autres découvraient la
« beauté sensible. » Les *autres,* ce sont (pour n'en
citer que quelques-uns) les Grecs, les Romains, les
Juifs, lesquels, par leur Socrate, leur Platon, leur
Eschyle, leur Sophocle, leur Marc-Aurèle, leurs prophètes et par leur Jésus même, n'ont connu, paraît-il,
que la beauté sensible.

Mais où donc sont déposés les témoignages, les
images de cette beauté morale découverte uniquement
par le Germain ? Je cherche et ne trouve pas, même
dans Taine.

« Cette espèce de brute qui gît tout le long du jour
« auprès de son feu, inerte et sale, entrevoit le sublime
« dans ses rêves. » Le sublime, rien que cela ! Et
comment Taine est-il entré dans le secret de ces rêves

commodis una cum his fruantur, quorum se amicitiæ dederunt; si
quid his per vim accidat, aut eumdem casum una ferant, aut sibi
mortem consciscant : neque adhuc hominum memoria repentus est
quisquam qui, eo interfecto cujus se amicitiæ devovisset, mori
recusaret. » (César, de Bello gallico, III, 22.)

 « Litavicus, cum suis clientibus quibus more gallorum nefas est
etiam in extrema fortuna deserere patronos. » (César, de Bello
gallico, II, 6.)

 « Celtiberi nefas esse ducebant prœlio superesse, cum is occi-
disset pro cujus salute spiritum devoverant. » (Valère Maxime,
II, 6, 11.)

 Voilà qui atteste l'existence du dévouement chez les Gaulois
aussi sûrement* que le texte de Tacite peut le faire pour les
Germains. Ceux-ci n'ont donc pas le monopole du dévouement dont
Taine veut absolument les gratifier.

 *. Et plus sûrement, même, car ce sont ici des faits particuliers allégués, au lieu
d'une formule générale et vague.

sublimes ? « Sa religion est déjà *intérieure*, comme
« elle le sera au xvie siècle. » Or entre ses croyances de
barbare et son protestantisme du xvie siècle, c'est-à-
dire pendant mille ans, le Germain a professé la religion *extérieure* du catholicisme, ni plus ni moins que
s'il était une race inférieure : étonnante éclipse de sa
supériorité de nature et qui vaudrait bien la peine
qu'on essayât de nous l'expliquer.

« Nulle crainte de la douleur, nul souci de la vie... »
Nous sommes décidément en plein invraisemblable !
Aucune race d'hommes, de nous connue avec certitude, n'a échappé totalement à la crainte de la douleur
et de la mort,... non pas même la race gauloise.

Si la race gauloise me vient ici en pensée, c'est que
la contenance de celle-ci devant la mort a justement
frappé les auteurs antiques (ou peut-être plutôt encore
sa conception de l'autre vie). En tous cas, — et Taine
l'oublie singulièrement, — s'il fallait en croire les
auteurs antiques, le complet insouci de la vie aurait
plutôt appartenu aux Gaulois qu'aux Germains. Je ne
crois au complet insouci ni pour les uns ni pour les
autres, car les uns et les autres ont eu leurs jours de
défaite comme de victoire ; un peuple, à qui la crainte
de la mort serait inconnue, n'aurait pas de ces alterna-
tives et passerait au travers de tous les autres peuples
comme un boulet irrésistible.

Taine n'a garde d'oublier le Bersékir ou Berserkier.
Cet espèce d'épileptique, qui s'agite frénétiquement

dans la bataille et qui ne sent pas les coups, est évidemment une exception maladive. Demandez du reste aux militaires si le courage à peu près bestial du Bersékir vaut la froide et immobile bravoure de l'homme qui vient combler le vide là où deux ou trois prédécesseurs ont été emportés par le boulet — ou par les traits de la baliste. Je pense ici à ce que César dit avoir vu au siège d'Avaricum et qu'il qualifie de digne d'une éternelle mémoire.

« La guerre est à chaque porte,... mais les vertus guerrières sont derrière chaque porte. » On peut en dire autant d'une foule de peuples où pendant des siècles on s'est battu journellement entre voisins ; car si les « vertus guerrières » n'y avaient pas existé, la guerre aurait été tôt finie ; c'est évident. Et chez ces peuples-là, on forme des ligues ; on se maintient en grandes familles pour se défendre ou pour venger le meurtre d'un des siens ; on a des chefs, auprès desquels on se serre étroitement, tout comme chez les Saxons.

« L'amour même n'est pas chez ce peuple ce qu'il « est ailleurs, un amusement et une volupté, mais un « engagement et un dévouement. » Je crois qu'en ceci les Saxons n'ont pas été non plus exceptionnels. Hommes et femmes ne s'y mariaient pas, j'imagine, uniquement pour se dévouer l'un à l'autre. Il y avait, bien là, comme ailleurs, dans le mariage, quelque peu d'amour charnel ; d'autant que, Taine lui-même le

confesse, hors du mariage, l'amour n'y était « qu'un
appétit farouche, une secousse de l'instinct ». — Et
d'autre part, nous croyons qu'ailleurs que chez les
Saxons, il s'est rencontré des femmes dévouées à leurs
maris. — Et savez-vous quelle preuve Taine nous
donne d'une humanité si extraordinaire? « Il y a dans
« Alfred un portrait de l'épouse qui, pour la pureté et
« l'élévation, égale tout ce qu'ont pu inventer nos dé-
« licatesses modernes [1]. » Notez qu'Alfred emprunte
ce portrait à Boèce; il est vrai qu'il l'améliore, selon
Taine : mais, quand cela serait... La conception particulière d'un auteur n'est jamais une sûre garantie
des habitudes réellement pratiquées dans tout un
peuple, pas même des habitudes particulières de
l'auteur. C'est pourtant ce genre de garanties que
Taine nous offre exclusivement.

Dans l'une des légendes de l'Edda, on voit « Sigrun
« au tombeau d'Helgi, *avec autant de joie que les*
« *voraces éperviers d'Odin, lorsqu'ils savent que les*
« *proies tièdes du carnage leur sont préparées,* vouloir
« dormir encore entre les bras du mort et mourir à
« la fin sur son sépulchre. » Sur la foi de cette légende
Taine nous affirme qu'il n'y a rien de semblable dans
les poésies primitives de la France, de l'Espagne et de
la Grèce. Je ne suis pas en mesure de le démentir par

1. D'où l'aveu implicite que nous, modernes latins, n'avons pas
été tout à fait ignorants de ces délicatesses qu'on nous donne
comme propres à la race germanique.

un exemple; mais il est difficile que Taine ait absolument connu toutes les poésies primitives de ces trois pays, sans compter que nous ne les avons probablement pas toutes.

Si l'on voulait constater avec quelque certitude le caractère de moralité exceptionnelle que la race germanique aurait par supposition donné au mariage, il me semble qu'il faudrait s'y prendre autrement. On commencerait par observer, étudier le dernier état, l'état du mariage dans le temps actuel, parce que les documents y sont autrement abondants et précis. On consulterait la statistique des tribunaux; on relèverait le nombre des adultères officiellement constatés, et on le comparerait à celui des adultères constatés dans les autres pays; on ferait toutefois réflexion que les adultères légalement dénoncés pourraient bien induire en erreur sur le nombre réel des adultères, les maris trompés pouvant être plus portés, par l'opinion, dans tel pays que dans tel autre, à souffrir en silence au lieu de se plaindre hautement. Et d'ailleurs, il y a autre chose à considérer dans le mariage que la fidélité de la femme. Il y a celle du mari dont il est assez difficile de constater la mesure. Il y a les rapports journaliers, les égards, le ton constant. La femme est-elle traitée en égale, en personne libre; ou bien lui impose-t-on une attitude de soumission, d'effacement, d'abnégation? Est-elle plus ou moins la servante du mari ? Et l'on ferait encore cette réflexion que là

où cette attitude est imposée à la femme par la loi ou
par l'opinion, il ne faut peut-être pas dire que la
femme est dévouée, alors qu'elle est plutôt obéissante
et prosternée.

En tout cas, là où la femme est réellement dévouée,
le mari qui accepte son dévouement est toujours nécessairement quelque peu égoïste ou tyrannique, ce
qui fait que le mariage y a deux faces dont l'une est
moins brillante que l'autre ; ou, si vous voulez, que
la beauté du mariage y est unilatérale.

Pour s'édifier sur ces divers points, il faudrait aller
dans le pays même, interroger, écouter, regarder, lire
les romans sans doute et les pièces de théâtre, mais
avec toute la défiance désirable, et rechercher plutôt
les statistiques, les mémoires récents, les lettres, les
articles de journaux tout ce qui peut renseigner sur
les divorces ou les séparations ; encore faudrait-il distinguer sans doute entre les diverses classes de la
société.

L'enquête à peu près achevée sur l'état contemporain et dernier, on la reporterait sur l'état antérieur,
puis plus haut encore, et ainsi de suite... Ce serait
long, très long, et il n'est pas sûr qu'après des années
d'efforts, on arrivât à des conclusions tout à fait
incontestables, et que l'on démêlât finalement ce
que l'on pourrait appeler, pour complaire à Taine, le
« mariage de la race ». Mais on aurait au moins suivi
la seule méthode légitime, la méthode obligée.

Après cela imaginez un peu quelle confiance nous pouvons accorder à la méthode de Taine, qui consiste à commenter quelque poésie obscure et lointaine. Mesurez toute la distance qu'il y a entre ce que Taine apporte de preuves et ce qui se devrait apporter. Nous sommes à cent lieues de l'investigation et de la *probation* rigoureuses.

Il est curieux de voir l'usage que Taine fait d'un poème intitulé Béowulf, dont au reste le lieu de production et la date sont incertains. Ce Béowulf a pour spécialité de se battre contre les Nicors, monstres fabuleux de l'eau, apparentés aux Orques et aux Jotes. Béowulf tue Grendel, un de ces monstres, particulièrement vorace, lequel vient la nuit dévorer les Thanes du roi Hrothgar, — puis il tue la mère de Grendel « la puissante' femme de la mer ». Il paraît que ce dernier combat se démène sous l'eau. Je note en passant ce que Taine n'a pas remarqué ; c'est que ces Thanes, qui sont assez nombreux, se laissent dévorer, tant ils ont peur du monstre. Si donc Béowulf témoigne pour l'héroïsme de la race germanique, comme le veut Taine, les Thanes témoignent contre, bien plus fortement.

Un peu naïvement à mon sens, Taine, après la mort de Grendel et de sa mère, dit de Béowulf : « C'est là sa première œuvre, et le reste de sa vie est pareil. » Nous voilà bien fixés sur la vie de Béowulf. C'en est assez, selon Taine, pour que nous voyons aisément

« apparaître, dans le nuage de la légende et sous la
« lumière de la poésie, les vaillants hommes qui, à
« travers les folies de la guerre et les fougues du
« tempérament, commenceront à *asseoir un peuple*
« et à *fonder un Etat*.» J'avoue ne pas voir très clairement où et comment ils accomplissent cet important ouvrage.

Vraiment, quand on rapproche le peu de faits réellement prouvés, qu'apporte Taine, des conclusions
qu'il en tire, on trouve parfois ses phrases bien
enflées. En Angleterre « comme en Germanie, parmi
« les tristesses du tempérament mélancolique et les
« rudesses de la vie barbare, on ne voit dominer et
« agir (*chez les Saxons*) *que les plus tragiques* facultés
« de l'homme, *la profonde puissance d'aimer*, et la
« grande puissance de vouloir ». — Rappelons que
ces mélancoliques sont fort ivrognes, de l'aveu même
de Taine. La profonde puissance d'aimer, ils l'ont
peut-être, mais jusqu'ici, rien ne nous l'apprend avec
certitude. Pour la grande puissance du vouloir, Taine
nous montre du doigt les meurtres entassés dans le
poème des Niebelungen. Je ne crois pas que pour tuer
et massacrer, les barbares, germaniques ou autres,
aient eu besoin d'une grande puissance de volonté;
cela ne leur coûte pas tant.

Une chose curieuse; Taine nous dit tout à la fois;
« nulle sensualité dans cette race » et elle est fort
adonnée à la mangeaille et à l'ivrognerie. Evidem-

ment pour Taine, la seule sensualité est celle qui regarde le sexe. Les différences qu'on allègue à l'égard de cette sensualité particulière, entre les peuples, existent probablement, mais elle ne sont pas faciles à constater. Les peuples parlent de ce sujet avec plus ou moins de liberté, et c'est là-dessus qu'on les juge — et qu'il ne faudrait pas les juger.

Et voilà comment un homme de grande imagination, prévenu d'une idée systématique, en vient, non pas à démontrer une race, mais à la *créer* de toutes pièces ; construction fictive autant qu'aucune invention de poète ou de romancier, et plus romanesque, car on n'y reconnaît pas du tout l'humanité, telle que l'histoire nous la montre dans ses parties bien éclairées.

***

Que de choses encore à dire ! Vous vous le rappelez : la race saxonne ou germanique « a un grand sentiment du devoir ». Le grand sentiment du devoir est la propriété particulière de cette race. Et, vis-à-vis, la race latine, en tout cas la française, n'a, selon Taine, que le sentiment de l'honneur. Avant toute preuve, il faudrait définir ce dont on parle. Y a-t-il un sentiment du devoir ? Et s'il y en a un, qu'est-ce, et en quoi diffère-t-il du sentiment de l'honneur ? Nous avons le sentiment que nous sommes obligés à faire tel acte, puis

tel autre, etc. ; autrement dit, nous avons le sentiment
de devoirs particuliers, concrets; mais je ne vois pas
le sentiment d'une obligation générale, universelle.
Sans doute nous pouvons de tous ces actes obligatoires, très différents en espèce, tirer une *idée* abstraite, celle d'obligation, de devoir; mais ceci est tout
autre chose que se *sentir* obligé à faire des actes.

Les actes obligatoires étant différents, et chacun
d'eux étant obligatoire pour des raisons différentes, il
se peut et il arrive que tel homme ait le sentiment de
tel devoir (exemple, le sentiment de ce qu'il doit à sa
femme ou à ses enfants) et pas le sentiment de tel
autre devoir (par exemple le sentiment de ce qu'il
doit à son pays). Je ne me représente pas une race,
c'est-à-dire des millions d'hommes contemporains,
des millions d'hommes successifs ayant tous le sentiment de tous les devoirs, ce qui devrait être pour
qu'on pût dire d'eux : « Cette race a un grand sentiment du devoir. »

Et qu'est-ce que le sentiment de l'honneur? J'ouvre
le dictionnaire : « Honneur, sentiment qui fait que
l'on veut conserver la considération des autres et de
soi-même. » Très bien; maintenant voici un homme
qui est à l'étranger au moment où son pays est atta-
qué ; son âge le soumet à l'obligation du service
militaire; il peut, en fait, se dérober à cette obligation ; il revient pour l'accomplir. Si c'est un Allemand,
il revient, me dit Taine, uniquement parce qu'il doit

le faire ; si c'est un Français, il revient pour conserver la considération des autres et de soi-même ; et cette différence existe à tout coup entre Français et Allemand : cela est de race. Énoncer tranquillement une telle différence me paraît, je l'avoue, d'une témérité énorme. Pour un seul et même homme, impossible de savoir avec certitude, si, en faisant tel acte obligatoire et pénible, il n'a à aucun degré la volonté de conserver sa propre estime et celle de ses concitoyens. Il y a plus, cet homme ne le sait pas lui-même. Et ce qui ne se sait jamais avec certitude pour un homme seul, on le saurait donc avec certitude pour les millions d'hommes à qui nous donnons un nom de race !

***

Taine affirme en vingt endroits que le vrai Anglo-Saxon cède sur-le-champ à l'impulsion du sentiment qui surgit en lui, et qu'il part dans l'action avec la brusquerie d'un ressort qui se détend. C'est ainsi que font le sauvage, le barbare, et ces dégénérés que les médecins aliénistes et les psycho-physiologistes appellent des *impulsifs*. Si Taine disait vrai, la race anglo-saxonne, à qui il prête un sentiment exceptionnel du devoir, serait précisément des moins aptes à suivre la voie du devoir. En effet, quand l'acte, auquel nous sollicite notre désir, est permis, il n'y a pas à parler de devoir; mais quand ce que nous désirons faire et ce que nous *devons* faire s'opposent l'un à l'autre, comment arrive-t-il que nous options pour le devoir? La petite évolution intime qui aboutit à cette option se compose de divers moments nécessaires :

1° La sollicitation passionnelle.

2° Un arrêt causé par l'aperception du devoir.

3° Un débat, un conflit plus ou moins prolongé et douloureux.

4° La victoire finale du devoir sur le désir.

Il est bien clair que l'homme, qui part dès le premier moment, ne peut aller qu'à la satisfaction du désir. L'opinion de Taine me paraît donc en contradiction avec une des données les plus élémentaires de la psychologie.

Après nous avoir dit ce qu'est le génie saxon, Taine croit devoir nous donner une vue encore plus nette de ce génie, en nous décrivant à côté un génie, un esprit tout à fait différent, à peu près opposé, — et il fait le portrait de l'esprit français.

**

Trois fois au moins, en des œuvres différentes, et pour expliquer des événements historiques d'ordres différents (notez ce point, je vous prie) Taine s'est essayé à décrire la façon particulière et propre dont l'esprit français conquiert ses idées et forme ses conceptions; trois fois il s'est essayé à définir l'opération élémentaire, fondamentale, que cet esprit accomplit d'abord en toutes ses recherches et qui le caractérise, entre les divers esprits nationaux.

La première fois que nous rencontrons cette définition c'est dans l'*Histoire de la Littérature anglaise*, (tome Ier,.page 85 et suivantes). Et là, elle nous est donnée comme l'explication des contrastes les plus saillants, les plus profonds qui nous soient offerts par la littérature française en regard de la littérature anglaise.

« Il y a dans chaque esprit une action élémentaire, qui, incessamment répétée, compose sa trame et lui donne son tour, c'est l'action de concevoir un événement ou un objet. Quand l'esprit français conçoit un événement ou un objet, il le conçoit vite et distinctement. Par suite chez lui nulle fermentation préalable d'idées confuses et violentes, qui, à la fin concentrées et élaborées, fassent éruption par un cri. » Comment ? ne pas concevoir tout de suite distinctement un objet (par exemple un cheval, un arbre, ou un événement tel qu'un duel, un repas de noces) cela vous cause une fermentation préalable d'idées ! Quelles idées ? Toute idée a un objet, n'est-ce pas ? Alors de ne pas concevoir tout de suite un objet, cela donne une fermentation d'idées d'autres objets ? Et ces idées confuses (je le crois bien) sont violentes ; et à la fin concentrées (?) et élaborées (?) elles se condensent dans un cri ! Non, décidément cette psychologie me déconcerte. Mais continuons. « Pour avoir mis sans effort la main sur son idée, il (l'esprit français) ne met la main que sur elle ; il laisse de côté tous les profonds prolongements enchevêtrés par lesquels elle plonge et se ramifie dans ses voisines. » Quels peuvent être les profonds prolongements enchevêtrés d'une idée de cheval ou de duel et dans quelles idées voisines cela va-t-il se ramifier ? « De plus le Français est exempt de ces soudaines demi-visions qui secouent l'homme (il me semble que les visions entières devraient secouer davantage) et qui lui ouvrent en un instant (ceci est encore plus étonnant) les grandes profondeurs et les lointaines perspectives. Or c'est l'ébranlement qui suscite les images (je renverserai plutôt l'ordre) ; n'étant point ébranlé, le Français n'imagine pas ; il n'est ému qu'à fleur de peau, la grande sympathie lui manque ; il ne sent pas l'objet tel qu'il est, complexe et d'ensemble, mais par portions, avec une connaissance discursive et superficielle. » Comment ? cet homme n'aperçoit l'objet que par portions à cause qu'il le conçoit plus vite, plus aisément qu'un autre homme ? Et un esprit lent, lourd, demi-visionnaire aperçoit mieux l'objet ? Et celui-ci a encore d'autres avantages fort importants ; il est ému profondément, il a la grande sympathie dont l'autre est destitué ? Jamais, d'après

ce que j'ai observé dans ma vie, je n'aurais cru que
cela fût si profitable d'être né avec un esprit lent,
lourd et à demi visionnaire. « C'est pourquoi, continue Taine, nulle race n'est moins poétique que la
française. » Cela dépend de ce que l'on entend par
poétique. Taine nous fixe tout de suite sur ce point.
« Voyez, nous dit-il, ces nombreux poèmes français
du moyen âge. Ils content des événements grandioses et cependant leurs récits sont aussi ternes
qu'une chronique en prose. Pas de comparaisons à
la façon homérique, pas d'épithètes magnifiques ;
un style tout à fait uni ; jamais de figures de rhétorique ; on peut lire dix mille vers sans en rencontrer
une..... Puis ces poèmes tombent dans une abondance déplorable ; ils n'en finissent pas, parce qu'avec
cet art involontaire d'apercevoir et d'isoler du premier coup et nettement chaque partie de chaque
objet, on peut parler même à vide et toujours. »

Ce n'est pas précisément contre cette appréciation
des chansons de geste que je réclame ; ce que Taine
en dit est à peu près vrai (pas absolument cependant : il exagère ; il ne tient pas compte des parties
qui font exception). C'est à l'explication de Taine que
j'en veux..... Mais attendons. Elle n'est pas encore
complètement exposée, car, après la première démarche que nous venons de voir, l'esprit français en
a, selon Taine, une seconde, que voici.

Quand l'esprit français a trouvé sa première idée,

il en cherche une seconde qui soit *contiguë* à la première ; puis une troisième qui soit contiguë à la seconde et ainsi de suite, à la file « L'ordre lui est inné ». Il va ainsi pas à pas, en ligne droite et non interrompue « il ne sait pas bondir irrégulièrement ».

Et maintenant, s'écrie Taine, « est-ce que vous ne voyez pas ici d'avance l'abrégé de toute la littérature française, l'impuissance de la grande poésie, la perfection subite et durable de la prose, l'excellence de tous les genres qui touchent à la conversation ou à l'éloquence ; le règne et la tyrannie du goût et de la méthode, l'art et la théorie du développement et de l'arrangement, le don d'être mesuré, clair, amusant et piquant. Comment les idées s'ordonnent, et quelles sont les idées agréables, voilà ce que nous avons montré à l'Europe. » Hé bien ! non, ce n'est pas là l'abrégé exact et complet de la littérature française. Nos poètes, nos prosateurs ne sont pas tous si uniquement mesurés, clairs, agréables, piquants, amusants, « émus à fleur de peau », indigents en figures, en métaphores. Prenez cette espèce de description qui, selon Taine, conviendrait à tous, appliquez-la, sur Daubigné, sur Corneille, sur Racine, sur Bossuet, sur La Bruyère, sur Saint-Simon, sur Diderot ; vous verrez déjà que chacun de ceux-ci déborde singulièrement la stature qui lui est attribuée par la description. Mais ce qui est encore plus notable, plus singulier, je dirai presque plus scandaleux en Taine,

c'est qu'il ne tient aucun compte — et cela est
évident — de la période dernière de notre littérature,
de celle qui commence avec Diderot, Rousseau, Chateaubriand, et qui après ceux-ci contient Lamartine,
Hugo, Musset, Vigny, Leconte de Lisle, Sully Prudhomme etc. Ces derniers ne sont-ils donc pas Français ? Ne sont-ils pas jusqu'ici l'aboutissement de
notre littérature ? La réponse n'est pas douteuse. Or
Hugo est-il si indigent en métaphores ? Lamartine,
Vigny, Sully Prudhomme, Musset, n'ont-ils aucun
accent d'émotion âpre, poignante ? Les sursauts du
cœur, les bonds de l'esprit, les audaces et les outrances de l'imagination, la grande sympathie enfin,
manquent-ils donc tant à cette littérature ? Non, et
cela n'étant pas contestable, Taine était tenu de
tenter l'explication du romantisme. Il n'en dit mot.
Silence absolu sur ce démenti éclatant que sa théorie
reçoit des faits.

Je conviens que Taine s'était rendu l'explication
malaisée. S'il eût fait dériver la littérature française
ancienne et classique de circonstances temporaires ;
s'il l'eût attribuée aux influences du milieu ou aux
influences des moments divers de l'esprit français, il
aurait encore pu s'en tirer, au moins avec un succès
apparent ; mais ayant tout fait sortir de l'activité
élémentaire, fondamentale, caractéristique de l'esprit
français, d'une démarche simple et indéfectible, cons-
tituant la trame même de cet esprit, Taine devait

rester interdit et muet devant ce dilemme : « Ou les
« romantiques ne sont pas Français, ou l'esprit fran-
« çais n'a pas la constitution un peu bien simple que
« vous lui prêtez. »

*
* *

Passons à l'explication de l'esprit classique, telle
qu'elle est proposée par Taine dans le volume intitulé *l'ancien régime*.

L'esprit classique est une forme fixe de l'esprit
français, un moule d'où sortent toutes nos œuvres
littéraires pendant deux siècles. « Depuis Malherbe et
Balzac jusqu'à Delille et à Fontanes; il (ce moule)
s'établit, en même temps que la monarchie régulière
et la conversation polie, et il les accompagne non par
accident mais par nature, car il est justement *l'œuvre*
d'un public *nouveau*, d'une aristocratie désœuvrée
par la monarchie, de gens bien nés, bien élevés qui,
écartés de l'action, n'ont plus d'autre occupation que
celle de causer avec les dames dans des réunions
mondaines. » Vous le voyez, ici l'esprit classique est
un produit temporaire et il est d'autre part l'effet d'un
changement qui s'est opéré dans le *milieu* : La monarchie s'est établie régulière et absolue, le désœu-
vrement a été imposé à la noblesse, l'invention du
salon mondain est venue à la suite; là est né un

certain genre, un certain ton, une certaine manière de
conversation ; c'est sur cette conversation que le style
des auteurs s'est modelé ; et bientôt le style adopté,
pratiqué exclusivement, a imposé à l'esprit même un
certain tour habituel, constant, qui est devenu
comme un moule « où l'esprit classique s'enferme,
pour penser ».

Maintenant, cet esprit classique qui dans l'histoire
de France a une date relativement récente, qui disparaît après une durée de deux siècles, qui d'autre part
est dû à une modification du milieu, regardez-le
bien : il ressemble étonnamment à l'esprit français,
général, perpétuel, venant de la race, tel qu'il est
exposé dans l'histoire de la littérature anglaise. En
dépit de quelques différences inévitables dans l'expression, l'esprit classique de Taine est bien le même
personnage que son esprit français. Continuons.

« On reconnaît la présence de l'esprit classique à
divers indices, notamment au style *oratoire*, tout
composé d'idées générales et d'idées contiguës. Le
vocabulaire s'allège ; on exclut du discours la plupart
des mots qui servent à l'érudition spéciale et à l'expérience technique, les expressions trop latines ou
trop grecques, les termes propres d'école, de science,
de métier, de ménage, tout ce qui sent de trop près
une occupation ou profession particulière..... On en
ôte quantité de mots expressifs et pittoresques, tous
ceux qui sont crus ou naïfs, tous ceux qui sont locaux

ou provinciaux ou personnels et toutes les locutions
familières et provinciales, nombre de tours familiers
brusques et francs, toutes les métaphores risquées et
poignantes, toutes ces façons de parler inventées et
primesautières qui, par leur éclair soudain, font jaillir
dans l'imagination la forme colorée, exacte et complète des choses dont la trop vive secousse choque-
rait les bienséances de la conversation polie. » — « La
grammaire se réforme dans le même sens que le dictionnaire... une seule tournure ou construction de
phrase, la directe : sujet, verbe, complément... ordre
et gradation rigoureuse dans la suite des propositions, des phrases, puis des alinéas... c'est le triomphe
de la méthode et de la clarté. Cette langue est bien
l'instrument propre de la raison raisonnante, celle
qui veut penser avec le moins de préparation et le
plus de commodité qu'il se pourra, qui se contente
de son acquis, qui ne songe pas à l'accroître ou à le
renouveler, qui ne sait pas ou ne veut pas embrasser
la plénitude et la complexité des choses réelles.....
Le style classique est incapable de prendre ou d'enre-
gistrer complètement les détails infinis et accidentés
de l'expérience. Il se refuse à exprimer les dehors physiques des choses, la sensation directe du spectateur,
les extrémités hautes et basses de la passion, la phy-
sionomie prodigieusement composée et absolument
personnelle de l'individu vivant..... non pas le caractère humain en général, mais tel caractère humain

donné..... Il n'y a place dans cette langue que pour
une portion de la vérité, une portion exiguë. Le style
classique court toujours risque de prendre pour matériaux des lieux communs minces et sans substance.
Il les étire, il les entrelace, il les tisse..... filigrane
fragile..... élégant artifice. Mais dans la pratique
l'œuvre est d'usage petit, nul ou dangereux. On devine l'esprit dont le style est l'organe. Deux opérations principales sont propres à l'intelligence humaine : « recevoir l'impression complète et profonde
(plus ou moins) des objets » — Tirer de là des ex-
traits, des idées plus ou moins générales. L'esprit
classique fait bien cette seconde opération, mal la
première.....

Aussi la poésie lyrique proprement dite ne naît
pas, le poème épique avorte. Jamais on n'entend
le cri involontaire de la sensation vive, la confidence
solitaire de l'âme trop pleine qui ne parle que pour
se décharger. — Au théâtre, les caractères sont des
types, non des individus, de même que le lieu de
l'action est un lieu quelconque sans individualité. Les
romans ne nous renseignent presque pas sur les dehors *visuels* de la vie sociale. Les historiens sont des
érudits exacts décrivant bien les institutions, jamais
des âmes. L'imagination sympathique par laquelle
l'écrivain se transporte dans autrui et reproduit en
lui-même un système de passions et d'habitudes contraires aux siennes est le talent qui manque le plus

au XVIII° siècle..... Considérez en Angleterre le roman..... Quand j'ai lu la série des romanciers anglais de Foë, Richardson, Fieldings, Smollet, Sterne
et Goldsmith..... je connais l'Angleterre du XVIII°
siècle. J'ai vu des clergymen, des gentilshommes de
campagne, des fermiers, des aubergistes, des marins,
des gens de toutes conditions, haute et basse. Je sais
le détail des fortunes et des carrières, ce qu'on gagne,
ce qu'on dépense, comment l'on voyage, ce qu'on
mange et ce qu'on boit ; rien de pareil dans les romans français. »

Tâchons de démêler là-dedans ce qui paraît vrai.
Vrais d'abord, en grande partie, les caractères attribués au style classique : exclusion des termes d'école,
de science (parce qu'on écrit pour des gens du monde
et pour les dames, à qui il ne faut pas faire sentir
certaines ignorances, sous peine de les rebuter et
d'être taxé soi-même de pédantisme), exclusion des
termes de ménage, d'occupation, ou de profession
particulière (parce que ces mêmes gens sont des oisifs
riches, nobles, à qui il ne faut pas rappeler les choses
basses ou vulgaires de la vie). Exclusion des termes
crus (par la même raison), des termes locaux, provinciaux (parce que ces gens sont essentiellement
Parisiens), des expressions personnelles (parce que,
dans la bonne société, il est de bon goût d'effacer sa
personnalité). Quant aux termes pittoresques, il faut
distinguer ; ceux que l'auteur pourrait tirer du spec-

tacle de la ville sont bien exclus, et par une raison
déjà dite ; mais les termes de campagne, de nature,
si l'auteur ne les met pas dans son style, c'est qu'il
n'en a pas les objets dans l'esprit. Il vit presque exclusivement à la ville, et s'il va aux champs, il y apporte encore si bien les habitudes de la ville, que la
campagne lui reste inaperçue.

Vrais sont encore ces traits du style classique :
construction simple et directe des phrases, ordre et
gradation dans les idées (parce qu'on a affaire à des
esprits impatients). Toutefois ces gens aiment à penser ; ils sont assez disposés à accroître leurs acquisitions d'idées générales ; ils ne craignent même pas
les idées nouvelles. Sur ce point, l'histoire du xviiie
siècle témoigne contre Taine. Le style classique sert
à merveille le goût de nos gens, puisque, de l'aveu
même de Taine, l'esprit classique excelle à extraire
de la réalité des idées générales.

Reste donc ceci : le style classique manque de pittoresque ; il ne rend pas à souhait les dehors physiques des choses ni des gens. Mais encore sur ce
point Taine exagère singulièrement. Rabelais et Montaigne en prose, Daubigné, Régnier, Saint Amand, et
par endroits Boileau dans leurs vers, rendent très
passablement, ce me semble, les dehors physiques.
Je vois ensuite là Madame de Sévigné, qui ne boude
pas trop l'expression pittoresque, ni même l'expression crue ; La Fontaine qui fait des tableaux petits par

les dimensions mais assez représentatifs si je ne me
trompe ; et La Bruyère donc ! en voilà un chez qui les
dehors des gens ne. sont pas oubliés. Saint-Simon
c'est encore mieux. Trouvez-moi quelque part un
peintre plus insistant, plus acharné après le détail vi-
suel. Lisez Buffon et dites-moi quels sont les objets
réels que sa langue très classique, dévastée, dit-on,
par la préoccupation de l'expression générale, n'ait
pas suffi à rendre depuis l'insecte ou l'oiseau jusqu'à la
pierre inerte et au terrain mort. Diderot, partout dans
ses contes, ses romans, sa correspondance, comme
dans ses œuvres de critique et ses articles'dogmatiques sur les métiers, Diderot sait fort bien trouver
dans la langue de son temps et dans la sienne propre
les termes qui décrivent, peignent, reproduisent les
dehors. Voltaire, qu'en cela je rapproche de La Fontaine, n'a-t-il pas une multitude de tableautins, où
gens de. toutes conditions, de tout acabit et choses
de toute hauteur, grandes et basses, sont croquées,
enlevées d'un trait vif, léger, juste.

Le plus singulier des reproches de Taine, c'est
quand il écrit cette phrase « Il n'y a place dans cette
langue que pour une portion de la vérité, portion
exiguë. Le style classique court toujours risque de
prendre pour matériaux des lieux communs minces.
Aussi l'œuvre est d'un usage petit, nul ou dangereux. »
A quelques lignes plus loin on voit très clairement ce
que Taine appelle cette portion exiguë et mince, ce

n'est rien moins que les idées, plus ou moins générales, que la raison extrait des réalités, tandis que la
portion importante de la vérité, selon lui, c'est, je
vous le rappelle, les dehors physiques des gens et
des objets.

A mon tour je me hasarde à dire : Il y a en tout
esprit deux démarches non pas successives, consécutives, mais divergentes, contraires ; celle qui va vers
la réalisation de l'œuvre d'art, celle qui va à la connaissance scientifique. Voulez-vous faire du théâtre
ou du roman, vous êtes tenu d'observer et de rendre,
aussi complètement et vivement que possible, les
objets dans leurs formes et couleurs et dans leur phy-
sionomie individuelle ; et vous êtes tenu à concevoir
vos personnages aussi particuliers, aussi individuels
que possible. Mais voulez-vous faire de la science,
c'est le contraire. Il n'y a science que d'abstractions,
de généralisations, de similitudes plus ou moins
larges. La distinction n'est pas contestable, et Taine
lui-même assurément ne m'en dédirait pas. S'il est
exact que nos artistes classiques, romanciers ou dra-
maturges, n'aient pas rendu dans un assez abondant
détail les alentours, les objets circonvoisins, le milieu où se meuvent leurs personnages, et si encore ils
n'ont pas toujours fait ces personnages assez individuels, assez particuliers, s'ils les ont faits trop habi-
tuellement typiques c'est-à-dire dans une certaine
mesure généraux, qu'en conclure, qu'en dire, sinon

que nos artistes classiques n'ont pas eu une conscience assez claire du procédé, de la démarche propre
à l'art et qu'ils ont trop souvent pratiqué à leur insu,
dans la construction de l'œuvre d'art, la méthode
scientifique. — Voilà en effet ce qu'il faut accorder
à Taine.

***

Troisième définition de l'esprit français, celle-ci
dans le tome Ier *du régime moderne.* « Dans les objets
et dans les individus le Français saisit aisément et vite
un trait général, quelque caractère commun ; ici ce
caractère est la qualité d'homme ; il la détache avec
dextérité ; il l'isole nettement, puis d'un pas leste et
sûr, en droite ligne, il se lance sur le grand chemin des
conséquences. Il a oublié que sa notion sommaire ne
correspond qu'à un extrait, à un très mince extrait de
l'homme total ; son opération tranchante et précipitée
dérobe à ses regards la plus grande partie de l'individu réel ; il a omis quantité de caractères, et les plus
importants, les plus efficaces, ceux que la géographie,
l'histoire, l'hérédité, l'habitude, la condition, le travail
manuel ou l'éducation libérale impriment, dans l'esprit, l'âme, et le corps, et qui par leurs différences
constituent les différents groupes locaux ou sociaux.
Tous ces caractères, non seulement il les néglige,
mais il les écarte ; ils sont trop nombreux et trop

compliqués pour lui ; ils le gêneraient pour penser.
Autant il est propre aux pensées distinctes et suivies ;
autant il est impropre aux pensées complexes et
compréhensives. En conséquence il y répugne, et par
un travail secret dont il n'a pas conscience, involontairement, il abrège, il simplifie, il écourte, etc. » Vous
reconnaissez bien, n'est-ce pas, que c'est là le même
esprit qui nous a été présenté sous le nom d'esprit
français d'abord, puis sous celui d'esprit classique?
D'ailleurs une note, au bas de la page, nous le cer-
tifie. Taine avoue dans cette note que l'esprit des xviiᵉ
et xviiiᵉ siècles, par lui appelé classique est après
tout l'esprit français de tous les temps, ou, si vous
voulez, que nous avons toujours été classiques. Il est
avéré par là que Taine n'a eu qu'une seule et même
conception de notre esprit où il a persisté jusqu'à
la fin.

***

La race latine a une forme d'esprit; la race germanique en a une autre; et ces deux formes sont irré-
ductibles l'une à l'autre. Cependant, voici ce qui
arrive de temps en temps, de l'aveu même de Taine :
une forme nouvelle d'esprit apparaît en pays germanique. Elle y règne dans la science et dans la littérature. Puis cette forme passe en pays latin, et elle y
acquiert le même empire. Ou bien c'est l'inverse; une

forme d'esprit latin va régenter les esprits germaniques.

Comment ces formes nouvelles s'arrangent-elles avec les formes primitives, *naturelles* et perpétuelles par définition? Certes, je puis me figurer que les nouvelles s'imposent aux perpétuelles, qu'elle les surmontent, les renfoncent pour un temps ; c'est là une représentation visuelle des choses que mon imagination ne trouve ni impossible, ni pénible à former. Mais ce n'est pas une explication qui satisfasse ma raison, car ma raison ne comprend pas trop comment un esprit peut penser tout à la fois *analytiquement* et *par bonds*, ce qui cependant doit se produire quand la forme d'esprit latine s'impose à un esprit germanique ou inversement. Rappelez-vous ici, en effet, ce qui nous a été donné comme la démarche caractéristique de chacun de ces esprits

CHAPITRE III

L'HISTOIRE DE LA LITTÉRATURE ANGLAISE CONSIDÉRÉE
COMME UNE EXPÉRIENCE, DESTINÉE A DÉMONTRER LA
RÉALITÉ DE LA RACE ANGLO-SAXONNE.

L'Anglo-Saxon est construit ; nous venons de le
voir bâtir ; nous savons de quelles pièces on l'a fait :
profond sentiment du devoir, aucune sensualité, nul
souci de la souffrance et de la mort, chasteté, fidélité,
sérieux, dignité virile, sentiments élevés, rêves sublimes, etc. — Nous allons voir comment Taine a tiré
parti de ce type pour expliquer les principaux phénomènes, hommes ou œuvres, de la littérature anglaise.

Cette littérature a une première phase qui va de la
conquête normande au XVIe siècle. Les Normands
apportent en Angleterre leur littérature avec leur
langue. Ce qui se produit sur ce sol en fait d'œuvres
littéraires se compose de traductions ou d'imitations ;
on traduit les livres français ; on cultive les mêmes
genres qu'en France, manuels moraux, chansons,
fabliaux, chansons de geste. Et dans tous ces genres,

les œuvres, qu'elles soient élaborées par un esprit français d'origine ou par un homme de race anglo-saxonne, sont également vaines ou vides, selon Taine, comme elles le sont du reste en France.

Cependant, l'homme anglo-saxon n'a pas disparu. C'est encore lui qui pullule sous l'aristocratie conquérante et qui reste le plus nombreux de beaucoup. Seulement des événements consécutifs à la conquête façonnent à nouveau son caractère ; les nobles normands que leur chef militaire, le roi, entend soumettre à des devoirs pesants, à une soumission, à une discipline étroites, résistent ou se révoltent. Par politique, par nécessité, ils associent à ces mouvements d'indépendance leurs propres tenanciers ; les vainqueurs lient les vaincus à leur cause ; et, par cette association, par les campagnes faites en commun, le caractère national se forme ; il se constitue « de l'ha-« bitude d'agir en corps, de respecter le droit écrit, « ou d'en appeler à lui, de développer une énergie « militante ou patiente... C'est le Domesday-Book « qui, enserrant cette jeune société dans une disci-« pline rigide, a fait du Saxon l'Anglais que nous « voyons aujourd'hui. »

A la bonne heure ; je vois avec plaisir Taine reconnaître que le caractère politique, dont il louera si souvent l'Anglais, est dû à des événements dont les Normands furent tout au moins les promoteurs et les directeurs. On pourrait, il est vrai, répondre : « Ces

« événements ont fait cela avec le fonds anglo-saxon ;
« l'auraient-ils fait avec un fonds français ? »

Précisément c'est la question : et on n'a aucun
moyen et par suite aucun droit de la résoudre, pas
plus dans un sens que dans l'autre. Il est également
téméraire de dire « avec des Français un déroulement
« pareil d'événements n'aurait rien produit d'ana-
« logue » ou : « il aurait abouti à un résultat foncière-
« ment comparable. »

Taine, lui, est certain que le fonds anglo-saxon a
plus opéré que toute autre cause. C'est pourtant un
fait bien saillant, et même uniquement saillant dans
l'histoire de la liberté anglaise, que les nobles se
soient toujours levés les premiers, qu'ils aient soulevé ou embrigadé, et en tous cas toujours conduit
les roturiers ; et, de sa nature, ce fait ne pouvait manquer d'être très effectif, très influent, à une époque
comme le moyen âge. N'importe ! Taine tient à ce
que l'honneur de cette conquête des libertés politiques
revienne principalement à l'élément qui, autant qu'on
peut le voir, a le moins agi. Sa raison est curieuse
et son argumentation toujours du même genre, fondée sur quelque document littéraire, fût-il d'ailleurs
unique.

« Regardez, dit-il, le contraste.... Qu'est-ce qui
« amuse le peuple en France ? Les fabliaux, les malins
« tours du Renard... En Angleterre, le héros (litté-
« raire) a d'autres mœurs : c'est Robin Hood, un vail-

« lant outlaw en guerre contre les puissants et *contre*
« *la loi*[1]... compatissant et bon envers les deux peu-
« ples... Il a tué quatorze forestiers sur quinze qui
« voulaient le prendre... Il se bat à coups de bâton
« ou d'épée avec Guy d'Osborne et Arthur le *tan-*
« *...r*... et chaque combat dure des heures (moins
« toutefois que celui, à coups de troncs d'arbres, de
« Roland et d'Olivier, dans Victor-Hugo). Robin
« Hood jouit de la plus universelle et de la plus vive
« popularité. »

Et cela doit nous être un garant de la supérieure
énergie de l'homme anglais ! — Si la popularité des
ballades sur Robin Hood était un argument valable,
on se mettrait en peine de chercher chez nous des
choses équivalentes pour prouver que le Français n'a
pas été destitué de toute énergie... Mais un Robin
Hood français, fût-il aussi parfait dans son genre que
l'Anglais, ne prouverait rien... Il y a eu en plein
dix-huitième siècle un grand voleur, ou plutôt encore
un grand contrebandier, en guerre avec les commis,
comme Robin Hood avec les shérifs. Cet homme,
dans un temps d'administration et de police plus régulières et plus fortes, n'a pas laissé de réunir autour
de lui une petite armée ; il a parcouru avec elle des
régions peuplées telles que la Bourgogne et le Dau-
phiné, rançonnant un peu l'habitant par nécessité,

1. Voir plus haut le respect du droit écrit.

mais pillant de préférence les caisses publiques, libéral aussi par accès avec le petit peuple ; il a pris des villes et succombé dans une bataille rangée contre les troupes du roi ; c'est Mandrin ; et Mandrin a été également très populaire ; on en a fait des chansons, des poésies, des contes, des légendes et des gravures qui se sont appendues au manteau de la cheminée dans une foule de chaumières. Allons-nous donner la popularité de Mandrin comme un témoignage irrécusable de l'énergie native du Français ?

Après l'indépendance et l'énergie de l'Anglais, Taine nous montre, dans ce même Anglais, un sentiment du juste d'une profondeur exceptionnelle. Cela se manifeste dans la vision de Pier Plowman écrite, dit-on, par un prêtre séculier d'Oxford, et bien plus clairement, bien plus fortement, dans la bible de Wicleff, lequel précède Luther de cent trente ans.

Les exigences de Rome, les richesses du clergé, le luxe, les vices et les excès des prélats ont révolté les esprits, ailleurs qu'en Angleterre.

Cette similitude, cette simultanéité, Taine la reconnaît. On réclame, on proteste, on s'indigne donc comme là. Mais, selon Taine, sous les réclamations anglaises, il y a un fonds particulier, d'une qualité morale tout à fait supérieure : « Ce qui les révolte « contre la pompe et l'insolence ecclésiastique, ce « n'est ni l'envie du plébéien pauvre, ni la colère de « l'homme exploité, ni le besoin révolutionnaire d'ap-

« pliquer la vérité abstraite (Bons pour les gens du
« continent, ces mobiles-là) mais la conscience ; ils
« tremblent de ne pas faire leur salut s'ils restent
« dans une Église corrompue. »

Qu'ils aient eu cette appréhension, qu'on a eue également ailleurs qu'en Angleterre, je l'admets. Mais je
me demande comment Taine s'est assuré qu'à ce mobile ils ne mêlaient aucun mouvement d'envie ni de
colère. Quel instrument de sondage lui permet d'affirmer une chose si intime et si cachée, et de l'affirmer
d'une multitude d'âmes humaines, qui ont toutes les
peines du monde à se sonder elles-mêmes ?

N'importe, en dépit de l'indépendance de l'homme
anglais et de son sentiment du juste et du devoir,
cette première phase de la littérature anglaise est
fidèlement « représentée par Chaucer ». Or, Taine
l'avoue, Chaucer est un brillant imitateur ou un heureux émule des poètes italiens et français ; son
fonds, idées, sentiments, sujets, thèmes, sa forme,
son ton précieusement sentimental, ou voluptueux,
ou obscène, rappellent tantôt Pétrarque, tantôt Boc-
cace, tantôt Jean de Meung, tantôt les fabliaux français. S'il est Anglais par quelque chose, c'est peut-
être par cela qu'il a du penchant à faire des descriptions, des portraits ; il semble aussi parfois qu'il con-
çoive l'idée d'un caractère et la préoccupation de le
dessiner. — Peut-on dire que ce soient là des témoignages de la présence, de l'activité du génie anglo-

saxon ? (comme si décrire et caractériser appartenaient en propre et exclusivement à ce génie !) Taine, visiblement, a bien quelque envie de le dire ; toutefois il ne cède pas à la tentation.

***

Mais voici venir la Renaissance, et aussitôt Taine prononce ce jugement : « La Renaissance en Angleterre est la renaissance du génie saxon. » Il est curieux de confronter cette proposition avec les faits dont Taine se sert pour la prouver.

D'abord qu'est-ce que la Renaissance ? — C'est une nouvelle manière de concevoir le monde qui a paru dans les esprits ; ou plutôt une ancienne manière qui a reparu, après une longue éclipse. « Il y avait dix-sept siècles qu'une grande « pensée triste avait com-« mencé à peser sur l'esprit de l'homme... C'était « l'idée de l'impuissance et de la décadence humaines. « Le propre d'une pareille conception, c'est de suppri-« mer l'action personnelle et de remplacer l'invention « par la soumission. Insensiblement, dès le quatrième « siècle, on voit la règle morte se substituer à la foi « vivante. Le peuple chrétien se remet aux mains du « clergé qui se remet aux mains du Pape. Les opi-« nions chrétiennes se soumettent aux théologiens « qui se soumettent aux Pères. La foi chrétienne se

« réduit à l'accomplissement des œuvres, qui se ré-
« duisent à l'accomplissement des rites... La religion
« se fige en un cristal roide... On voit paraître la
« théocratie et l'inquisition, le monopole du clergé et
« l'interdiction des écritures, le culte des reliques et
« l'achat des indulgences. Au lieu du Christianisme,
« l'Eglise ; au lieu de la croyance libre, l'orthodoxie
« imposée ; au lieu de la ferveur morale, les pra-
« tiques fixes ; au lieu du cœur et de la pensée agis-
« sante, la discipline extérieure et machinale ; ce sont
« là les traits propres du moyen âge. Sous cette con-
« trainte la société pensante avait cessé de penser ;
« la philosophie avait tourné au manuel et la poésie
« au radotage, et l'homme, inerte, agenouillé,... ne
« semblait qu'un mannequin bon pour réciter un caté-
« chisme et psalmodier un chapelet. »

Voilà, il faut en convenir, un moyen âge assez peu
avenant. Je remarque au passage que ce moyen âge
là ne ressemble pas à celui que Taine, sur la fin de
sa vie, dessina dans ses volumes de l'Ancien Régime
et de la Révolution, où toutes les puissances de cette
époque, rois, nobles, clergé, celui-ci surtout, nous
sont montrées comme éminemment bienfaisantes. Ce
que, dans ces mêmes volumes, Taine nous dit de l'influence hautement salutaire de la religion, partout et
toujours, j'ai peine aussi à l'accorder avec ce moyen
âge à la fois si religieux et d'une si ingrate physio-
nomie.

Mais passons... Taine ne nous dit point qu'en Angleterre le moyen âge, ait été différent de ce qu'il était partout. La race anglo-saxonne a donc subi toutes les déchéances qu'on subissait ailleurs. Constatons cette égalité, ce sommeil du génie saxon, singulièrement prolongé pour un génie qu'on nous donne toujours comme extrêmement vivace et tenace.

Enfin voici que « le modèle idéal change et que « l'antique idée *païenne* reparaît ». C'est la confiance de l'homme en sa propre nature, la foi de l'homme aux destinées de sa race ; c'est le culte de la beauté et de la force, c'est de nouveau la liberté de l'esprit et l'invention... Et cela commence en Italie, cela part de l'Italie, passe en France « pour gagner enfin l'Angleterre ». Il est donc accordé par Taine que le génie saxon ne s'est pas réveillé spontanément. Il a dû comme les génies français, espagnol et allemand, attendre et recevoir la secousse partie de l'Italie (qui a le génie latin). Mais « transporté dans des races et « dans des climats différents, ce paganisme (renais-« sant) reçoit de chaque race et de chaque climat des « traits distincts et un caractère propre. Il devient « anglais en Angleterre ; la Renaissance anglaise est « la Renaissance du génie saxon... C'est que l'in-« vention recommence, et qu'inventer, c'est exprimer « son génie ; une race latine ne peut inventer qu'en « exprimant des idées latines ; une race saxonne ne « peut inventer qu'en exprimant des idées saxonnes ;

« et l'on va trouver, sous la civilisation et la poésie
« nouvelles, des descendants de l'antique Cædmon,
« d'Adhlem, de Pier Plowman et de Robin Hood. »
Telles sont les affirmations de Taine. Comment les
prouve-t-il ?

En premier lieu par la vie et les œuvres du comte
de Surrey. Or la vie de Surrey est à peu près « un
« prolongement des mœurs féodales et chevale-
« resques » communes, vous le savez, à toute l'Europe. Et ce prolongement-là « amène chez Surrey un
« prolongement de la poésie chevaleresque ». Surrey
se nourrit d'abord de Dante, de Pétrarque et de
l'Arioste, auxquels il ajoute, il est vrai, Virgile, à
l'imitation d'ailleurs de Dante et des autres Italiens.
Surrey est « comme Pétrarque un soupirant plaintif
« et platonique : c'est l'amour pur qu'il exprime, et
« sa dame, la belle Géraldine, est, comme Béatrix et
« Laure, une madone idéale et un enfant de treize
« ans ». Et cependant il a un accent personnel. Je
pense que Taine va nous le faire entendre et saisir,
cet accent personnel propre à Surrey. Or je n'entends
que ceci : « Surrey a déjà la mélancolie du Nord »
car « il traduit en vers l'Ecclésiaste. N'est-il pas
« singulier, à cette heure matinale, de trouver dans
« sa main un pareil livre ? » Il ne me paraît pas si
singulier qu'un homme, né et élevé en pays chrétien,
traduise un des livres sacrés de sa religion — Taine
continue : « Le désenchantement, la rêverie morne

« ou amère, la connaissance *innée* de la vanité des
« choses humaines, ne manquent *guère* dans ce pays
« et dans cette race ; les hommes ont de la peine à
« porter la vie et savent parler de la mort. » Un pays,
où les hommes en général ont la connaissance innée
de la vanité des choses humaines et ont peine à porter
la vie, me paraît assez invraisemblable. Pour m'y faire
croire, il faudrait me donner de bien fortes preuves.
Or on ne me donne ici que Surrey traduisant l'Ecclésiaste et puis, déplorant en beaux vers (mettons-les
aussi beaux que vous le voudrez) la mort de quelques
amis. Il s'en faut de beaucoup que ce soit assez.
Choisir l'exemple d'un homme qui par son talent est
évidemment déjà une exception, le répandre, l'étendre,
si je puis ainsi parler, sur tout un pays, sur toute
une race, c'est généraliser avec une audace rare ; et
j'ajoute avec un étonnant oubli de certaines pages que
l'on vient d'écrire.

Je prie en effet qu'on lise le chapitre 1er (§§ 2 et 3
du livre II). Taine y expose et cette fois avec des citations assez nombreuses, les mœurs réelles de l'Angleterre au xvie siècle. « En ce moment, tout étant, non
pas bien, mais mieux que devant » les Anglais « voient
la vie en beau et ils en font une fête... On les voit
se vêtir magnifiquement d'étoffes éclatantes.... La
recherche des habillements va jusqu'à la folie... Ils
veulent être heureux par les yeux... » — et aussi par
d'autres organes — « Banquets somptueux, bals tra-

vestis, représentations théâtrales qui durent des se-
maines. — En pareil temps, les hommes s'intéressent
« à eux-mêmes, trouvent leur vie belle, digne d'être
« représentée et mise en scène tout entière... » Une
fête de ce temps « ressemble à un conte de fées...
« Cette prodigalité de magnificences, ces somptueuses
« folies, cet énivrement des yeux et des oreilles...
« marquent un si ferme appel aux sens... que notre
« âge refroidi et triste est hors d'état de se les
« figurer. » Et « ce n'est pas seulement à la cour
« qu'on trouve l'opéra, c'est au village ».

Ici deux descriptions de ces fêtes villageoises. On
y voit, clair comme le jour, que « l'Angleterre n'est
pas encore puritaine » — Oh ! certes non ! « Elle est
la merry England, la joyeuse Angleterre ! »

Où sont donc passés cette mélancolie du Nord et ce
désenchantement de tout qui caractérisent le génie de
la race anglo-saxonne ? Il sommeille encore, ce
génie ; il n'est pas rené avec la Renaissance, comme
l'affirme Taine, ou bien si c'est lui qui se montre dans
ces parades, dans ces assemblées, avec de telles
attitudes, de tels mouvements et gestes, il n'est
assurément pas le génie dont Taine a fait le portrait.

Au reste ni la mélancolie, ni le désenchantement,
ne sont exclusivement propres à une race. Ce n'est
pas uniquement en Angleterre, par Surrey (et peut-
être encore par d'autres) que l'Ecclésiaste a été traduit, commenté, ou qu'il a suscité des imitations,

inspiré des œuvres de même couleur. Ce n'est pas uniquement en Angleterre que les hommes se sont attristés au souvenir d'un ami ou d'une amante ravis par la mort.

Et puis encore... nous sommes trop souvent dupes d'une illusion qui nous fait voir un poète comme soumis durant toute sa vie à l'impression, à l'émotion particulières dont il a rempli un ou deux livres ; de fait, la mélancolie, la désespérance ne sont en général que des moments dans l'existence d'un auteur, même quand il a écrit l'œuvre la plus désenchantée. Taine a été le jouet d'une illusion — Et encore plus de ses préventions, ayant, comme il l'a fait, étendu à toute une littérature le caractère de tristesse qu'il a rencontré çà et là, dans quelques livres.

Et finalement, quand il serait vrai que les auteurs d'un temps ou d'un pays auraient eu plus que les auteurs d'un autre temps, d'un autre pays, de ces heures mélancoliques, je ne voudrais pas qu'on en fît une si grosse affaire ; surtout qu'on en appelât à la race ; ou, si cela était assez pour qu'on fût en droit de déclarer l'existence d'une race distincte, alors vraiment la race serait une chose assez mince, que peu de substance suffirait à constituer.

Revenons à Surrey. Taine, se résumant, nous dit :
« Un Pétrarque anglais, ce mot sur Surrey est le plus
« juste... il exprime son talent aussi bien que son
« âme... En effet, Surrey apporte un style nouveau,

« le style viril... son éducation l'y a préparé ; car,
« avec Pétrarque, il a étudié Virgile et traduit presque
« vers pour vers deux livres de l'Enéide... Même il
« a des vers tout à fait classiques... Il imite aussi
« Horace et les maîtres choisis de l'Italie... il est
« trop enfermé dans ses modèles, trop peu libre...
« mais au reste, les écrivains anglais, en un demi-
« siècle, vont *importer* ou trouver tous les artifices
« de langage, la période, le style noble, le vers hé-
« roïque », qu'on a déjà trouvés ailleurs... Et voilà
comment, en Surrey, la Renaissance prend un caractère particulier, qui révèle la virtuosité renaissante
du génie saxon !

Je relève exactement tout ce que Taine apporte
comme exemple et preuve de l'affirmation que vous
savez. — Voici maintenant qu'il nous parle de l'Euphuès et de son auteur Lyly : « Un style nouveau,
« étrange, surchargé, s'est formé et va régner jusqu'à
« la Restauration, non seulement dans la poésie, mais
« aussi dans la prose... si conforme à l'esprit du
« temps qu'on le rencontre en même temps par toute
« l'Europe, chez Ronsard et d'Aubigné, chez Calderon
« Gongora et Marini. En 1580 parut Euphuès, par
« Lyly, qui en fut le manuel, le chef-d'œuvre, la cari-
« cature, et qu'une admiration universelle accueillit. »
Parfaitement exact. Le style maniéré (avec quelques
différences secondaires çà et là) fait rage dans toute
l'Europe en même temps, et Taine en conclut très

bien que ce style est conforme à l'esprit du temps. Il
n'est donc pas conforme à l'esprit de la race anglo-
saxonne, laquelle ne peut réclamer ni Ronsard, ni
d'Aubigné, ni Gongora, ni Marini. Cela est évident,
et rien encore ici ne révèle la présence du génie
saxon.

Taine, il est vrai, prétend que la surabondance et
le dérèglement, « traits communs à toutes les litté-
« ratures de la Renaissance, sont plus marqués en
« Angleterre qu'ailleurs ». Et il apporte en preuve
l'Arcadie de Philippe Sydney. Or, comme si vraiment
il prenait à tâche de se contredire, Taine, résumant
et appréciant l'Arcadie, relève des ressemblances entre
elle et les œuvres qui se produisent dans les autres
pays de l'Europe[1]. « Comptez qu'à ce moment les
« Fêtes sont remplies d'images tragiques. » Partout,
soit au théâtre, soit dans le roman ou les poèmes
romanesques, on accumule les incidents dramatiques
— « voilà pour le sérieux; l'agréable est pareil, la
« fantaisie règne partout. La pastorale invraisem-
« blable sert d'intermède comme dans Shakespeare
« ou dans Lope à la tragédie invraisemblable. »

Que vont nous dire ces bergers ? « C'est ici qu'é-
« clate dans toute sa folie l'espèce d'exaltation ner-
« veuse qui est propre à l'esprit du temps; l'amour

1. Il marque il est vrai les différences d'avec la Clélie. Mais la
Clélie n'est pas du même temps ; elle est plus récente, elle appartient à une civilisation plus paisible, plus avancée, ce qui suffit à
interdire la comparaison.

« monte au trente-sixième ciel ; *Musidorus* est frère
« de notre *Céladon ;* Paméla est proche parente des
« plus sévères héroïnes de notre *Astrée ;* toutes les
« exagérations *espagnoles* foisonnent et aussi toutes
« les faussetés *espagnoles*. »

Après ça, Taine explique et commente les amours
d'*Astrophel* et de Stella (sonnet et chanson de Sydney).
« Oserai-je traduire ces songes d'amoureux et de
« peintre, ces charmantes imaginations *païennes* et
« *chevaleresques* où *Pétrarque* et *Platon* semblent
« avoir laissé leur souvenir? » Il ne faut pas dire
« semblent ; les réminiscences sont évidentes. Et
Taine, quelques lignes plus bas, le reconnaît « Sydney
« est platonicien lorsqu'il raconte etc... » — « à la
« fin, comme Socrate dans le Banquet, il tourne les
« yeux vers la beauté immortelle ».

Et maintenant scrutez cette dernière phrase : « A
« cette noblesse, à ces hautes aspirations, reco..-
« naissez une de ces âmes sérieuses comme il y en a
« tant (qu'en savez-vous? Les avez-vous comptées ?
« Comment, où et quand comptées ?) sous ce climat
« et dans cette race. A travers le *paganisme régnant*,
« les instincts spiritualistes percent et font des plato-
« niciens en attendant qu'ils fassent des chrétiens. »
Les instincts spiritualistes, propres à cette race, font
des platoniciens ! Mais d'abord ces Anglo-Saxons sont-
ils plus platoniciens que Platon ? — qui est d'une
autre race, laquelle, Taine l'affirme ailleurs, n'aurait

connu que la beauté matérielle (voir page 131). Ces
Pétrarquistes le sont-ils plus que Pétrarque en personne, lequel appartient à la race inférieure des Italiens ? Et puis, quel pays de l'Europe, à la fin du
moyen âge et à la Renaissance, n'a eu ses adeptes de
l'amour platonique ou platonicien ? Dégageons le fait
incontestable : ces instincts spiritualistes de la race
anglo-saxonne percent, après que les mêmes instincts
ont percé chez des hommes d'une autre race. Je n'ai
pas besoin de dire quelle conclusion en ressort naturellement.

En troisième lieu, voici Spenser. Il faut voir comme
Taine le caractérise : « Avant tout, c'est une âme
« platonicienne par excellence... Spenser conduit
« à Milton, comme Platon conduit à Virgile, et de
« là au Christianisme. » — Ai-je besoin de redire que
Platon, qui a formé ces âmes platoniciennes, n'a pas
du tout le génie anglo-saxon ? Et puis, ces âmes
platoniciennes, le christianisme semble bien avoir travaillé de compte à demi avec Platon pour les parfaire ; or, le christianisme n'est pas non plus un fruit
du génie anglo-saxon. — Spenser est de plus un
esprit chevaleresque : « Jamais il ne ramène ses
« héroïnes sur la scène sans orner leur nom de
« quelque magnifique louange. Auprès de la beauté
« il a des admirations dignes de Dante et de Plotin. »
Et Taine cite de lui, sur l'amour, des pensées poétiques qui rappellent, qui renouvellent en somme ce

qui a été dit à satiété par Dante, par Pétrarque, par
les troubadours et les trouvères. Vous remarquerez
quels sont les noms que Taine, comme involontairement, rapproche exclusivement de Spenser : tous des
noms de race grecque, latine, italienne; rien de
l'Anglo-Saxon.

Voici, il est vrai, un trait, original par comparaison
avec les autres poètes contemporains, qui se montre-
rait dans Spenser : « Ceux-ci, et Shakespeare au
« premier rang, imaginent par saccades... Leurs
« idées se prennent tout à coup par masses et par
« blocs et jaillissent en mots poignants, perçants,
« tandis qu'au plus fort de l'invention Spenser reste
« serein... les visions arrivent et se déroulent en lui
« aisément tout entières, sans interruptions, sans se-
« cousses .. Il est épique, c'est-à-dire narrateur...
« Nul moderne plus semblable à Homère. » Mais quoi,
s'il en est ainsi, Spenser est tout à fait un classique!
Taine entrevoit bien la conclusion, aussi lâche-t-il ce
demi-aveu : « Spenser a des images presque clas-
« siques » après quoi (page 322-23, 2ᵉ édit.) les développements, dans lesquels il entre, nous prouvent
que la poésie de Spenser est, non pas presque, mais
tout à fait classique.

Et il importe peu que ses sujets soient pris au
monde chevaleresque qui n'existe plus — si tant est
qu'il ait existé, ce qui est plus que douteux, si on
tient pour essentielle la moralité effective — ou pris

au monde des fées, ou à la mythologie païenne, ou au monde des vices et vertus personnifiés, des allégories ; puisque d'abord il traite tous ces sujets classiquement, et qu'en second lieu aucun des mondes où il puise n'est proprement anglo-saxon ; la mythologie est grecque ou latine ; les fées sont celtiques ; les allégories sont de tous pays, ou au moins ont habité avant d'arriver en Angleterre des pays divers, avec Boèce dans l'Espagne gallo-romaine, avec Jean de Meung en France, sans parler d'autres. — Bref Spenser, un peu comme Chaucer, mais plus que Chaucer, s'inspire de modèles multiples, prend des sujets un peu partout, répète ou réinvente des choses déjà exprimées ; j'admets qu'en renouvelant, il développe, il enrichisse ; qu'il mette dans ses descriptions plus de perles, d'or, de pourpre et de vermillon ; qu'il mette dans 'la peinture des sentiments plus de délicatesse, de raffinement que ses contemporains, ou même que tous ses devanciers ; il ne fait rien qui ne soit une continuation, un développement, rien qui rompe avec la tradition, avec les modèles reçus, rien montrant qu'il porte en lui l'âme originale d'une race parfaitement distincte.

***

Comme le théâtre anglais n'a pas sensiblement différé du théâtre français au moyen âge, je ne parlerai

pas des productions dramatiques de cette période.
J'arrive tout de suite au théâtre du dernier tiers du
XVIe siècle.

A ce moment, il se manifeste dans le public anglais
un goût effréné pour les représentations théâtrales,
à quoi une levée nombreuse d'auteurs, une production
pressée et surabondante de drames répondent assez
naturellement (car la loi de l'offre et de la demande
n'est pas étrangère à la littérature). Devant ce phénomène presque singulier, puisque l'Espagne seule
présente quelque chose d'analogue, sinon d'équivalent, Taine s'exalte :

« Quarante poètes, parmi eux dix hommes supé-
« rieurs et un génie sans égal, le drame promené à
« travers toutes les provinces de l'histoire, de l'ima-
« gination et de la fantaisie, embrassant la comédie,
« la tragédie, la pastorale et le rêve... toutes les
« minuties de la réalité, toutes les grandeurs philoso-
« phiques de la réflexion générale... plusieurs cen-
« taines de pièces et près de cinquante chefs-
« d'œuvre... » Taine exagère, il cède à une poussée
d'éloquence. Les chefs-d'œuvre sont loin d'être cinquante. Le drame, promené à travers toutes les provinces de l'histoire, n'est promené réellement qu'à
travers des noms historiques, car les auteurs de ces
drames ne connaissent de l'histoire que des noms.
Le théâtre est réaliste incontestablement, de la réalité,
il ne se refuse rien ; mais toutes les grandeurs philo-

sophiques de la réflexion générale se ramènent chez lui à quelques tirades, d'ailleurs bien senties, sur les vicissitudes du sort et sur l'engouffrement final de toute existence dans la mort.

Cette efflorescence dure environ soixante ans : Au moment où les Puritains, maîtres de la république, l'écrasent brutalement, en fermant tous les théâtres, elle était manifestement en décroissance.

Voici la restauration, le retour des Stuarts; les théâtres sont rouverts; on essaie aussitôt de refaire du drame shakespearien; mais il se trouve que ni le public, ni les auteurs n'ont plus le même goût qu'au temps de Shakespeare. La meilleure preuve c'est qu'on s'imagine qu'il est besoin de corriger, d'amender, de perfectionner Shakespeare; et on gâche ses pièces pour les adapter au goût du jour. Les drames, à sujet neuf, qu'on fait, ne sont pas au reste meilleurs.

En revanche, on réussit vraiment mieux la comédie. En ce genre le progrès est incontestable, et la production comique abonde, comme abondait la tragique au temps de Shakespeare. Mais il faut voir ce qu'est cette comédie! Le théâtre anglais de la Restauration est bien le plus débridé, le plus effronté, le plus obscène qu'aucune nation ait jamais produit... ceci avoué, reconnu par Taine, comme par tous les historiens. Cette veine se prolonge, par delà la révolution de 1688, jusqu'à la fin du XVIIIe siècle, mais avec des signes de défaillance de plus en plus accentués ; l'obscénité va baissant, mais aussi l'abondance de la production ; les pièces de quelque valeur sont vers la fin très espacées. — Puis tout à coup la production s'arrête. Et voici peut-être la plus étonnante des singularités de la littérature anglaise : Tout un siècle ou à peu près, tout le xixᵉ siècle, se passe sans que l'Angleterre ait vraiment un théâtre. Ce champ si vaste, autrefois si travaillé et si fécond, est laissé sans culture ; si on y expose quelquefois des fleurs ou des fruits, ce ne sont que des productions sans racines, transportées de l'étranger. — Cela a un air de mystère qui intrigue l'esprit, lui donne le besoin d'une explication. La race, le milieu, le moment, si Taine est dans le vrai, doivent fournir toute l'explication de ce mystère.

**

Il n'est pas du tout aisé de voir nettement, dans Taine, ce qu'il attribue à chacune de ces causes, et notamment comment il fait le partage des effets entre la race et le milieu. Il ne nous dit pas, — et il ne paraît pas s'être dit — dans telle série de faits, la race a droit de réclamer ceci, et le milieu a droit de réclamer cela. Il peint, il brosse complaisamment des tableaux d'un haut coloris ; mais c'est à nous, qui cherchons un rigoureux partage des effets entre les causes prétendues, de nous retrouver là-dedans, si nous pouvons : examinons donc ces tableaux.

De l'Angleterre au XVIᵉ siècle, Taine nous en présente un qui saisit d'abord nos yeux par des détails inattendus. Diverses causes, la monarchie rétablie, la paix publique maintenue, le commerce et l'industrie, celle des laines en particulier, accrus brusquement par des événements qui, ruinant la Hollande, profitent à l'Angleterre, ont eu pour résultat un très notable changement dans l'économie domestique de toutes les classes. L'argent abonde relativement au passé : on le dépense en bien-être dans les basses classes ; en luxe et en fêtes dans les hautes. A la cour des Tudors et chez les grands seigneurs, la somptuosité en parures, en habits, en bals, en festins va à un point tel que ce monde semble détraqué et fou.

Les fêtes succédant aux fêtes, et, dans les fêtes, les costumes, la mise en scène variant avec une profusion éblouissante, la vie des grands est comme une mascarade ou une représentation théâtrale qui se perpétue. Le peuple s'amuse à moins de frais, mais il a tout autant le goût du plaisir. « Ce n'est pas à la cour seu- « lement qu'on trouve l'opéra, c'est au village. Des « compagnies ambulantes d'acteurs s'y transportent. » Faute d'acteurs, le public se donne en spectacle à lui-même : « Il faudrait un demi-volume pour décrire « toutes ces fêtes de la moisson, de Toussaint, de « Noël... ils mangent, font ripaille, remuent les

« membres, embrassent les filles, sonnent les cloches,
« s'emplissent de bruit. » Taine met dans cette description quelques ménagements, une certaine discré-
tion. Cela est peint plus crûment par les auteurs
anglais : « Au jour de Mai, dit l'un d'eux, chaque
« paroisse, ville ou village, s'assemble, hommes,
« femmes, enfants, ils s'en vont dans les bois... et
« passent toute la nuit en divertissements... Le
« matin, ils reviennent avec l'arbre de Mai ; ils plan-
« tent ce Mai, sautent, dansent, banquettent autour.
« De dix filles qui vont au bois cette nuit, il y en a
« neuf qui reviennent grosses. » Que celui-ci à son
tour exagère, admettons-le. Reste que l'Angleterre,
certainement, n'est pas encore puritaine, et qu'il s'en
faut. Taine a déjà avoué devant nous l'existence de
« la joyeuse Angleterre, de la merry England ».

« C'est, dit-il, qu'à la Renaissance, l'homme est
« redevenu païen. » Bon pour l'homme ordinaire, une
pareille aventure, mais non pour l'homme anglo-
saxon ! D'autant que la Renaissance en Angleterre
nous a été annoncée comme la renaissance du génie
saxon, — lequel, rappelons-le, « est foncièrement
« grave, mélancolique, hanté de rêves sublimes, épris
« de dignité virile, exempt de toute inclination pour
« la volupté ». Accordez ensemble ces choses-là,
quant à Taine, il ne s'en inquiète pas.

La Renaissance, reviviscence du paganisme ou de
ce que vous voudrez, n'est pas particulière à l'Angle-

terre. Et même cette résurrection, cette explosion
d'idées et de sentiments anciens comprimés durant
des siècles, s'est produite d'abord ailleurs. Le mouvement est parti d'Italie: il a gagné la France, la
Flandre, l'Allemagne, et enfin l'Angleterre, laquelle
a donc reçu le branle. Taine expose cela très bien, et
il ajoute que partout ce phénomène historique est
sorti d'un même état psychique. On avait cru pendant
des siècles à l'impuissance, à la décadence humaines ;
on se remet à espérer, à prendre confiance dans les
forces de l'esprit humain. Bref, la Renaissance en
Angleterre n'est pas l'œuvre du génie anglais, l'effet
de la race.

Il faut donc que ce soit un effet du milieu. Taine ne
dit pas cela expressément; il nous le laisse dire; et
nous le disons en faisant remarquer toutefois avec
soin qu'il faut entendre ici un milieu très large, dé-
passant l'étendue de tout milieu national particulier,
englobant les peuples d'Europe, arrivés alors à un
certain degré commun de civilisation.

Et comment, sur une aire aussi étendue, une telle
homogénéité a-t-elle pu se produire? Implicitement,
Taine l'indique, lorsqu'il reconnaît l'Italie comme
point de départ d'un rayonnement qui ensuite a
marché de proche en proche. Mais c'était bien le cas,
l'occasion favorable, pour faire mieux encore, pour
reconnaître, pour démêler et pour signaler, dans sa
philosophie de l'histoire, une grande cause constam-

ment agissante et puissamment effective : *les peuples
s'imitent*: l'exemple de l'un d'eux agit sur l'autre.
Sans ce penchant naturel et commun à *l'imitation*, la
Renaissance se serait peut-être produite toujours à
quelque moment, chez chacun des peuples ici considérés ; mais à coup sûr l'imitation a singulièrement
facilité, précipité la transformation.

Taine, certes, n'a pas manqué de voir le fait brut
des imitations; mais il n'a pas vu qu'il y avait là une
vaste généralité à extraire des faits et à placer toujours au-dessus d'eux, bien en vue. Revenons au
théâtre anglais, et à ses causes présumables.

*_**

« Ce qui a dressé le théâtre anglais de la Renais-
« sance, c'est, dit Taine, la vivacité et la *surabon-*
« *dance* de la conception *primesautière* qui, incapable
« de s'établir en raisonnements alignés ou de se for-
« muler par des idées philosophiques, ne trouvait son
« expression *naturelle* qu'en des actions mimées et en
« des personnages parlants. »

Ceci s'ajuste assez avec la définition qui nous a été
donnée du génie saxon; car, vous le savez, chacune
des idées de ce génie est une sorte de synthèse, de
bloc non analysé ; et ce génie va d'une idée à l'autre
par bonds, sans parcourir jamais le chemin qui joint
les deux.

Maintenant, que nous dit ici, en somme, Taine : « Il y a eu chez les hommes animés de ce génie un moment où ont été très grandes la vivacité et la surabondance de la conception primesautière ; et comme ces hommes étaient de par leur génie incapables de faire des raisonnements alignés ou de formuler des idées philosophiques, ils se sont mis à faire du théâtre et à s'exprimer par l'intermédiaire de personnages fictifs. »

A première vue, je comprends ou crois comprendre ; à la réflexion, je me demande : « Qu'est-ce que cette « conception primesautière » dont parle Taine ? Et puis : est-ce que le talent spécial de l'auteur dramatique est en général constitué : 1° par la conception primesautière vive et abondante ; 2° par les incapacités que Taine allègue ici ? Ou bien est-ce seulement dans la race anglo-saxonne que le talent en question est constitué de la sorte ?

Et puis encore, est-il sûr que le génie anglo-saxon, au moment même de cette exceptionnelle poussée d'œuvres dramatiques, fût si incapable d'aligner des raisonnements ? Je vois là tout à côté Bacon et Hobbes, sans parler d'autres moindres que vous trouverez dans Taine même. (Tome I, livre II, § intitulé : la Prose.)

La psychologie de Taine est trop souvent d'une simplicité qui n'est pas précisément de la clarté. Je me creuse l'esprit pour deviner ce qu'est au vrai la « conception primesautière », celle qui entre comme

un élément essentiel dans la création des œuvres
théâtrales, et je n'y arrive pas.

« Ce qui a dressé le théâtre anglais de la Renaissance », je l'aperçois bien plus clairement dans des
circonstances que Taine lui-même nous développe :
Le goût du public pour les représentations scéniques
est si vif, si universel, il appelle, sollicite tellement
les entrepreneurs de spectacle, qu'il y a déjà à
Londres, au temps de Shakespeare, sept théâtres.

C'est là le vrai point de départ.

Le théâtre principal, *Le Globe*, n'est pas cher, il y
a des places de six pences, de deux pences, et même
d'un penny. C'est pourquoi le parterre est bondé de
gens du peuple, bouchers, merciers, matelots ; matelots surtout, tous rudes et grossiers gaillards, fort libres ou même fort abandonnés dans leurs allures,
actes et propos. « Tâchons d'entrer dans l'intérieur de
« ces hommes, car c'est cet état intérieur qui suscite
« et modèle les pièces que les auteurs vont leur servir
« (à la bonne heure). » Il faut bien que cette structure
intime soit particulière, puisque ce théâtre-ci se
détache, parmi tous les théâtres, avec un caractère
qu'on ne rencontre nulle part ailleurs (disons au même
degré). « Ce caractère est la libre et complète expan-
« sion de la nature. » (De mieux en mieux.) La structure intime de tous ces gens-ci, aussi bien des
gentilshommes assis sur la scène pour leur shilling,
que des matelots debout au parterre pour leur penny,

c'est d'être des effrénés. L'ancienne religion a perdu
tout empire sur ces esprits, et aussi l'antique morale,
parce qu'on l'a pendant des siècles imprudemment
liée à la religion. Nous avons donc affaire à une
Angleterre fort débridée. Les esprits se sont même
presque libérés des obligations de la sociabilité. Personne ne se croit tenu à s'imposer une gêne ou un
ménagement quelconques pour le voisin. Chacun
prétend être soi, et sortir toute sa personnalité partout, comme s'il était partout chez soi.

« Les gens du peuple ressemblent à de beaux et
« forts chevaux lâchés en plein pâturage... et les
« courtisans même de ce siècle ressemblent à nos
« gens du peuple. »

Qu'est-ce qu'un tel public peut demander à ses
auteurs ? Des impressions fortes ; peu en importe l'espèce, les plus fortes seront les meilleures. Deux sortes
d'impressions fortes sont très indiquées ; celle que
donne le spectacle du sang versé, des cruautés
commises, des souffrances infligées ; celle que donne
le spectacle du désir animal, de la passion génésique.
En conséquence, l'offre répondant à la demande, la
scène anglaise, tantôt fait sentir à son public « toutes
« les puanteurs d'un bouge de prostitution », et tantôt
elle lui fait voir, dans une seule pièce, un monceau
de crimes ou de malheurs-jetés les uns sur les autres
avec une prodigalité insoucieuse de toute vraisemblance.

Avec un tel public, jugez si les auteurs peuvent se donner une entière liberté et dans toutes les directions. Aussi ne se refusent-ils aucune action indécente, et naturellement, ils ne s'interdisent aucun terme, aucun vocable. On ne va pas s'enlever la liberté du langage, quand on se donne celle des actions. Pas de vocabulaire noble ni ignoble; toute la langue anglaise ouverte et fréquentée jusque dans ses bas-fonds. Aucun code de style, cela va de soi. Des gens si indépendants de la morale et de la décence ne sont pas pour respecter une tradition littéraire quelconque. De classicisme, pas l'ombre. Nul soupçon de modèle grec ou latin. L'auteur anglais est absolument de son pays et de son temps; ni maîtres, ni ancêtres; il commence, il inaugure. Pas de règles théâtrales; en un rien de temps on passe d'Angleterre en Chine, ou de la naissance du héros à son mariage. Et voici encore une circonstance dont il faut tenir grand compte : Le gouvernement ne gêne pas plus les auteurs que ne le fait l'opinion publique. Pas plus de surveillance, de censure ni de bride de ce côté que du côté de l'opinion, des spectateurs, et du goût intime des auteurs.

Une liberté si absolue ne s'est *jamais vue ailleurs*. Cette particularité ne pouvait faillir à produire, en mal comme en bien, des effets exceptionnels et saisissants.

La liberté en art, la licence même, est une cause féconde, et, je crois bien, la plus féconde qui soit. Je ne dis pas qu'elle soit uniquement féconde en bons résultats; ce qu'elle produit dans sa puissante efficacité est très mêlé; mais c'est elle la mère des rencontres heureuses; d'elle, relèvent les beautés supérieurement hardies. Un génie médiocre, sans goût, sans frein, se passant tout, hasardant tout, atteindra toujours en quelque moment à un effet qui ne sera pas médiocre. Un vrai génie, dans les mêmes conditions, touchera fréquemment aux dernières cimes. Ah! qu'un Shakespeare, sellé et bridé comme notre Racine et notre Molière, eût été différent; et que Racine et Molière eussent été différents, libres et éperdûment lâchés à travers le monde comme Shakespeare!

Je crois donc voir que le milieu a une grande part tant aux qualités qu'aux défauts, qui sont vivement en saillie dans les œuvres théâtrales de l'époque Shakespearienne.

A présent, où est l'action de la race? Rappelez-vous les caractères du génie saxon tels qu'ils nous ont été donnés par Taine; rappelez-vous que la Renaissance est en Angleterre la renaissance de ce génie... et enfin que, sans conteste possible, les œuvres dramatiques sont ce qu'il y a de plus original, de plus vivant, de plus émouvant, de plus marquant, dans les productions littéraires de la Renaissance en Angleterre. C'est donc en elles, par elles, que le génie saxon a dû montrer ses caractères propres avec la plus grande netteté.

Taine nous ayant assuré que le génie anglo-saxon

était doué naturellement d'une religiosité intérieure
et d'un grand sentiment du devoir, j'en cherche les
expressions dans les drames de Marlowe, de Mas-
singers, de Ford, de Shakespeare. Je ne trouve rien;
pas plus de trace de religiosité que de sentiment du
devoir. M'en croirai-je? Non : je vais m'en rapporter à
Taine lui-même. Or il reconnaît que :

« Les dramatiques anglais parlent en incrédules ou
« en superstitieux; jamais en fidèles. Leurs héros ont
« des vertus humaines, non des vertus religieuses.
« Contre le crime, ils s'appuient sur l'*honneur* et
« l'amour du beau; non sur la piété et la crainte de
« Dieu. » Ils s'appuient « sur l'honneur ». C'est donc
comme en France, c'est-à-dire comme Taine prétend
que cela a lieu en France. Et remarquez que c'était
ici le cas de mettre à côté de leur sentiment de l'honneur leur sentiment du devoir, et que Taine ne croit
pas pouvoir le faire.

Et en ce moment, je ne puis m'empêcher de penser
au théâtre de Corneille. Si l'on disait que, dans ce
théâtre-là, le sentiment du devoir tient une belle place,
je crois que personne n'y contredirait, pas même
Taine.

**

Nous l'avons déjà vu, dès que la Restauration
rouvre les théâtres, on refait du drame, mais mal ; on

fait encore plus de la comédie, et on la réussit mieux.
Taine dit : « Ce qui a alimenté la comédie anglaise
« du XVIIᵉ siècle, ce sont les besoins de la société
« polie qui, habituée aux représentations de cour et
« aux parades du monde, allait chercher sur la scène
« la peinture de ses entretiens et de ses salons. » Au
fond, Taine dit vrai ; il touche bien à la cause ; il
pourrait seulement, à mon sens, la désigner plus nettement : le public sous la Restauration, j'entends
celui qui influe, qui commande aux auteurs et à qui
ceux-ci veulent complaire, n'est pas de même condition et de même caractère que le public du temps
de Shakespeare. Maintenant ce sont les courtisans, les
gentilshommes, les mondains, qui font la loi aux
auteurs. A la peinture des passions sanguinaires,
qu'au reste ils ne rebutent pas tout à fait, ceux-ci pré-
fèrent la représentation des vices, des travers et des
ridicules. Ce sont des jouisseurs ; ils veulent qu'on
leur donne le spectacle de gens qui jouissent de toute
manière, et ils aiment mieux s'égayer que frémir. On
les sert comme ils le demandent ; la comédie abonde,
et, parmi les essais multipliés, il y a, comme il arrive
toujours en pareil cas, des réussites.

Ce théâtre de la Restauration, il faut le redire, est
sans rival pour l'obscénité. Quelques citations empruntées à Taine suffisent à le démontrer :

« La fable ordinaire, c'est un père ou un mari qu'on
trompe... Les écrivains posent en règle que toutes

les femmes sont des drôlesses et que tous les hommes
sont des brutes. » (T. III, page 41) — « Il faut voir
dans *l'Epouse campagnarde* de Wycherley une foule
de mariages salis par un galant qui a répandu le bruit
de son *innocuité*... On devine ce qu'une pareille donnée peut fournir; Wycherley en tire tout ce qu'elle contient. Les femmes causent de son état et devant lui;
elles se font détromper par lui et s'en vantent » (id.,
p. 51). — « Les gentlemen se collètent sur la scène,
brusquent les femmes aux yeux du public, achèvent
l'adultère à deux pas dans la coulisse. » (P. 117.)

Entre femmes galantes, débordées, et maris libertins
ou brutaux, le mariage ne peut être qu'une discorde
perpétuelle. Etheridge fait dire à un cordonnier : « Il
« n'y a personne dans la ville qui vive avec sa femme
« plus en gentilhomme que moi. Je ne m'inquiète
« jamais de ses sorties; elle ne s'informe jamais des
« miennes; nous nous parlons civilement et nous
« nous haïssons cordialement. » (P. 82.)

Dans *Confédéracy* de Vanbrugh, dialogue de
femmes :

« A quoi avez-vous passé la nuit? » dit l'une à son
amie.

« — A chercher tous les moyens de faire enrager
mon mari.

« — Rien d'étonnant à ce que vous paraissiez si
fraîche ce matin, après une nuit de rêveries si
agréables. »

Les rôles ignobles ou féroces abondent. Il y a des furies comme mistress Lowert et Lady Touchwood — « ce théâtre est sombre, au fond, amer... Il pré- « sente le ménage comme une prison, le mariage « comme une guerre, la femme comme une révoltée, « l'adultère comme une issue, le désordre comme un « droit, et l'extravagance comme un plaisir. »

Où sont donc passés le sentiment du devoir, propre à la race anglo-saxonne, et cet idéal du mariage que les hommes de cette race ont conçu de tout temps et qu'ils ont montré de haut aux hommes des races infé- rieures ? On n'en voit pas plus de traces ici, dans les œuvres du génie comique, que nous n'en avons trouvé dans les œuvres du génie dramatique au temps d'Elisabeth.

Au point de vue moral, les deux théâtres, celui de Marlowe, de Shakespeare, celui de Wycherley, de Congrew ne diffèrent pas. Ce qu'on nous représente sans ménagement, sans choix ni réserve ni retenue quelconque, ce sont, dans le premier, les actes vio- lents et les passions qui vont au crime ; dans le second, les bassesses, les indécences et les folies de la sen- sualité. On ne se refuse, dans le premier, aucune situation, fût-ce la plus horrible, et dans le second, aucune situation, fût-ce la plus ignoble. C'est qu'au fond quelque chose d'essentiel, de capitalement effectif, s'est conservé, s'est prolongé du temps de Shakes- peare au temps de Charles II et au delà : ce sont les

mêmes aspirations, les mêmes besoins chez le public
aux deux époques.

Il veut toujours qu'on lui serve les plus fortes
émotions possibles, sans souci de la morale, ni même
de la vérité. Et on lui sert ce qu'il demande. Au point
de vue de la moralité, rien n'est donc changé. Ce qu'il
y a de changé c'est, nous l'avons déjà dit, l'espèce des
émotions fortes. Et nous avons dit aussi, d'après
Taine, pourquoi, dans le théâtre de la Renaissance,
les émotions d'espèce héroïque, criminelle, barbare,
violente, sont en prédominance, tandis que les émotions d'espèce sensuelle prédominent dans le théâtre
de la Restauration. Sous Elisabeth, le populaire commande, d'autant que les grands seigneurs eux-mêmes
sont peuple. Après la Restauration, le courtisan commande ; c'est son goût que les auteurs veulent satisfaire ; et le populaire ne proteste pas, les scènes de
débauche n'étant pas plus faites pour lui déplaire
que les scènes meurtrières ; il accepte ce qu'on lui
offre et s'en réjouit comme ses maîtres.

Je ne comprends pas comment Taine, ayant peint
le public du temps d'Elisabeth comme il l'a peint
(livre II, chap. II, au début) est arrivé plus tard
(livre III, chap. Ier, § VII) à donner, du même public,
l'appréciation suivante :

« Quels auditeurs que ceux de Shakespeare et de
« Fletcher, quelles âmes jeunes et charmantes !...
« L'illusion les prenant, ils ne s'inquiétaient guère

« des vraisemblances; ils ne se souciaient pas de
« toujours rire. Ils venaient moins pour s'égayer que
« pour rêver. » Quoi! ces merciers, ces charretiers, ces
matelots et ces courtisans, pareils psychiquement « à
« nos hommes du peuple », venaient là pour rêver!
Vous nous la donnez un peu forte!... Je prie qu'on
lise le morceau; il contient des choses encore plus
inadmissibles, et surtout contraires à celles que Taine
nous a dites en premier lieu de ce public. Et cette
page est très révélatrice; elle nous montre comme à
certains moments Taine quitte la terre — j'entends
l'appui des faits par lui-même exposés — et s'enlève,
et part dans un ciel imaginaire.

Taine ne pouvait pas faire un public à génie saxon,
de ce public de la Restauration, trop crûment épris
de tableaux obscènes; mais cela n'était pas absolument impossible avec le public de la Renaissance,
en raison de ce que le théâtre présentait alors en
prédominance (non exclusivement, Taine complaisamment l'oublie) des tableaux tragiques... Car,
rappelez-vous, le goût pour la tragicité est l'une des
caractéristiques du génie saxon.

Soit! mais, cela même admis, Taine n'est point hors
d'embarras : que faire de ce public de la Restauration
qui n'a pas le génie saxon? Comment l'expliquer? Car
enfin ce public par le sang, la race, est anglo-saxon,
et quand on a un caractère ou un génie de race, on ne
le quitte pas, on ne le reprend pas à secousses comme

on échange l'un de ses habits contre un autre. Du moins a-t-on peine à concevoir ainsi les choses. Taine s'en tire par une phrase singulière : « La Res- « tauration anglaise fut une de ces grandes crises qui, « en *faussant* le développement d'une société et d'une « littérature, manifestent *l'esprit intérieur qu'elles al-* « *tèrent et qui les contredit.* » Comprenez-vous ? Moi, je m'y efforce : Voici une crise qui fausse le développe- ment d'une littérature (fausser un développement n'est déjà pas très clair), et qui, en même temps, manifeste *l'esprit intérieur qu'elle altère.* C'est une curieuse chance pour cette littérature ou plus précisément pour son esprit, qu'il soit manifesté par ce qui l'altère. Il valait la peine de dire en quelle manière ce qui a altéré a pu du même coup manifester. Taine ne s'est pas mesuré avec cette tâche, assez ingrate, je crois.

**

La littérature dramatique en Angleterre a langui dès le XVIIIe siècle, et tout le long du XIXe siècle elle n'a eu qu'une valeur très médiocre : deux faits ou plu- tôt une seule et même décadence à expliquer. Taine l'explique-t-il d'une manière satisfaisante ? Il en donne trois ou quatre raisons que voici : « Avec la chute de « la cour et avec l'arrêt de *l'invention mimique,* le vrai « drame et la vraie comédie disparaissent, ils passent « de la scène dans les livres ; c'est qu'aujourd'hui, on

« ne vit plus en public à la façon des ducs brodés de
« Louis XIV et de Charles II, mais en famille, ou
« devant une table de travail. Le roman remplace le
« théâtre en même temps que la vie bourgeoise suc-
« cède à la vie de cour. »

Que veut dire ce mot, l'invention *mimique?* Invention de gestes, d'attitudes, ce me semble. Mais alors
l'invention mimique se confondrait avec l'art de l'acteur. Quoi qu'il en soit, l'arrêt de l'invention mimique
serait d'abord à expliquer, et, expliqué, il serait encore
à relier avec l'arrêt de la production dramatique. La
chute de la cour et la prédominance de la vie bourgeoise ne me paraissent pas de nature à déterminer
absolument la décadence du théâtre, elle reste un problème. Peut-être, après tout, cette décadence n'est-
elle énigmatique que parce qu'on l'exagère ; car enfin
le xviiie siècle anglais n'est pas absolument dénué. Il
y a au moins une pièce qui, de l'aveu de tous, vaut
celles de Wicherley et de Congrew, sinon plus :
L'Ecole du scandale, de Shéridan (et il y a longtemps,
notez-le bien, que la cour a disparu).

Pendant le xixe siècle, Londres ne manque pas de
théâtres ; les pièces qui alimentent ces théâtres ne
sont pas toutes sans valeur. Leur infériorité n'est
peut-être que relative ; inférieures à ce qui se produit
en ce moment sur le continent, mais non pas inférieures aux productions du temps de la Restauration :
affaire de goût, du reste, et par conséquent discutable.

Toutefois, quelque chose reste avéré, ce semble. La production des pièces de théâtre paraît rare, comparée à celle des romans. Le succès des pièces est moindre en tout cas que celui des romans. Pas de renommée parmi les auteurs dramatiques égale à celle d'un Dickens, d'un Thackeray, d'un Georges Elliot, etc. En revanche, remarquons cette circonstance : si les auteurs dramatiques dont le nom surnage sont peu nombreux, chacun d'eux a produit un nombre considérable de pièces. Pour produire tant, il faut qu'ils aient travaillé vite, et partant avec une certaine négligence. Et s'ils n'ont pas mis à leur besogne tout le travail d'art désirable, c'est peut-être que ni le public, ni les critiques professionnels ne leur en demandaient pas plus, inattentifs qu'ils étaient aux œuvres dramatiques par suite d'un intérêt trop vif accordé aux œuvres du genre roman. En ce cas il resterait finalement que la très grande vogue du roman aurait été, non pas toute la cause, sans doute, mais en partie la cause de la décadence dramatique.

Tout ceci est bien hypothétique. Si l'on voulait chercher, avec une méthode rigoureuse, la cause de la décadence du théâtre anglais, il faudrait prendre son parti d'y employer plusieurs années ; une enquête minutieuse, non pas seulement sur les choses de théâtre, mais fort largement à l'entour, serait nécessaire. On devrait s'enquérir attentivement de tous les plaisirs, de toutes les distractions concurrentes ; des

profits comparés du théâtre et de ceux de la librairie ;
de l'attitude du clergé anglican et des autres à l'égard
du théâtre, d'un côté, et des livres d'autre côté ; s'enquérir des changements constatables dans le sentiment religieux des foules... Que sais-je encore ?

***

Cela revient à dire que nous tranchons encore les
problèmes historiques avec une promptitude hardie,
dont les esprits purement littéraires n'ont pas conscience, mais qui commence à choquer les esprits
quelque peu rompus aux méthodes scientifiques.

Je voudrais, — mais je ne puis — éviter de vous
rappeler que le génie saxon a une façon sursautante
de concevoir les idées, à laquelle fait opposition et
vis-à-vis la façon de l'esprit classique. Or, si l'on s'en
rapporte à Taine lui-même, les œuvres façonnées à
la manière classique ne manquent pas dans la littérature anglaise, et tant s'en faut. Tout à côté de l'Anglo-
Saxon Shakespeare, elle offre déjà Ben-Johnson :
« L'érudition et l'éducation classique l'ont fait clas-
« sique, et il écrit à la façon de ses modèles grecs et
« de ses modèles romains. » Il a le don de développer,
ce don propre et distinctif des races latines. « John-
« son a pris dans le commerce des anciens l'habitude
« de décomposer les idées, de les dérouler pièce à
« pièce et dans leur ordre naturel. De la pensée pre-

« mière à la conclusion finale, il conduit le lecteur
« par une pente continue et uniforme. » Et cependant,
« c'est un véritable Anglais ». Je voudrais qu'ici
Taine s'étonnât un peu ; je suis surpris de son manque
d'étonnement.

« Quoi ! un homme né dans l'empire du génie saxon,
fait d'une chair et d'un sang saxons, ayant donc en
lui le génie saxon (sans cette conséquence, que de-
viendrait notre théorie ?), se transforme si aisément
en esprit classique, en esprit latin ? Il lui suffit pour
cela de lire, d'étudier, de vouloir imiter les œuvres
grecques et latines !

« L'imitation, mais cela est donc une cause, une
espèce de force, et vraiment bien puissante puisqu'elle
est capable de vaincre l'impulsion de la race même ?
Je la remarque pour la première fois, cette force,
mais j'aurai soin de m'en souvenir. »

Il me semble que Taine aurait dû se faire à lui-
même ce petit discours, ou quelqu'autre équivalent.

Sitôt après la Restauration, dès que la littérature
reparaît, voici qu'elle se montre tout à fait modelée
sur les œuvres classiques des anciens ou sur celles
des Français. C'est en classique que Sir John Denham
écrit son célèbre poème de Cooper's Hill ; en classique que Dryden reprend et gâte les inventions de
Shakespeare et de Milton. Plus purement classique
est-il encore, — et c'est naturel, — dans ses ouvrages
de prose. Là, sa diction est parfaitement oratoire et

soutenue (vous savez que pour Taine, oratoire est synonyme de classique). Mais Milton, que je viens de nommer, Milton lui-même, est-il un esprit sur-sautant? Il s'en faut de tout : on sait qu'il a composé de nombreux traités en prose, *Traité du divorce*, *Traité de la réforme*, *Remarques sur les opposants*, etc. Or, là-dedans, il y a beaucoup d'érudition, de commentation, de textes, de « logique massive », comme le dit Taine. Il argumente, il raisonne à la façon des docteurs du moyen âge, exercés à la dia-lectique aristotélique qu'enseigna au monde l'univer-sité de Paris. « La scolastique pesait encore sur lui. » Quand Milton, au lieu d'écrire des traités en prose, composera des poèmes, il n'est pas vraisemblable qu'il change d'esprit, ce qui équivaudrait, si nous sui-vions l'opinion de Taine, à changer de race, et « en « effet par la pureté et l'élévation de la morale, par l'a-« bondance, la liaison du style, par les nobles senti-« ments chevaleresques et la belle ordonnance classi-« que », Milton était bien le frère de Spenser qu'il avait pris, non pas exclusivement, mais préférablement pour modèle... « Il écrivait, non par impulsion (rappelez-« vous que l'Anglo-Saxon est essentiellement un im-« pulsif) et sous le seul contact des choses, mais en « lettré, en humaniste, savamment avec l'aide des « livres, apercevant les objets autant à travers les « écrits précédents qu'en eux-mêmes, ajoutant à ses « images les images des autres... Il se formait ainsi

« un style composite et éclatant, moins naturel que
« celui de ses précurseurs, moins propre aux effu-
« sions, moins voisin de la sensation primesautière,
« mais plus solide, plus régulier, plus capable de
« concentrer en une large nappe de clarté tous leurs
« scintillements et toutes leurs lueurs. »

Après Dryden, nous avons Addison, dont le talent
est peut-être encore plus oratoire, ce qui, comme
vous savez, équivaut à être classique. — Et puis Pope.
Celui-ci fournit à Taine un chapitre dont je transcris
le sommaire : « Domination et domaine de l'Esprit
Classique. — Ses caractères. — Sa portée. — Sa
limite. — Comment il (l'esprit classique) a son centre
dans Pope. »

La domination de l'esprit classique, maintenue par
l'autorité pédantesque de Samuel Johnson, se prolonge au delà de Pope, jusqu'aux confins du xviiie
siècle. Selon le calcul de Taine, « pendant cent cinquante ans, les hommes, dans les deux pays pensants,
la France et l'Angleterre, ont employé toute leur
étude » à cultiver l'art oratoire, l'art classique. — Ce
calcul n'est pas exact ; il fait tort au classicisme de
bon nombre d'années, tant en France qu'en Angleterre.
Taine lui-même affirme ailleurs (dans sa préface) que
l'esprit classique se manifeste en France dès les épopées du moyen âge et qu'en somme l'esprit français
est classique par nature. Quant à l'Angleterre, nous
l'avons vu un peu plus haut, Taine y reconnaît déjà la

manifestation de l'esprit classique dans Spenser (lequel est mort en 1599). Je ne dirai pas cette fois, il y a là une éclipse étonnante du génie anglo-saxon, et on comprendra tout à l'heure pourquoi je me refuse cette expression. Je me contenterai de dire : toutes les têtes anglo-saxonnes n'ont pas, paraît-il, le génie saxon. Il en est, et en assez grand nombre, qui, en dépit de la race, ont reçu en hôte préféré un génie étranger et contraire.

**

Dans le temps même où l'esprit classique sévissait sur les poètes anglais, un nouveau genre d'œuvres naissait, grandissait tout à côté, et ce genre échappait totalement à l'empire de l'esprit classique. Il ne se déclarait pas précisément en rébellion ouverte et raisonnée contre l'ascendant de cet esprit, il ne déployait pas contre lui un drapeau à devises hostiles et provocantes ; il faisait mieux, il l'ignorait et vivait, d'une large et forte vie, sur le même sol, malgré lui, et sans se soucier de lui.

Et voici que pour la seconde fois la littérature anglaise nous apparaît hautement originale, profondément différente de ce qui se produit dans le même genre sur le continent. Le genre nouveau, auquel nous avons affaire cette fois, c'est le roman.

Je lis dans la table de Taine le sommaire d'un des

chapitres « Caractères propres du roman anglais. —
En quoi il diffère des autres. » Je me reporte au chapitre ; j'y lis que les caractères du roman anglais sont
les suivants : roman anti-romanesque (l'épithète serait à définir), œuvre d'esprits positifs, observateurs et
moralistes, destinée à peindre la vie réelle, à décrire
des caractères, à suggérer des plans de conduite et à
juger des motifs d'action.

Il y a là du vrai, beaucoup de vrai, mais est-ce vrai
de tous les romans anglais ? (Et je ne parle ici que de
ceux du xviiie siècle.) Il me semble que Taine est,
comme toujours, un peu trop pressé de dresser une
formule qui embrasse et résume un large groupe
d'œuvres.

Vous avez bien entendu, n'est-ce pas, que tous les
romanciers sont psychologues et moralistes. Je m'arrête un peu sur cette seconde qualification. Taine
l'accorde à des auteurs qui m'ont bien l'air de méconnaître les principes essentiels de la morale. « Deux
« idées principales peuvent régir la morale et l'ont
« régie en Angleterre. Tantôt c'est la conscience
« qu'on accepte pour souveraine, et tantôt c'est l'ins-
« tinct qu'on prend pour guide... Les uns, alarmés
« par la fougue d'un tempérament trop nourri et par
« l'énergie des passions insociables, ont regardé la
« nature comme une bête dangereuse et posé la con-
« science, avec tous ses auxiliaires, religion, loi, etc.,
« comme autant de sentinelles armées pour réprimer

« ses moindres saillies. — Les autres, rebutés par la
« dureté d'une contrainte incessante... ont renversé
« gardiens et barrières... et lâché la nature captive
« pour la faire jouir du plein air et du soleil. Les uns
« et les autres, par leurs excès, ont mérité leur dé-
« faite et relevé leurs adversaires. De Shakespeare
« aux Puritains, de Milton à Wycherley, de Congrew
« à de Foë, de Shéridan à Burke, de Wilberforce à
« Lord Byron, le dérèglement a provoqué la con-
« trainte, et la tyrannie, la révolte : c'est encore le
« grand débat de la règle et de la nature qui se déve-
« loppe dans les écrits de Fielding et de Richardson. »
Autrement dit, le roman anglais, tout comme le
théâtre anglais et comme la poésie lyrique anglaise,
manifeste deux courants contraires. Nous y voyons
deux Angleterre, l'une morale à l'excès, l'autre effrénée de parti pris.

En effet, si nous apercevons dans les œuvres de
de Foë et de Richardson les injonctions rigoureuses,
les exigences morales de l'esprit puritain, et si nous
y trouvons des caractères inventés tout exprès pour
émouvoir notre sympathie et notre admiration en
faveur du type d'homme qui se conforme à ces exigences, Fielding, au contraire, nous exhorte vivement
à nous défier de ce type-là, qu'il taxe d'hypocrisie, et
il réclame toute notre sympathie, toute notre estime,
pour des héros qui se livrent à leurs passions, qui
suivent à bride abattue leur tempérament, mais qui se

livrent aussi à leurs instincts généreux, car ils en ont d'après Fielding, par suite de leur indépendance à l'égard de la morale, et de la joie qui en résulte.

Entre Richardson et Fielding, l'opposition, nous dit M. Filon, est des plus frappantes : « C'est à douter que « les deux auteurs aient appartenu au même temps et « à la même race... et pourtant Richardson est aussi « anglais que Fielding. » Je dirai, moi, c'est à douter qu'il y ait une race anglaise. Après cela que Fielding et Richardson soient contemporains, cela ne me gêne guère ; l'influence de cette vague relation qu'on nomme le temps, ne va pas jusqu'à effacer chez tous les hommes, contemporains entre eux, ni les divergences d'opinions, en quoi que ce soit, ni le tempérament individuel. — M. Filon a tort de tant s'étonner.

Taine, pour dresser une formule embrassant à la fois des contraires tels que Richardson et Fielding, a été obligé de donner l'épithète de moraliste à celui-là même qui nie la moralité proprement dite et ne se fie qu'aux instincts naturels. Fielding n'était pas seul à gêner Taine : Smollett, Taine le reconnaît, peint l'humanité anglaise sous des couleurs qui ne font pas du tout honneur aux instincts de la race anglo-saxonne. Sterne moins choquant, amusant, sympathique, est toutefois au fond un sensuel, qui n'enseigne pas précisément la vertu.

Mais voici Goldsmith, avec son vicaire de Wakefield, et, celui-ci, pour Taine, suffit à effacer ceux qui le précèdent, et à en faire gens non advenus.

Taine écrit dans le sommaire du chapitre concernant Goldsmith : « Epuration du roman anglais. » Exagération en pure perte, car, à supposer que le roman anglais soit réellement épuré, la poésie anglaise (lyrique et épique), qui apparaît si tôt après, se montre bien fâcheusement mélangée. Elle replonge Taine dans la même nécessité embarrassante d'avouer que l'Angleterre a produit pêle-mêle des poètes très moraux et d'autres, plus nombreux et plus brillants peut-être, qui sont aussi peu moraux que s'ils étaient nés sur le continent, d'une race latine ; lisez en effet ce qui suit.

⁂

Aux approches du xix⁰ siècle commence en Europe la grande « révolution moderne ; le public pensant et « *l'esprit humain* (?) changent et sous *ces deux chocs* « une littérature nouvelle jaillit ! »... Le style classique a vulgarisé les opinions littéraires et les découvertes de la science. La classe moyenne a grandi ;. « vers la fin du siècle,... avec les grandes applica- « tions de la science, la démocratie paraît ». La machine à vapeur, la muljenny, la perfection de l'agriculture en Angleterre, suscitent et nourrissent une population double : « le bien-être, le loisir, l'instruction,

« les voyages, tout ce qui était le privilège de quel-
« ques-uns, devient le bien commun du grand nombre.
« Le flot montant de la richesse soulève l'élite des
« pauvres jusqu'à l'aisance, et l'élite des gens aisés
« jusqu'à l'opulence. Le flot montant de la civilisation
« soulève la masse du peuple jusqu'aux rudiments de
« l'éducation et la masse de la bourgeoisie jusqu'à
« l'éducation complète. » Bientôt ces ouvriers, ces
bourgeois, sortent des bas-fonds, « montent sur la
scène », font l'histoire... ils ont, comme leurs anciens
maîtres, leurs héros et leurs croisades. « Ils ont gagné
« le droit d'avoir comme eux une poésie, » ils vont
l'avoir.

C'est surtout en France que ce personnage, le plébéien, apparaît dans toute l'importance de son rôle
et dans la plénitude de son caractère,.... ambitieux,
curieux, laborieux, « prodigue de sa peine, fécond en
« inventions », prêt à tout, jamais satisfait.

« En même temps que l'état de la société, la forme
« de l'esprit humain a changé. L'âge oratoire qui
« finit, a groupé toutes les idées dans un beau casier
« commode dont les compartiments conduisent à
« l'instant les yeux vers l'objet qu'ils veulent définir,
« en sorte que, désormais, l'intelligence peut entrer
« dans des conceptions plus hautes et saisir l'en-
« semble qu'elle n'avait point embrassé. »

Voilà que nous retrouvons encore une fois l'art
oratoire. J'avoue ne pas saisir très bien le rôle que

Taine lui assigne ici dans son éternel langage figuré. Je ne vois pas bien « l'âge oratoire groupant toutes les idées en des compartiments et l'intelligence entrant grâce à ces compartiments dans des conceptions plus hautes ». Je comprends mieux ce qui suit : « L'esprit humain devient plus capable d'abstraire. » Voilà parler sans figure, cela est net. Reste que cela soit démontré, prouvé. Rien de ce qu'ajoute Taine ne s'approche d'une preuve.

Les esprits éminents, nous dit-il, rejettent toutes les explications que leurs prédécesseurs ont données de la constitution du monde, de l'essence des religions, de la nature du beau... « alors paraissent l'inquiétude « de Werther et de Faust... le mécontentement du « présent, le vague désir d'une beauté supérieure et « d'un bonheur idéal, la douloureuse aspiration vers « l'infini ». Les Gœthe, les Schiller, les Heine et bien d'autres « pressentent une vérité sublime derrière « l'expérience grossière et les catéchismes transmis... « et un bonheur grandiose par delà les agréments de « la société et les contentements de la famille ». Soit, mais tout cela ne montre pas que la faculté d'abstraire soit devenue plus grande, car tous les noms cités dans ce passage sont ceux de poètes épiques, drama- tiques, lyriques, c'est-à-dire d'esprits artistiques voués par nature et par métier à réaliser des conceptions concrètes, et non à extraire de vastes généralisations. — « Ainsi s'élève l'homme *moderne*, agité de deux

« sentiments, l'un démocratique, l'autre philoso-
« phique... ce sont ces deux courants qui, de France
« et d'Allemagne, arrivent en ce moment sur l'An-
« gleterre. Les digues y sont fortes ; ils y entrent plus
« tardivement qu'ailleurs, mais néanmoins, ils entrent.
« Ils se font un lit nouveau entre les barrières
« anciennes et les élargissent par une transformation
« lente, qui continue encore aujourd'hui. » Qu'est-ce
à dire, sinon qu'encore une fois, l'Angleterre a reçu
le branle d'un mouvement, qui emportait avant elle les
nations du continent. Et c'est là l'importante conclusion où je voulais que le lecteur arrivât, conduit par
Taine lui-même, par Taine oublieux de son point de
départ, de sa thèse initiale sur le génie anglo-saxon,
inconscient des pointes qu'il a brillamment poussées
hors de la route prescrite par son dessein primitif.

***

Cette dernière phase de la littérature anglaise est,
nous venons de le lui entendre dire, l'œuvre, en
majeure partie, d'un esprit répandu dans toute l'Europe, l'œuvre de *l'esprit humain*, qui lui-même vient
d'entrer dans une nouvelle phase. En Angleterre, cet
esprit nouveau se manifesterait par Robert Burns,
Cowper, Lamb, Coleridge, Southey, Moore, Walter
Scott, Wordsworth, Shelley, Byron. Je crois que
l'inspiration de l'esprit nouveau est assez contestable

chez quelques-uns de ces personnages, chez Walter
Scott, par exemple, et chez Moore. Et puis, parmi
ceux-là même qui semblent bien touchés de cet esprit
— ce qu'on reconnaît à ce qu'ils sont des mécontents,
des révoltés — des différences importantes apparaissent, quand on regarde aux motifs de leur mécontentement. Or les motifs sont bien le fonds même de
l'individu. Cowper est un attristé, un dégoûté de la vie
et de même Byron (à certaines heures); mais, vus
intimement, combien cependant ils diffèrent! Cowper,
conscience timorée, vit dans la persuasion accablante
qu'il est irrémissiblement damné; c'est là le principe
de sa tristesse. Byron est on ne peut plus étranger à
cet état d'esprit. Sa tristesse, à lui, est faite d'éléments
bien terrestres, où il n'y a pas une once de mysti-
cisme : son bannissement de la société à laquelle il
appartient, son orgueil blessé, le souvenir de sa fille
dont on le prive, son pied bot, ses excès en plusieurs
genres... mais à quoi veux-je en venir? A ceci : que ces
généralisations, d'une belle apparence philosophique,
sont trop souvent dressées sur la base étroite et
vacillante d'une ressemblance vague; constructions
chimériques qui s'évanouissent dès qu'observant avec
un peu d'attention la réalité sous-jacente, nous constatons au contraire la profonde diversité de celle-ci.

*

Nous voici au bout. — Rappelons-nous que la littérature anglaise devait, dans son cours séculaire, manifester principalement l'influence des qualités et des défauts propres à la race anglo-saxonne. Les traits qui caractérisent cette race, selon Taine, nous ne les avons pas oubliés; nous les avons présents à la mémoire. Nous nous retournons vers les œuvres pour y chercher le reflet, qui doit être très évident, du caractère anglo-saxon. Et... nous ne le trouvons nulle part. Pour mon compte, du moins, je n'aperçois nulle part l'action incontestable de cette grande cause, constante, indéfectible, alléguée par Taine, la race anglo-saxonne.

Mettons que j'ai tort, que ce que je n'aperçois pas soit très visible pour d'autres; que la race se montre ici et là; que les endroits où elle se manifeste soient nombreux et éclatants! Tout ce que vous voudrez. — J'en appelle à Taine lui-même : en des centaines de pages et par des détails multipliés, il nous a lui-même démontré ce grand fait : qu'une *forte proportion des œuvres sorties des cerveaux anglo-saxons* — aussi anglo-saxons que les autres — loin de rappeler les traits caractéristiques de la race anglo-saxonne, portaient l'empreinte d'un caractère tout opposé, du caractère latin ou classique; enfants qui ne ressemblent pas du tout à leur père putatif.

Ce grand fait me suffit. — Fût-il seul, et il ne l'est

pas, il suffit, pour m'autoriser, non pas à nier l'existence d'une race anglo-saxonne, ce serait tirer du fait en question une conséquence illégitime; mais à nier le pouvoir, l'efficacité, attribués à cette race, à nier son rôle de cause prépondérante, constante, indéfectible.

CHAPITRE IV

DISCUSSION DE L'IDÉE DES RACES EN ELLE-MÊME

Taine n'a pas réussi à nous montrer dans les faits le jeu incontestable de la race anglo-saxonne. Je crois que c'est le moment de discuter avec lui l'idée même des races.

« Il y a, dit Taine, des variétés naturelles d'hommes, comme il y en a de chiens, de taureaux et de moutons. » Le fait est qu'il y a des hommes blancs, noirs, rouges, jaunes, qui, avec ces différences de couleur, présentent encore d'autres différences physiologiques.

L'existence de races diverses, *physiologiquement* parlant, n'est pas niable; mais, après cela, il reste à prouver que tel trait physiologique (taille ou couleur, ou conformation de la main, de la mâchoire, du crâne, etc...) a produit telle suite d'effets dans le cursus historique de tel peuple. Je ne sais pas qu'une pareille démonstration ait jamais été faite. Quant à Taine, qu'il s'en doute ou non, après avoir allégué la race au sens physiologique, chez les animaux, il

(passe tout de suite à une conception *psychologique*
de la race chez l'homme, et prétendant appuyer
celle-ci de celle-là, il fait, à mon sens, une faute de
raisonnement inacceptable. En effet, le voici qui
ajoute : « La race consiste en des *dispositions innées*
et héréditaires et qui ordinairement sont jointes à des
différences dans la structure du corps. » Ordinairement, donc pas toujours, pas nécessairement ; mais
si, de votre aveu, il peut exister des dispositions innées et héréditaires, des dispositions de race, qui ne
soient point fondées sur une structure particulière, il
ne faut plus penser à nous convaincre de l'existence
de la race psychologique par celle de la race physiologique, puisqu'elles n'ont plus entre elles de lien
nécessaire et constant. Au surplus, Taine est fréquemment revenu sur les différences qui, selon lui,
distinguent l'une de l'autre la race germanique et la
race latine ; pas une fois il n'a osé nous dire avec
(précision : « Tel trait moral part de tel trait corporel. »
Et l'eût-il dit, il aurait encore fallu après cela prouver
qu'en effet l'un était lié à l'autre. En l'état actuel
des sciences, on ne conçoit même pas comment une
pareille liaison pourrait être prouvée.

*
**

Laissons là les chiens, chevaux, etc., je dirai pourquoi tout à l'heure. Considérons plutôt les hommes.

Voici un grand fait, un fait historique très étendu et très apparent. Il y a des peuples encore à l'état sauvage, qui paraissent appartenir à des races différentes, physiologiquement parlant, tels que les Weddas, les Fuéggiens, les Esquimaux, etc., etc. Il y a d'autre part des peuples civilisés qu'on tient pour différents de race, tels que les Germains, les Latins, les Juifs, les Chinois, etc. Entre l'un quelconque des membres du groupe sauvage et l'un quelconque des peuples civilisés, la différence du progrès accompli ou, si vous préférez, de l'évolution accomplie, apparaît très considérable. Cet écart s'est produit sans qu'on puisse alléguer avec certitude, comme explication, une différence physiologique entre ces civilisés et ces sauvages ; sans que d'autre part, et ceci est surtout à retenir, on puisse montrer, chez l'un quelconque des civilisés, un changement, une modification physiologique, qui ait précédé le progrès intellectuel et moral, par lui accompli (car tous ces civilisés ont été sauvages) : c'est là le point.

Le seul principe générateur de progrès, que nous puissions jusqu'ici constater avec certitude, ce sont d'un côté des inventions mécaniques et des institutions sociales, et d'un autre côté des concepts, des idées, des imaginations, des émotions et des sentiments suscités par les agents que je viens de nommer. Qu'inférer de là pour la question de race ? Ceci : Que nous devons provisoirement chercher la raison des

différences qui apparaissent entre les peuples, dans
les mêmes agents, qui ont mis tant de distance entre
ces deux groupes tranchés, les sauvages, les civilisés.

***

Ne concluons pas encore ; attendons. Un autre
grand fait, j'entends un fait répété dans l'histoire
humaine avec une énorme fréquence, sinon avec une
absolue continuité, vient attirer notre attention.

Tout esprit nouveau venu part d'un esprit antécé-
dent — ou de plusieurs. Savant, il prend une science
au point où un autre savant l'a laissée et il la continue ; philosophe, il commence par accepter le système
d'un autre ou par s'en empreindre ; artiste, il taille son
premier ouvrage (parfois les suivants) sur le patron
d'œuvres antérieures. Ce sont là formes diverses
d'une même chose, qui est l'imitation. Ou bien encore, le nouveau venu part de la contradiction d'un
prédécesseur et s'attache à démentir telle thèse scientifique, à ruiner tel système de philosophie, à composer et à écrire avec des procédés de rhétorique, des
principes d'esthétique, contraires à ceux de tel artiste
ou de telle école. Observez que tenir ses yeux fixés
sur un modèle, pour le reproduire à rebours, c'est
encore imiter, certainement. Parfois le nouveau venu
répète à la fois un prédécesseur et en contredit un

autre, amené qu'il est à contredire celui-ci parce qu'il a d'abord répété celui-là, ou inversement[1].

Déjà certes les animaux s'imitent entre eux, mais ce n'est que dans leurs gestes, dans leur conduite visible et momentanée. Sauf exception (fourmis, abeilles, castors, etc.), ils ne sont pas ouvriers ; en tout cas, ils sont peu ou point fabricants d'outils ; et c'est justement ce qu'est l'homme d'une façon tout à fait caractéristique. Les outils que l'homme fabrique, les monuments qu'il élève, ses machines, ses langues, ses phrases, ses mots mêmes, par où se révèlent aux autres hommes ses créations intérieures, invisibles, images, pensées, raisonnements, tout cela devient des modèles, des exemplaires qui peuvent être copiés, répétés, imités et qui le sont.

Or ces modèles sont durables, plus ou moins. Quelques-uns peuvent s'offrir aux yeux des hommes pendant vingt siècles ou plus, tels les édifices assyriens ou égyptiens. Comment donc ! des pensées émises il y a deux ou trois mille ans, ont la chance (et c'est heureux pour nous) de venir frapper encore notre esprit et de lui suggérer des pensées analogues ou consécutives. Ces modèles sont souvent transportables. Qu'en

---

1. Il y a donc lieu de se demander, au sujet de tout esprit, de quels esprits il procède.

Taine, par exemple, procède d'abord de Spinoza. Ses camarades d'école disent de lui « Taine est Spinoziste ». Mais bientôt il amalgame avec Spinoza, Diderot, Gœthe, Hegel, Comte. Et de Cousin, il procède encore par une complète contradiction.

advient-il? Que les hommes s'entre-imitent de près
et de loin, à travers d'immenses étendues de temps
ou d'espace. Finalement, grâce à notre penchant, à
notre faculté d'imitation, il ne se produit pas une
œuvre nouvelle qui ne tienne quelque chose d'une
œuvre antérieure.

La structure de nos membres, la couleur même
de notre peau apparaît chose, non pas peut-être immuable, mais très difficilement et lentement modi-
fiable. Et l'on se demande ce qu'il en est de notre
structure cérébrale? A cette question les réponses
sont diverses. Le problème semble important, aussi
l'agite-t-on avec quelque chaleur. Il n'en mérite peut-
être pas tant que cela, si l'on tient compte de certains faits.

Une idée, rencontrée au hasard d'une lecture, d'une
conversation, a souvent changé les convictions ou
les sentiments d'un homme, et par suite la direction
de sa conduite et de son activité.

Un courant d'idées, venant d'un peuple et traver-
sant un autre peuple, change les convictions religieuses de celui-ci, le ton de sa littérature, la direction de ses recherches scientifiques, ou celui de ses
entreprises, de ses pratiques politiques, commerciales, industrielles.

Il n'est donc pas nécessaire que la structure cérébrale se modifie, il suffit que l'apport de l'extérieur
dans le cerveau soit différent, pour qu'à son tour le

reflux, la réaction des actes sur l'extérieur diffère. D'où il appert ceci : l'évolution humaine est moins organique qu'extra-organique ou super-organique ; ou, si vous voulez, elle est plutôt artificielle (au sens primitif et favorable du terme).

En tout cas, retenons ce grand fait, que l'imitation, condition et à la fois instrument de toute création humaine, se moque de la race, agit librement au travers des races, en dépit des races, si race il y a.

***

Voici cependant un argument plus plausible :

La race, dans un homme donné, provient de ce que cet homme, comme tout autre animal, a dû s'accommoder à son milieu. « Forcé de se mettre en équilibre avec les circonstances, l'homme contracte un tempérament et un caractère qui leur correspond. Ce tempérament, ce caractère sont des acquisitions d'autant plus stables que l'impression extérieure s'est enfoncée en lui par des répétitions plus nombreuses. »

Ces répétitions deviennent très nombreuses en vertu de ce fait que l'enfant hérite toujours dans une large mesure des dispositions psychiques et morales de ses auteurs, en sorte qu'on peut considérer la file des descendants d'un homme, comme ce même homme continué, sur qui les circonstances données font une impression incessamment réitérée. Imaginez mainte-

nant un peuple qui, comme le Chinois, l'Egyptien, ait
vécu déjà un millier de siècles peut-être, dans les
mêmes circonstances où nous le voyons vivre à l'aube
de l'histoire ; est-ce que le caractère de ce peuple n'est
pas désormais si solidement constitué qu'il reste à
peu près indestructible, inébranlable au choc de toute
circonstance nouvelle ? Ce caractère, ainsi formé,
n'est-il pas comme un poids presque impossible à sou-
lever... à moins de mettre, dans l'autre plateau de la
balance, un avenir aussi long et aussi plein d'impressions que l'est le passé, et bien entendu, d'impressions contraires à ce passé ?

Une race serait donc admettons le produit d'un
milieu donné ; ce serait un terme postérieur au milieu,
et non antérieur, comme le faisait entendre la première
définition de Taine.

Pour que la race se forme, il faut que le milieu demeure longuement le même. Or toute agglomération
humaine se compose d'individus qu'on ne peut concevoir absolument similaires au début. Donc ce fonds
d'hommes, si je puis parler ainsi, qui est soumis à
l'influence du milieu, n'est pas homogène. D'autre
part, le milieu naturel, la contrée que ce peuple
habite, il ne peut guère se faire non plus qu'en toute
son étendue, elle soit identique, pareille à elle-même ;
et elle se diversifie à proportion que son étendue est
plus grande. Quant au milieu social, admettons que
ce peuple soit régi, d'un bout à l'autre de son habitat,

par des institutions absolument les mêmes, ce qui est
déjà une supposition favorable, ce milieu social varie
au moins par l'effet du temps ; ce que Taine a appelé
le moment intervient, et modifie incessamment ce
milieu.

Le fonds humain, que le double milieu est toujours
en train de modeler, étant inégal ; le milieu physique,
l'un des modeleurs, étant toujours quelque peu inégal ;
le milieu social, l'autre modeleur, variant, si peu que
ce soit à la fois, mais incessamment, par suite du moment, j'en conclus qu'il ne sortira pas de là ce que
Taine s'est figuré, une race qui se trouve un beau jour,
ferme, fixe, à peu près définitive, et identique dans
toute sa masse. L'identité supposée par Taine, je la
vois au contraire rompue par la diversité originelle
des individus, par celle du milieu physique, par celle
des temps successifs.

Je veux bien que ce qu'il y a de semblable dans
l'habitat de ce peuple et de continu dans ses institutions tende à produire, en chaque membre de ce
peuple, quelque chose de pareil à ce que Taine appelle
la race, mais ce qu'il y a de dissemblable, dans les
deux influences ci-dessus nommées, tend aussi à produire la dissemblance dans les individus contemporains, dans les générations successives. Bref les
choses travaillent d'un côté à faire une race et d'autre
part travaillent à la modifier, c'est-à-dire réellement à
la défaire.

La race n'*est* jamais, au sens absolu du mot : elle est perpétuellement en état de formation, de devenir.

Exprimons la même idée en langage plus concret : Prenez un groupe de quelques milliers d'hommes ; localisez-le ; il se peut qu'à ce petit groupe suffise un habitat identique, quant au sol et au climat ; mais que ce groupe devienne un million, plusieurs millions d'hommes, vous trouverez difficilement pour lui sur la terre un habitat identique dans toute son étendue. En tous cas les conditions économiques et sociales n'y sont pas identiques pour tous ; il se forme là diverses professions ; il se forme divers degrés de fortune, de considération, il se forme des classes. Or un général, un laboureur, un prêtre, vivent en réalité dans des milieux différents. Vous n'avez qu'à regarder ce qui s'étale sous vos yeux ; les différences, que met dans le moral des hommes la différence de classe, sont très profondes.

Notre groupe supposé ne vit pas seul sur la terre. Il a des voisins avec qui il est tantôt en paix, tantôt en guerre. Les hommes du groupe qui habitent les frontières se trouvent dans d'autres conditions, dans un autre milieu moral, que les hommes qui habitent le centre du groupe, parce qu'ils touchent à des voisins d'une autre race ou d'une autre nation.

D'autre part des événements surviennent et des besognes nouvelles se font à chaque instant. Pensez ici à un large déboisement, à la découverte du feu, ou à l'arrivée du Bouddhisme... C'est ce que Taine appelle le moment, et il a raison de dire que cela coopère fortement à déterminer ce qui suit.

Enfin j'admets qu'il y ait une race formée ; il s'agit d'en apercevoir nettement « la structure », autrement dit d'apercevoir les dispositions morales et intellectuelles qui constituent la race. Voici les Aryens ; leur état mental et moral est, nous en convenons ensemble, l'effet de trois causes combinées, la race, le milieu, le moment. Je vous demande de défalquer dans l'effet total ce qui revient au milieu, au moment, et de mettre en saillie devant nous ce qui revient à la race. Ne me dites pas qu'en prenant les Aryens à l'origine nous les avons tels que la race seuls les a faits, car à quelque point de leur existence que vous les preniez, il y a autour d'eux un milieu, et il vient de se produire un moment.

Taine répond : « Mais si le peuple, ayant changé « de milieu physique et social, ayant passé par divers « moments ou degrés de civilisation, offre toujours « néanmoins un même trait persistant, ne serons-« nous pas autorisés à attribuer ce trait à la race ? » Nous répliquons : Montrez-nous un trait qui se retrouve absolument pareil, dans les hommes dits de même race, un trait si net, si bien déterminé et si évidemment présent en tous ces hommes, que la plupart des observateurs s'accordent à le reconnaître.

**

Discussion d'un intérêt purement psychologique, en somme, que cette discussion sur la race ; débats sans intérêt pratique, sans application certaine à l'histoire ; car s'il y a eu, dans le début, des races effectivement distinctes, quand l'humanité se composait de groupes espacés sur la surface du globe, et par suite dans des conditions physiques assez différentes, il y a beau temps que la guerre et la paix ont sassé et resassé la pâte humaine, au moins dans les pays justement les plus intéressants pour l'histoire : invasion sur invasion, pénétration pacifique, association politique et synœcisme, transplantation de vaincus, esclavage, mariage, infiltrations individuelles, vingt causes ont, dans ces pays, mêlé, confondu ensemble des membres de peuplades diverses. Allez donc reconnaître sûrement en France qui tient du Celte, qui tient du Romain, qui tient du Germain, de l'Ibère, du Basque, de l'Arabe, sans parler des peuplades antérieures à l'histoire et innommées, que les premiers envahisseurs historiques ont à coup sûr trouvées sur le sol. Et alors, quand vous nous expliquez que tel grand homme manifeste l'esprit latin ou l'esprit germain, vous ne savez seulement pas s'il contient un seul globule de sang latin, de sang germain ; et à supposer un mélange, vous conviendrez que vous n'en savez pas les proportions.

Après cela, on sentira, je pense, combien téméraires sont des affirmations pareilles à celles-ci : « Une race « se rencontre, ayant reçu son caractère du climat, « du sol, des aliments et des grands événements « qu'elle a subis à son origine (?) Ce caractère l'ap-« proprie et la réduit à la culture d'un certain esprit, « comme à la conception d'une certaine beauté. C'est « là le terrain national, très bon pour certaines plan-« tes, mais très mauvais pour d'autres. (Cette compa-« raison lui fait certainement l'effet d'une preuve) « ..... ainsi sont nés La Fontaine en France, Shakes-« peare en Angleterre, Gœthe en Allemagne. » Selon Taine, ces hommes sont des exemplaires éminemment expressifs, de leur race ; ils ne pouvaient naître qu'au pays et au temps où ils sont nés... Qu'en sait-il? Sa seule preuve c'est qu'ils y sont nés[1] !

---

1. Il y a dans ce morceau de Taine un tout petit mot qui ne doit pas passer inaperçu. Il parle « des grands événements que la race a subis à son origine ». Pourquoi à son origine seulement? Pourquoi faire abstraction des grands événements subis par la race au cours de son histoire ? C'est que, Taine l'a bien compris, ou tout au moins l'a soupçonné, si les grands événements ne cessent pas à un certain moment de poser leur marque sur l'homme de la race, s'ils continuent au contraire d'agir, la race est indéfiniment frappée d'empreintes qui se recouvrent, se combinent, se détruisent, bref, jamais *caractérisée* définitivement. (C'est précisément ce que nous disions plus haut.)

CHAPITRE V

LE MILIEU

Plus heureux qu'avec l'idée de la race, Taine a tiré de l'idée du milieu un profit incontestable. En plusieurs endroits de son livre, il a d'une façon éclatante et sûre démontré l'action du milieu. Avant lui, certes, nombre d'auteurs ont su rattacher les œuvres données aux circonstances environnantes ; il n'est guère d'historiens qui aient méconnu l'influence du milieu, même alors qu'ils ne songeaient pas à prononcer son nom ; mais ce que beaucoup avaient tenté ou fait, personne ne l'avait fait avec le même éclat, avant Taine.

Toutefois, il faut bien l'avouer, en d'autres endroits Taine s'est abandonné à son penchant pour les généralisations hasardeuses, indélimitées, qui englobent, avec les faits pertinents, nombre de faits complètement étrangers à leur domaine. De ce genre de généralisations, je pourrais choisir des exemples dans son *Histoire de la littérature anglaise* ; mais je préfère en

prendre dans sa préface quelques-uns que je trouve
plus caractéristiques.

Taine distingue d'abord, et très bien, qu'il y a toujours deux milieux, que tout homme est enveloppé
d'un milieu naturel, et d'un milieu humain, d'un état
social quelconque; puis il dit : le climat différent
(ceci répond au milieu naturel) a profondément diffé-
rencié les peuples germaniques d'une part, les peuples
helléniques et latins d'autre part, tous fils de la
même race aryenne, et qui, par supposition au moins,
seraient restés semblables sans cette intervention des
différents climats. L'effet a été que les uns, « dans
leur climat froid, humide, forestier, marécageux, sont
restés enfermés dans les sensations mélancoliques ou
violentes, enclins à l'ivrognerie et à la grosse nourri-
ture, tandis que les autres, au milieu d'une belle et
clémente nature, au bord d'une mer éclatante et
riante, étaient invités à la navigation et au commerce,
exempts des besoins grossiers de l'estomac, dirigés
dès l'abord par les habitudes sociales, vers l'organisation politique, vers les sentiments et les facultés
qui développent l'art de parler, le talent de jouir,
l'invention des sciences, des lettres et des arts. » —
Je ne suis pas sûr que le climat, seul, ait invité les
peuples helléniques à la navigation et au commerce
et, seul, les ait dirigés vers les habitudes sociales,
l'invention des sciences, etc.; c'est beaucoup d'effets
pour une seule cause et pour une telle cause.

A leur tour, selon Taine, les circonstances politiques (milieu humain) nous donneraient de leur influence un bon exemple dans les deux civilisations successives de l'Italie : la première, l'antique, « tournée tout entière vers l'action, vers la conquête, le gouvernement et la législation par la situation primitive d'une cité de refuge, d'un emporium de frontières, et d'une aristocratie armée, enrégimentant sous elle les étrangers et les vaincus, mettant debout deux corps hostiles, et ne trouvant de débouchés à ses embarras intérieurs que par la guerre systématique ». — La seconde civilisation italienne, celle du Moyen Age, « exclue de l'unité et de la grande ambition par la permanence de sa forme municipale, par la situation cosmopolite de son pape, par l'intervention militaire des nations voisines, reportée *par la pente de son génie* vers le culte de la volupté et de la beauté ». Remarquez-le, Taine, sans y prendre garde, quitte l'influence des circonstances politiques et revient à celle de la race.

Autres exemples pour l'effet des circonstances politiques. Voyez combien l'Angleterre et la France diffèrent dans toute leur histoire ! C'est qu'il y a eu en Angleterre « un établissement politique qui maintient l'homme debout et respectueux (pas pour ses rois, en tout cas) dans l'indépendance et l'obéissance, et l'accoutume à lutter en corps sous l'autorité de la loi ; et qu'il y a en France une organisation latine (?) qui, brisée, se reforme d'elle-même, sous la conspiration latente de l'*instinct national* (encore la race), se développe sous des rois héréditaires, et finit par une sorte de république égalitaire, centralisée, administrative, sous des dynasties exposées à des révolutions ».

Trop de choses en une phrase; deux causes au moins (la race, le milieu) citées pêle-mêle, aucune d'elles suivie à part dans ses effets, avec rigueur; une grande facilité à croire qu'il a expliqué de larges et séculaires effets par une cause primitive, simple, une fois posée; ces défauts me semblent évidents dans les citations que je viens de faire.

En somme, ce que je reproche ici à Taine, c'est d'aller de préférence chercher au loin quelque cause d'apparence vaste et prestigieuse au lieu de *sonder d'abord les choses environnantes, appartenant au même ordre que les phénomènes à expliquer,* et de voir s'il n'en sort pas de quoi expliquer, en effet, ces phénomènes. Je précise : il devrait à mon avis commencer méthodiquement, par demander la raison des faits, des œuvres, au milieu social immédiat; précisons encore, à cet élément ou cet aspect particulier du milieu social qui s'appelle le public — le public contemporain. Quitte à passer plus tard au delà et à étendre de proche en proche le cercle de ses investigations.

Je ne dis certes pas que Taine ait totalement méconnu le rôle du public. En plusieurs endroits de *La*

Littérature anglaise, il a constaté son influence. Il a notamment — je le rappelle — tracé un portrait fort vivant et remuant du public qui applaudissait aux drames de Marlowe, de Shakespeare[1]. Ce qu'il a fait là, il aurait dû le faire de parti pris, régulièrement, à chaque phase marquée de la littérature anglaise, et c'est à quoi il a manqué. Il n'y aurait pas failli, s'il avait commencé — chose qu'il aurait encore dû faire — par demander à la psychologie ce qu'elle pouvait donner de renseignements sur les rapports ordinaires, coutumiers et, si je puis dire, naturels entre l'auteur et le public.

Il suffit d'un premier coup d'œil jeté sur l'histoire d'une littérature pour apercevoir qu'on a constamment affaire à deux hommes, l'un en fonction d'auteur, l'autre en fonction d'auditeur ou de lecteur, c'est-à-dire de public. Les rapports naturels que ces deux hommes entretiennent ensemble, la psychologie nous les révèle en gros. Le public représente à l'égard de l'auteur la demande, la sollicitation, l'excitation et la récompense, puisqu'il détient les prix visés par l'auteur, qui sont la gloire et la fortune. Il est en même temps la critique certaine, la condamnation possible, et par conséquent, dans le même temps qu'il sollicite et qu'il excite, il intimide, il réfrène et il contraint. La situation corrélative de l'auteur nous apparaît

---

1. Il a également bien parlé et à diverses reprises du public spécial, *salonnier*, du xviiᵉ siècle français.

déjà déterminée en gros par ce que nous venons de
dire du public. Toutefois l'auteur, en tant qu'homme,
contient une spontanéité qui toujours tend à l'empor-
ter — consciemment ou non — vers la production
indépendante, s'il est un esprit original ; ou s'il n'est
pas cela, vers l'imitation, plus ou moins adroite et
opportune d'un modèle, élu par son goût personnel.
Précisons encore les choses.

Le littérateur est par sa profession sollicité, excité,
plus qu'un autre homme, dans certaines parties de
notre nature passionnelle. Il a un amour-propre plus
vif, plus continuement éveillé, et plus susceptible,
qu'il ne l'aurait eu, en faisant un autre métier. Par le
métier qu'il fait, il est tenu de penser constamment au
public, et d'y penser d'une certaine manière. Sans
doute le marchand, lui aussi, pense au public. Il se le
représente sous les espèces d'un client hésitant entre
l'envie d'acquérir un objet spécial et l'affection qui le
tient pour son argent... et c'est tout, le client n'ayant,
par supposition, rien dans l'esprit qui concerne la
personne du marchand. L'artiste littéraire se représente le public ému, enthousiaste, applaudissant, ou
bien, indifférent, dédaigneux, hostile. Il sait que l'insuccès de son œuvre atteindra jusqu'à sa personne, en
altérant la considération du public pour ses facultés
mentales, pour son esprit, peut-être même pour ses
mœurs et pour son caractère.

Toujours en appréhension, son amour-propre le

met dans une sujétion étroite à l'égard du public.
Cette sujétion varie en degrés ; selon le public auquel
l'artiste se trouve avoir affaire, selon, par exemple,
que ce public apparaît à l'artiste, respectable par sa
condition sociale, ou par ses talents, ou par la sévérité de ses mœurs ; selon encore qu'il est redoutable
par la manière dont il exprime ses sentiments [1]. Et
à proportion que l'artiste appréhende davantage la
réaction de son public, il se surveille, se contraint ou
s'applique dans l'exécution de son œuvre. Or la mesure
de sévérité pour soi-même, d'application, de travail
que l'artiste met dans son œuvre est d'une efficacité
capitale ; un homme étant donné, et dans l'esprit de
cet homme le dessein et les éléments d'un livre étant

---

1. C'est pourquoi il faut, à toute époque, étudier assez minutieusement le public, distinguer les classes ou catégories diverses
dont il peut se composer. Je citerai comme particulièrement importante à observer, une catégorie étroite, mais très redoutée par
les auteurs, celle des critiques professionnels. Si par rencontre,
ces critiques sortent en assez grand nombre d'une même classe,
il est bon d'observer quelle était, dans cette classe, l'éducation
reçue, quelle la discipline de l'esprit. — Je pense ici à la quantité
d'abbés qui chez nous, dans l'ancien régime, ont fait de la critique
ou de la théorie littéraire. Le fait n'a pas été peut-être assez remarqué en lui-même, ni surtout en ses conséquences. — Il est bon
encore d'observer en quelles formes matérielles s'exerce la critique de ces professionnels, et sur quel ton ; les qualités qu'ils
demandent, les défauts qu'ils reprochent ; et jusqu'à quel point ils
s'accordent.

Ce public spécial est bien plus craint, je crois, que le public
vague, sans nom, sans figure aux yeux de l'auteur, parce qu'il a au
contraire nom et figure, et toujours une certaine autorité. Si ce
public spécial a un goût et des humeurs assez semblables en tous
ses membres, son ascendant présumable peut expliquer bien des
choses.

donnés, le livre pourtant ne sera pas le même, selon que l'homme va faire son œuvre à la hâte, avec le défaut de conscience et de soins d'une improvisation, ou qu'il va faire son œuvre lentement par une série de corrections et d'amendements d'un labeur scrupuleux et obstiné. A la façon dont Taine parle de l'aptitude dominante de tel et tel auteur, on voit qu'il considère cette aptitude comme innée. Aucune idée, aucun soupçon n'apparaît du travail qui, peut-être, a développé et amené à une belle croissance un germe primitivement débile. Taine critique, — a singulièrement oublié ce que Taine écrivain connaît très bien — la puissante efficacité du travail, ce que Balzac appelle « la magie noire de la volonté ». Par suite il n'a pas songé à se demander s'il n'y avait pas dans le public de certaines époques des exigences qui faisaient que les auteurs apportaient à leur ouvrage un labeur opiniâtre et méticuleux, et dans le public d'autres époques une indulgence, une facilité de satisfaction qui inclinait les auteurs à bâcler leurs œuvres.

La facilité, l'humeur débonnaire, ou l'ignorance naïve d'un public qui ne commande rien, et qui n'interdit rien non plus, risque de provoquer des œuvres négligées, comme exécution ; mais en revanche la liberté qu'un tel public laisse à l'auteur est une chance favorable. Il peut en résulter des œuvres osées, qui, parmi leurs outrances ou leurs maladresses ou leurs traits de mauvais goût, offrent de singulières beautés.

Taine a senti plutôt qu'aperçu cet avantage de la liberté, dû à une certaine inculture du public.

L'auteur qui, comme Shakespeare, peut se libérer, sans danger, de toute règle de mesure, de goût, de morale même, est dans une situation si avantageuse qu'il y a injustice à le mettre, sans faire de réserves, au-dessus de tel autre homme, d'un Molière, par exemple, qui a dû accepter tous les jougs raisonnables ou non d'un public plus difficile, plus raffiné et plus contraignant[1]. Je ne dis pas que Taine ait expressément comparé Shakespeare et Molière, mais il a bien souvent comparé la littérature française de l'époque classique et la littérature romantique de l'Angleterre, et mis celle-ci ,au-dessus de celle-là, pour des mérites qui ne sont pas faux, qui existent certainement, mais qu'il a témérairement attribués à une supériorité de race indémontrée ou même indémontrable. Il se fût épargné cette hypothèse imprudente s'il eût reconnu toute l'efficacité de cette condition, l'absolue liberté de l'auteur — tellement avantageuse qu'elle pourrait bien être la *raison suffisante*, ou au moins la raison capitale, de certains mérites propres aux auteurs anglais.

**

1. Un fou ou demi-fou, à égalité d'esprit natif, pétillera autrement qu'un homme sage. Je donne là un cas extrême, mais qui *avertit*.

Je vais avoir l'air de quitter la question du milieu pour un autre sujet ; c'est là une fausse apparence.

Avant de penser et de dire que le milieu est l'une des agences qui façonnent une littérature, on avait pensé, on avait dit : « La littérature exprime la société » qui a fait cette littérature. En réalité c'est la même idée. Seulement, au premier cas, on aperçoit d'abord la cause, puis l'effet, — au second cas, le regard suit l'ordre inverse.

A cette idée Taine a apporté quelque chose : une formule nouvelle d'abord. Puisque la littérature réfléchit la Société qui la vit naître, toute œuvre littéraire est en même temps un document historique, « comme un document d'archives » a-t-il dit ; « et même, a-t-il ajouté, il n'y a pas de document d'archives qui vaille, comme témoin historique, le document littéraire ».

Je ne dis pas que l'œuvre littéraire ne soit pas du tout cela. Directement ou indirectement, toute œuvre littéraire devrait nous apprendre quelque chose du temps qui la produisit, parce qu'il est impossible que, de façon ou d'autre, elle ne se ressente pas des mœurs ou des capacités environnantes. Donc toujours une œuvre littéraire contient un témoignage historique de quelque espèce. Nous pouvons en être sûrs, même quand il nous est impossible de découvrir à quel endroit de l'œuvre ce témoignage se trouve ; et en quoi il consiste. Seulement voici... il peut se

faire qu'on voie un témoignage là où il n'y en a pas ;
ou qu'on rencontre quelque chose qui est en effet un
témoignage, mais qui témoigne à faux.

*

L'auteur d'une œuvre strictement littéraire (j'expli-
querai plus loin ce que j'entends par là) n'a pas précisément pour visée de nous fournir un témoignage
véridique ; c'est là sa moindre préoccupation ; il vise
principalement à nous intéresser, nous émouvoir ou
même à nous étonner. On manque aisément la vérité,
quand on la cherche ; jugez quand on cherche autre
chose ; et que cette autre chose même s'accommode
parfois assez mal de la vérité ou, si vous voulez
quand on ne trouve pas dans la vérité son compte
aussi bon que dans une certaine dose de fiction, de
mensonge ou d'exagération, ce qui est tout un. En
fait, le document littéraire ne peint jamais avec une
parfaite exactitude la vie vécue aux alentours. Il y
mêle toujours une proportion de vie imaginée, ar-
rangée de manière à produire de l'intérêt pour les
événements et les personnages fictifs qui composent
son tissu — et aussi pour faire valoir son auteur
auprès du public.

Quelquefois l'auteur a un idéal à lui de vie individuelle ou d'existence sociale, qui s'écarte très fort
des réalités environnantes. Et il arrive qu'au lieu que

l'auteur modèle son œuvre sur les gens d'alentour, ce soient ceux-ci qui composent — passagèrement et superficiellement au reste — leurs mœurs d'après l'œuvre littéraire. Les exemples n'en sont pas rares. Cela est arrivé après les romans de la Table-Ronde, après Pétrarque, d'Urfé, Rousseau.

Au reste, il faut distinguer les genres. Selon le genre de l'œuvre, les motifs, qui portent l'auteur à nous mentir, diffèrent. Dans l'œuvre dramatique, il fausse la vérité pour nous émouvoir davantage ; dans l'œuvre lyrique pour nous émouvoir et pour nous donner de lui-même une idée avantageuse. L'œuvre lyrique nous est particulièrement dangereuse. D'abord elle a l'air d'une confidence, ce qui nous flatte et nous dispose à la confiance. Le poète ou l'orateur est de nature un homme qui sent vivement, mais passagèrement. Ce qu'il dit sentir, il le sent vraiment au moment où il parle, d'où son accent sincère, convaincant. Par un penchant de notre esprit, dont nous ne nous défions pas, nous étendons sur toute l'existence de cet homme la couleur des émotions qui ne furent dans cette existence que l'affaire de quelques jours, de quelques heures, parfois du temps nécessaire pour les écrire ou les parler. Il en résulte que nous nous trompons sur le vrai fonds, sur le fonds constant du personnage. Si encore le mal s'arrêtait là ! Mais souvent de cet auteur particulier, faussement conçu, on tire quelque jugement général sur ses contemporains ;

et l'on étend la fausse couleur sur toute une génération, voire sur un siècle. De ce côté-là Taine s'est
égaré plus que personne. Dans un poème, comme
Beowulf, il découvre, lui, non pas seulement l'esprit
d'une époque, mais « l'âme perpétuelle d'une race ».

**

Il y a toute une grande catégorie d'œuvres qu'à
mon avis on comprend à tort dans la littérature : les
histoires, les mémoires, les autobiographies, les
lettres écrites au jour le jour; car elles n'ont pas pour
dessein capital de nous émouvoir ou de nous amuser ;
mais de nous renseigner, nous instruire ; elles prétendent nous donner du vrai. Qu'elles soient littéraires
par la forme, cela arrive souvent, mais on conviendra
que, le fonds emportant la forme, c'est par leur fonds
qu'il faut les classer. Or leur fonds est historique,
scientifique, non littéraire.

En classant dans la littérature les œuvres précitées,
on embrouille la question de savoir jusqu'à quel point
une littérature réfléchit son époque. Ces œuvres, en
effet, sont témoignages exprès, déclarés, de gens qui
se présentent ouvertement à la barre de l'histoire,
qui déposent en leur nom, et prennent la responsabi-
lité de ce qu'ils disent. Sans doute il ne faut pas accorder même à ces œuvres une confiance plénière.
Mais il ne faut pas non plus les mettre au même rang

que les œuvres d'imagination, ou plutôt faire monter
celles-ci au même rang que celles-là, en tant que témoins. Voyez ce que fait Taine : il écoute de la même
oreille, j'entends qu'il accepte, comme ayant la même
valeur testimoniale, des actes qui ont été réellement
accomplis, qui sont consignés dans des biographies,
et les actions fictives attribuées à un personnage de
roman ; par exemple, il tirera des conclusions, —
avec la même assurance, — de la vie de Richardson
et de la conduite de sa Paméla[1].

***

Plus une œuvre a de valeur, littérairement parlant,
plus on croit généralement devoir lui attribuer de
valeur, de poids, comme témoignage, comme document historique. Cependant, si cette œuvre est de
qualité supérieure, cela tient justement à ce que son
auteur fut un esprit exceptionnel. Par là nous nous
mettons en grand danger de concevoir la moyenne
des esprits dans une génération, d'après l'excellence
d'un esprit rare. Il arrive souvent qu'aux yeux de
l'historien ou du critique littéraire, un seul Racine,
trop longtemps considéré, dérobe la vue des Pradons
nombreux qui sont aux alentours.

Il y a trois manières (au moins) de traiter l'histoire

1. Voir plus loin.

littéraire. Fait-on cette histoire, du point de vue esthétique, il n'y a que les sommités qui aient droit de
nous occuper ; les auteurs médiocres sont négli-
geables. On peut user du même procédé d'élimination,
si dans une histoire philosophique des lettres on se
propose de mesurer les progrès accomplis, ou les diverses hauteurs atteintes d'une époque à une autre.
Mais si l'on demande à l'histoire littéraire le service
d'éclairer l'histoire générale d'un temps, c'est plutôt
les honnêtes médiocrités de ce temps qu'il faut appeler
en témoignage.

**

Une cause d'où procèdent encore bien plus fréquemment les erreurs et les méprises, c'est l'imitation dont
le jeu est si étendu et le rôle si constant en littérature. Tout s'imite, tout s'emprunte, les émotions,
comme les idées. L'imitation a une foule de degrés ;
et elle revêt de multiples formes dont quelques-unes
tout à fait trompeuses, parce qu'à côté de l'imitation
inconsciente, il y a l'imitation voulue et savamment
exécutée.

Si l'auteur n'imitait que les auteurs de son temps,
passe encore, nous ne serions trompés — quand nous
le serions — que sur son mérite personnel ; mais grâce
aux manuscrits, aux livres, l'auteur a sous la main
des modèles de tous les temps, de tous les pays. Cela

accroît énormément, et très effectivement, le nombre
de ses concitoyens, de ses contemporains. On voit
aisément à quoi cela nous expose. Tel trait qui en
réalité appartient à un Grec ancien ou à un Italien du
Moyen Age, nous courons risque d'en faire honneur
(ou le contraire) au génie français du xviie siècle, par
exemple.

***

La littérature nous trompe par omission, autant
peut-être que par commission. Qu'un sentiment ne se
trouve pas exprimé dans les œuvres littéraires d'une
époque, nous en concluons volontiers qu'il manqua aux
hommes de cette époque. Je pense ici au sentiment
de la nature dont la littérature de l'ancien régime
paraît à peu près privée, à la tendresse paternelle et
à l'affection conjugale assez peu. représentées également dans cette littérature. Cela nous indique-t-il
sûrement que la tendresse ait dans la même mesure
manqué aux pères et aux époux? Non... pas sûrement. Tout ce que nous savons avec certitude c'est
que la peinture des affections familiales, loin d'être
chez nous demandée, recommandée, comme elle
l'était, par exemple, en Angleterre par le public, était
plutôt découragée, déconseillée. On la jugeait incon-
venante à l'art littéraire, de même qu'on la tenait
pour incivile dans la conversation mondaine. On avait

bien à l'égard de la religion régnante le même préjugé. Elle était également exilée de l'art. A lire telle
et telle œuvre du xvii° siècle, se douterait-on que son
auteur fut un catholique parfaitement convaincu et
pratiquant? Le sentiment religieux existait, sans conteste, bien que son expression ne fût pas reçue en
littérature. Ce doit être pour nous un avertissement.

**

Signalons enfin une façon de se tromper — à demi
seulement ou aux trois quarts, si vous voulez. Celle-
ci consiste à constater un trait qui existe bien réellement dans une des classes de la société, mais en le
donnant comme général, comme commun à tous les
hommes de l'époque.

« Quand un document est riche (?) et qu'on sait
l'interpréter, on y trouve la psychologie d'une *âme,*
souvent celle *d'un siècle* et parfois celle d'une *race.* A
cet égard, un grand poème, un beau roman, la confession d'un homme supérieur sont plus instructifs
qu'un monceau d'historiens et d'histoires. Je donne-
rais cinquante volumes de chartes et cent volumes de
pièces diplomatiques pour les mémoires de Cellini,
pour les lettres de saint Paul, les propos de table de
Luther, ou les comédies d'Aristophane. Les œuvres
littéraires sont instructives parce qu'elles sont belles.
Plus un livre rend les sentiments visibles, plus il est

littéraire, car l'office propre de la littérature est de
noter les sentiments. Plus un livre note de sentiments
importants, plus il est placé haut dans la littérature ;
car c'est en représentant la façon d'être de toute une
nation et de tout un siècle qu'un écrivain rallie autour
de lui les sympathies de tout un siècle et de toute une
nation. C'est pourquoi une littérature est le meilleur
des documents historiques quand il s'agit de savoir
les sentiments des générations précédentes. »

« Quand un document est *riche* » — on comprend
à peu près ou on croit comprendre, mais préciser ce
qu'il faut entendre par riche n'aurait pas été une super-
fluité. — « On y trouve souvent la psychologie d'un
siècle, et parfois celle d'une race. » C'est beaucoup
pour un seul document. C'est une *réalité* assez complexe, assez diverse, assez touffue, qu'un siècle ! et
une race donc ! Je crois qu'un document littéraire,
fût-ce les mémoires de Cellini, ou les lettres de saint
Paul, ne nous découvre nettement, sûrement, qu'une
assez petite parcelle d'une réalité telle qu'une race ou
même qu'un siècle. La « confession d'un homme supérieur est plus instructive qu'un monceau d'histoires ». Vous nous donnez justement la raison pourquoi ce document n'est que très étroitement instructif.
L'homme est supérieur, et son siècle se compose
d'hommes qui, en immense majorité, ne sont pas supérieurs. Si celui-là ne diffère pas de ceux-ci par les
sentiments ou les idées, comment est-il supérieur ? Et

s'il diffère, il ne confesse que lui, au moins à de
certains endroits et qui ne sont peut-être pas aisés à
reconnaître. « Il faut savoir interpréter. » Je vous
entends : il faut supposer, imaginer. Les œuvres littéraires « sont instructives parce qu'elles sont belles ».
A première vue, je n'aperçois aucun rapport entre les
deux qualités... Examinons. Elles sont belles, dit
Taine, parce qu'elles rendent les sentiments visibles.
En effet, elles sont alors émouvantes nécessairement ;
et c'est bien l'office propre à la littérature que d'émouvoir ; et c'est bien sa beauté que d'émouvoir profondément. Donc elles peuvent être à la fois belles par le
rendu des sentiments et instructives du même coup,
instructives... des sentiments, bien entendu. Mais de
qui ? c'est la question. Taine la tranche hardiment :
« les œuvres placées haut, c'est-à-dire qui deviennent
célèbres, populaires, n'obtenant cette gloire que parce
qu'elles représentent la façon d'être de toute une nation, ou de tout un siècle, nous instruisent donc de
cette façon d'être». — Il n'est pas démontré d'abord
que les œuvres célèbres, populaires, soient toutes
parmi les belles. Et, ce qui a plus de gravité, il n'est
pas démontré qu'elles soient devenues populaires
parce qu'elles sont instructives, parce qu'elles nous
instruisent de la façon d'être de tout un peuple, ou
de tout un siècle. En tout cas, il ne paraît pas légitime de poser cela comme une loi, car il y a des
exemples assez nombreux du contraire ; j'en citerai

quelques-uns. *La Pastorale* a eu de la vogue en Italie
— en Espagne — en Angleterre — en France. Voyez
notamment *l'Astrée* d'Honoré d'Urfé célèbre, populaire, jusqu'en Pologne. Pastorale héroïque et chimérique, *l'Astrée* doit d'être si vivement et si *européen-
nement* goûtée à ce qu'elle représente précisément une
façon d'être en grand contraste avec la vie, alors
vécue. Ce succès prodigieux m'avertit qu'une œuvre
peut plaire justement parce qu'elle transporte les
esprits dans un monde de rêve, fort éloigné du monde
vrai. Voici que je suis tenté d'un rapprochement.
Quel est, s'il vous plaît, le succès le plus grand qu'il
y ait eu sur la scène française depuis bien des années?
Cyrano. Est-ce que Cyrano représente notre façon
générale d'être en France? Notez que Cyrano a eu du
succès ailleurs qu'en France.

Vraiment Taine est trop enclin à simplifier toutes
les questions. Le succès des livres ne dépend pas, en
tout pays, en tout temps, d'une seule et même cause.
Il peut y avoir plusieurs causes concourantes, même
pour un succès particulier; et des causes pas tellement faciles à démêler. La cause uniforme, alléguée
par Taine, me paraît tout à fait incapable d'expliquer
les engouements qui prennent assez souvent les
peuples pour des œuvres étrangères, qui représentent
une façon d'être qui est également étrangère à ces
peuples. Elle n'explique pas la popularité de Shakespeare parmi les lettrés d'Europe, se répandant long-

temps après l'époque de Shakespeare, ni celle du Don
Quichotte, ni celle de Molière... à moins de remanier
la formule de Taine et en somme de remplacer son
idée par une autre, qui ressemble un peu, mais qui au
fond est vraiment autre. Certaines œuvres se sont
épandues dans le monde, et ont duré parmi les générations successives, parce qu'on y a reconnu le jeu des
passions éternelles, le portrait de l'homme général et
constant, la façon d'être — non pas d'un peuple ou
d'une race, comme le dit Taine, puisque le succès
dépasse le peuple et même la race d'origine — mais
la façon d'être de l'humanité [1].

Si les succès provenaient de la cause uniforme
alléguée par Taine, il faudrait au moins avouer que la
façon d'être d'un peuple, et plus encore celle d'une
race, peut contenir des disparates étranges, de singulières bizarreries et même de formelles contrariétés.
Je voudrais bien savoir quelle est à l'heure présente
la façon d'être, non pas même du peuple français,
mais d'une seule classe de ce peuple, de la classe
rustique. Notre paysan vit-il façon Zola ou façon
George Sand? ou entre les deux?

Non, les raisons pour lesquelles Taine prétend justifier la haute préférence qu'il accorde aux œuvres
littéraires sur toutes autres, en tant que documents
historiques, ne me semblent pas convaincantes. Après

---

1. Donc de cet homme général que Taine méconnaît ordinairement.

cela, et en sus, j'aurais des observations à faire sur
la façon dont il en use avec ces documents.

Voici Paméla (de Richardson) d'une vertu, d'une
douceur, d'une humilité à toute épreuve. Que croyez-
vous qu'elle représente pour Taine? Une catégorie des
épouses anglaises, la bonne catégorie? Ce serait à la
rigueur admissible. Non; Paméla « c'est l'épouse
anglaise »; ce qui ne veut rien dire ou signifie que
c'est là le type le plus fréquent des épouses anglaises;
et un type qu'on ne rencontre qu'en Angleterre. A
user du même procédé de généralisation, nous pourrions avancer que le maître de Paméla, cet homme
brutal, violent, tyrannique « c'est le mari anglais ».
Qu'aurait dit Taine si quelqu'un, lui rappelant le type
de servante qui est dans les trois contes de Flaubert,
lui avait dit : Voilà la servante française?

Pour avoir généralisé sur le Robinson de Foé de la
même manière, Taine s'est exposé à recevoir des faits
un assez plaisant démenti. « Robinson, dit-il, est bien
de sa race ; il a cette force de volonté, cette fougue
intérieure, ces sourdes fermentations d'une imagination violente qui, jadis, faisait les rois de la mer et
qui fait aujourd'hui les émigrants et les squatters. »
Est-ce bien la violence d'imagination qui poussait sur
les flots les rois de la mer ? J'imagine alors que nos
ancêtres les Gaulois, pour avoir couru la terre, comme
ils l'ont fait, ont dû avoir aussi une assez belle
violence d'imagination. — « Dans la situation de

Robinson », affirme Taine, « un Français se croiserait les bras d'un air morne, en stoïcien, ou attendrait en épicurien le retour de la gaîté physique », tandis que l'Anglais s'ingénie, prie et médite sur la Bible. Or, précisément, le Robinson réel, le matelot Selkirk, quand on le tira de sa solitude, n'avait rien fait de tout cela. Il n'était devenu ni pieux, ni méditatif, ni ingénieux ; il était devenu à peu près stupide. Il avait presque oublié sa langue.

Je ne dis pas que tout Anglais s'en serait aussi mal tiré que Selkirk ; je ne dis pas non plus que tout Français s'en serait mieux tiré. Je ne m'avise pas de dresser une généralisation sur un personnage de roman.

« Regardez quelqu'un de ces larges développements qui embrassent plusieurs siècles, comme le Moyen Age ou notre dernière époque classique. Une certaine conception dominatrice y a régné. Les hommes pendant deux cents ans, cinq cents ans, se sont représenté un certain modèle idéal de l'homme, au Moyen Age le chevalier et le moine, dans notre âge classique l'homme de cour et le beau parleur. Cette idée créatrice (?) et universelle s'est manifestée dans tous les champs de l'action et de la pensée. Et après avoir couvert le monde de ses œuvres involontairement systématiques, elle s'est alanguie, puis elle est morte, faisant place à une nouvelle idée, qui d'ailleurs dépendra en partie de cette morte. »

Il y a dans ce morceau une part incontestable de vérité. Seulement l'énoncé m'en paraît défectueux, en ce qu'il étend cette vérité d'un côté au delà de sa portée réelle et qu'il la réduit en deçà, par un autre côté. Il faudrait dire d'abord que l'idéal du Moyen Age et celui du xviiᵉ siècle furent des conceptions propres à certaines classes ; il n'est pas sûr que les légistes par exemple et les bourgeois du Moyen Age se soient accordés à tenir la vie du moine et celle du chevalier pour les meilleurs modèles de vivre. (Les œuvres où sont daubés les moines et les chevaliers ne font pas absolument défaut dans la littérature du Moyen Age.) C'est vraiment amoindrir notre époque classique que lui donner pour tout idéal l'homme de cour (pensez un peu au chapitre de La Bruyère *de la Cour*) et le beau parleur. Je ne vois pas que l'idée de l'homme de cour et du beau parleur ait été si créatrice dans tous les champs de l'action et de la pensée. Je cherche à quelle réalité Taine a pu dans son esprit appliquer cette phrase... à quelques discours tenus par certains héros dans quelques tragédies de Racine, oui, peut-être ; mais c'est bien tout ce que je trouve.

Ce qui est vrai, essentiel, dans ce passage de Taine, je l'énoncerai volontiers autrement. Et ce sera ma conclusion personnelle, sur cette question de la littérature considérée comme expression, comme miroir de la société contemporaine.

Ce que la littérature exprime le plus sûrement —
comme le plus fréquemment — ce sont les estimes
et les mépris, les sympathies et les antipathies des
hommes du temps pour des catégories ou des classes
sociales, pour des professions ou des occupations
spéciales — et pour des types d'hommes — mais il
faut prendre garde qu'à ce point de vue il peut y
avoir, dans une seule littérature, plusieurs littératures, j'entends des courants d'opinion et d'affection
différents, voire même contraires.

Et puis enfin — toujours à ce point de vue — les
littératures paraissent fort inégales. Il semble bien
que plus nous avançons, plus ce miroir, toujours
un peu brouillé et fallacieux ou prestigieux qu'est la
littérature, devienne graduellement plus fidèle, plus
véridique, et qu'il s'élargisse, réfléchissant avec plus
de plénitude de même qu'avec plus d'exactitude, la
complexité, la diversité infinie du milieu environnant.

**

Dans la préface des *essais de critique* et d'histoire,
Taine expose une théorie qui me paraît bien encore
appartenir au chapitre du milieu, car, par cette
théorie, Taine prétend expliquer les rapports constants
et nécessaires que soutiennent entre elles les diverses
parties, ou si vous voulez les diverses institutions
d'un même milieu.

« Les choses morales ont des *dépendances* et des « conditions. » — Exemple : on prend un *romancier*, on le lit la plume à la main ; on y distingue ces trois choses : ses caractères, son intrigue, son style. Dans chacune de ses provinces, on note « par quelques mots brefs et vifs » les traits dominants, les qualités propres de l'auteur ; alors, si l'on a un peu de *pratique*, on voit venir au bout de sa plume une phrase qui dégage de tout cela « un *état psychique* dominateur et persistant qui est celui de l'auteur ».

Donnez donc cela à faire à des littérateurs expérimentés, vous verrez s'ils tombent d'accord sur l'état psychique ; que dis-je ! l'expérience a été faite, et même souvent, et le désaccord en a été le résultat.

Après ça, on observera la vie de l'auteur, sa façon philosophique d'envisager le *monde*, sa *morale*, son *esthétique*. Puis on rapprochera toutes les phrases abréviatives, qui sont l'essence concentrée des milliers de remarques qu'on aura faites et des centaines de jugements qu'on aura portés ; on les réduira à sept ou huit formules et on verra qu'elles dépendent les unes des autres. Si l'on est un peu psychologue, on pourra prouver que telle qualité étend nécessairement son ascendant sur le reste. « Ceci est le cas le plus simple. »

Que cela soit simple relativement, je le veux bien, mais absolument, et en soi-même, cela me paraît déjà quelque peu complexe.

« On peut s'essayer sur des cas plus larges : sur une
« civilisation entière comme celle de Rome ; sur une
« race, comme les Sémites, même sur un groupe
« distinct de races, comme les peuples aryens. »

Mais... si l'on fait des milliers de remarques et des
centaines de notes sur un seul auteur, combien en
aura-t-on sur le groupe des peuples aryens ? Mon
imagination en frémit, je l'avoue. Celle de Taine point.
Il ne doute pas, qu'après avoir étudié le groupe des
Aryens, il ne reste dans l'esprit du lecteur quelque
impression d'ensemble, c'est-à-dire : « le sentiment
vague d'une concordance mal définie ». Vague, je le
crois bien.

Taine essaye de définir ce sentiment. Pour cela il
faut, dit-il, 1° classer les faits ; d'un côté les trois
grandes œuvres de l'intelligence humaine, la religion,
l'art et la philosophie. (Dans ce terme de philosophie
il comprend évidemment la science ; mais évidemment
aussi il la mêle avec les spéculations proprement philosophiques, avec la métaphysique ; c'est à noter.) 2° De
l'autre, les deux grandes œuvres de l'association humaine, la famille et l'État. 3° Les trois grandes œuvres
du labeur humain, l'industrie, le commerce et l'agriculture. On compare entre eux les résumés dans lesquels on a déposé *toute la substance* des diverses
classes de faits : « On prend soin de reconnaître les
« ingrédients de chaque extrait, c'est affaire d'a-
« nalyse psychologique, et l'on découvre infaillible-

« ment que des éléments semblables se rencontrent
« dans tous les compartiments. » Taine donne ici, en
exemple, la société française sous Louis XIV, et il
affirme d'elle ce qui suit : « Entre une charmille de
« Versailles, un raisonnement philosophique et théo-
« logique de Malebranche, un précepte de versifica-
« tion chez Boileau, une loi de Colbert sur les hypo-
« thèques, un compliment d'antichambre à Marly, une
« sentence de Bossuet sur la royauté de Dieu, la dis-
« tance semble infinie et infranchissable ; nulle liaison
« apparente ; les faits sont si dissemblables qu'au
« premier aspect on les juge isolés, séparés. Mais non ;
« tout cela est étroitement lié par une dépendance
« mutuelle », car « les faits communiquent entre eux
« par les définitions des groupes où ils sont compris,
« comme les eaux d'un bassin par les sommets du
« versant d'où elles découlent. »

Voilà, je l'avoue, une explication par métaphore que
je ne comprends pas très bien. Taine ajoute : « C'est
« que c'est le même esprit d'homme qui a produit
« tout cela, et qu'il l'a produit sous l'ascendant
« d'une même situation. »

A la bonne heure ; et cette fois la proposition est
des plus claires. Mais jusqu'ici elle est fondée uniquement sur une double hypothèse ; 1° que la société
d'une époque — telle que la société de Louis XIV —
n'est dans toute son étendue qu'une seule et même
situation ; 2° que les hommes, sur qui cette situation

exerce son ascendant, peuvent être considérés comme
un seul et même esprit. Ce sont là deux propositions
qui ne sont pas tout à fait évidentes et convaincantes
par elles-mêmes.

Il n'aurait donc pas été superflu de les appuyer de
quelques faits. Taine a-t-il cru qu'il avait satisfait à
cette condition par sa phrase « entre une charmille de
Versailles, etc., etc. » ? peut-être. Mais il n'est pas
besoin d'y regarder longtemps pour s'apercevoir que
ce ne sont encore que des affirmations, sans preuves.
Taine s'avance comme pour prouver : il annonce
qu'il pourrait prouver ; mais cette espèce de gageure,
il ne l'a jamais tenue [1].

Je ne dis pas, entendez-vous, qu'entre les institutions d'un même temps il n'existe jamais aucun lien
tel que l'une de ces institutions, s'en allant ou se mo-
difiant, emporte avec elle une autre institution ou la
modifie. A priori, je tiens au contraire pour possible,
pour probable même, l'existence d'une solidarité entre
institutions contemporaines. Après cela il reste à

---

1. Il est curieux que M. Brunetière ait après Taine fait une gageure analogue (suivie d'ailleurs de la même banqueroute). La
Divine Comédie du Dante, la *Somme* de saint Thomas, et une cathédrale gothique présentent selon lui « une telle liaison... qu'il
« n'y a rien qui ressemble plus que la *Somme* de saint Thomas à
« une cathédrale, si ce n'est précisément la *Divine Comédie* de
« Dante... Le Moyen Age respire tout entier dans ces trois œuvres.
« Si nous n'avions rien d'autre... ç'en serait assez pour le recons-
« tituer, et qui sait, avec un peu d'audace et de bonheur surtout,
« si, n'ayant conservé que la *Somme* et la *Divine Comédie*, nous
« n'y retrouverions pas l'épave ou l'idée de la cathédrale gothique ? »
(*Évolution des genres*, t. I, page 253.)

déterminer l'étendue de cette solidarité, de cette
dépendance. Et ce problème général ne pourra être
abordé, avec chance de succès, qu'après qu'on l'aura
résolu en particulier pour un certain nombre de sociétés, suffisamment différentes.

Qu'il existe quelque interdépendance, cela ne fait
pas de doute, je le répète. Ce qui fait doute, c'est que
l'interdépendance s'étende sur toutes les choses d'un
même temps. Ce qui est infiniment probable, presque
certain, c'est que, si elle s'étend sur toutes choses,
elle n'a pas, dans toute son étendue, la même force
contraignante. Il n'est guère admissible *a priori*
qu'une modification, portant sur un point de cette
réalité vaste et complexe qu'est une société, affecte
avec une intensité égale toute la masse de cette société. Nous devons supposer que l'intensité va dimi-
nuant à mesure qu'on s'éloigne du point premièrement
modifié. — Exemple : une modification ou innovation
s'est introduite dans la littérature. — Nous voulons
découvrir le rayonnement de cette innovation dans la
société. Nous commencerons logiquement par chercher d'abord ses effets dans toutes les parties de la
littérature, puis dans les institutions étrangères à
la littérature, mais les plus rapprochées d'elle. —
« Qu'appelez-vous rapprochées? » Je réponds : sera
tenue pour voisine de la littérature toute institution
que, dans l'histoire positive, l'histoire des faits, nous
aurons vue, une fois ou l'autre, exercer un ascendant

quelconque sur la littérature. Par exemple, voisine
serait pour nous l'institution *des classes* étagées dans
la société, parce que nous avons vu dans l'histoire
qu'une classe prépondérante a sensiblement agi chez
nous sur le ton du style (période classique) : qu'une
classe analogue a influé en Angleterre sur le genre
des émotions cultivées par les auteurs dramatiques
(littérature de la Restauration). Beaucoup moins pro-
ches, sinon tout à fait éloignées, tiendrons-nous au
contraire les institutions commerciales ou industrielles, jusqu'à ce que nous ayons vu quelque part
ces institutions influencer la littérature de leur temps.

. Établir le degré de proximité, c'est-à-dire d'interdépendance des différentes institutions d'une société,
d'après l'expérience historique, est un ouvrage à faire,
une tâche délicate et longue à accomplir, et non
accomplie, comme Taine l'imagine.

Celui qui croit comme Taine, à une rigoureuse
interdépendance des institutions, en conclut naturellement qu'une société qui change, change tout d'une
pièce; ou que du moins elle change totalement dans
un intervalle de temps assez bref. — Or nous voyons
justement dans l'histoire, et assez souvent, ce spectacle : telle institution d'une société donnée se modifie;
tandis que telle autre institution se prolonge, invariable, encore fort longtemps.

Exemple : Au temps de Louis XIV, les auteurs tragiques ont, en général, une manière commune de

concevoir une tragédie. Les auteurs qui écrivent de la
prose ou des vers lyriques ont une manière commune
de concevoir le seul style convenable, lequel est pour
eux le style noble ou élégant. Les hommes qui appartiennent à la haute société ont un code commun de
bienséances exigées dans les réunions mondaines.
L'institution de la Royauté absolue est considérée à
peu près par tous les sujets comme une chose nécessaire, exclusivement praticable, digne au reste de toute
soumission et de tout respect. Presque tous les contemporains soumettent leur esprit aux croyances religieuses qui sont celles du prince, etc., etc. Ce temps
de Louis XIV, — que j'ai choisi comme exemple
parce qu'il est remarquablement doué, si je puis dire,
en fait d'unité, d'uniformité, — semble bien démontrer
l'existence d'un esprit d'époque. Il semble même
qu'on pourrait aisément définir l'esprit particulier de
cette époque, en disant par exemple : « Ce fut un esprit
de soumission et de respect pour toutes les institutions
établies. » Et volontiers, par suite, on penserait qu'en
cette société, la dépendance mutuelle des institutions
a dû exister d'une façon incontestable. Or l'unité et
l'interdépendance qu'on croit apercevoir ont plus
d'apparence que de réalité; les institutions consi-
dérées n'ont pas toutes une seule et même cause;
elles ne partent pas d'un seul et même esprit. Ce ne
sont ni les mêmes mobiles psychiques ni les mêmes
circonstances extérieures qui font — que les auteurs

défèrent à la règle des trois unités ou du style noble — que les sujets adorent presque leur roi — que la foi catholique est à peu près unanime. Cet ensemble n'est qu'une rencontre. Ce sont choses juxtaposées, non créées et organisées ensemble par un homme moralement un. Ces choses ne tiennent pas solidement l'une à l'autre. Chacune d'elles peut varier et a effectivement varié, sans faire varier à proportion les autres. Le ministère de Richelieu a vu naître les règles imposées au théâtre et la soumission des auteurs à ces règles, alors que la soumission à l'institution catholique n'était ni plus ni moins qu'une soumission déjà bien ancienne et continuée; et que d'autre part la soumission à la royauté absolue était au contraire une disposition commençante, vacillante encore dans cette même classe de la haute noblesse, où elle allait tout à l'heure, sous le grand Roi, se montrer avec une remarquable plénitude.

Et sous l'uniformité de la soumission, quelle diversité de motifs en réalité ! — Les règles du théâtre dérivent à la fois d'observations faites sur place, de l'admiration qu'on éprouve pour la littérature italienne, d'une admiration mal éclairée qu'on professe pour l'Antiquité. — Les misères de la Fronde et la jeunesse brillante du Roi ont fait l'adoration monarchique où il entre donc des sentiments d'ordres assez différents, le dégoût et la crainte des désordres publics, une sorte de confiance optimiste et d'espérance allègre reposant sur la personne du jeune Roi. Je me borne à ces deux exemples.

Reprenez maintenant la phrase de Taine : « Entre une loi de Colbert sur les hypothèques, une charmille de Versailles, etc. », et livrez-vous à un examen un peu attentif des faits historiques ; vous apercevrez bientôt que la loi sur les hypothèques, la charmille de Versailles et le reste ont été amenés, par des circonstances différentes ; que, dans leur nouveauté apparente, elles ont été faites, comme toutes les nouveautés, des débris de quelque passé national ou des imitations de l'étranger ; et vous remarquerez, ce qui est en effet le point notable, que ces lois ou coutumes, ou pratiques alléguées par Taine, procèdent de *passés* différents quant à leur date ou d'imitations différentes quant au pays imité : enfin, ce qui est encore plus à considérer, que chacune s'est faite sous la poussée de mobiles propres à un groupe d'hommes délimité, distinct parmi le reste des contemporains. Et de cette dernière observation, pour mon compte, je tirerai une conséquence d'ordre pratique, un procédé méthodique que j'exposerai ailleurs.

*

Il y a dans cet exposé de Taine un amalgame qui me déroute. Taine affirme d'abord l'interdépendance des caractères divers, ou des qualités diverses, qu'on

peut distinguer dans l'œuvre d'un même auteur; interdépendance qui proviendrait d'une qualité, ou d'une
idée, ou d'une forme prédominante dans l'esprit de
cet auteur. Puis il affirme l'interdépendance entre les
œuvres d'une société, d'une époque, comme celle de
Louis XIV, — entre les œuvres d'une civilisation
entière comme celle de Rome, — entre les œuvres
d'une race comme celle des Sémites.

Une observation se présente tout de suite à notre
esprit, c'est que les problèmes proposés ne sont pas
de même ordre. Le premier concerne les individualités,
le second et le troisième les époques, le quatrième les
races. Il semble donc que le second et le troisième
sont, seuls, totalement rapportables à la théorie de
l'esprit des époques ou des formes d'esprit temporaires. Le premier dépend en partie de cette théorie,
mais en partie seulement, car il faut bien admettre
que, si le génie individuel n'échappe jamais tout à fait
à l'esprit de son temps, il apporte cependant quelque
chose qui est à lui, quand ce ne serait que le haut
degré de certaines facultés ou la trempe exceptionnelle
d'un caractère. Quant au quatrième, pas de difficulté,
il relève de la théorie de la race.

***

Cette hypothèse de la rigoureuse, de l'absolue dépendance mutuelle des institutions, est elle-même la

dépendance, la conséquence évidente d'une autre idée.

Le grand essor, qu'au XIXe siècle ont pris les sciences de la nature, a fasciné les esprits philosophiques de notre temps, c'était à peu près inévitable ; ces philosophes ne pouvaient guère manquer d'arrêter leurs yeux sur le côté le plus lumineux de leur époque. Et à cette contemplation ils devaient gagner une espèce d'éblouissement. Retrouver dans les sciences de l'homme les lois récemment énoncées par les maîtres en sciences naturelles, ou, au moins, des lois analogues, symétriques, correspondantes, cela a été la tentation, l'ambition commune à presque tous ces esprits.

Le premier effort de cette tendance a été d'imaginer la similitude suivante : Une société est une sorte d'organisme ; elle offre avec l'organisme, considéré en général, des ressemblances tout à fait essentielles et effectives.

Par les tendances naturelles et par l'éducation de son esprit, Taine pouvait, moins que personne, échapper au prestige de cette analogie. Son premier culte pour la métaphysique, culte jamais désavoué, mais seulement combiné avec d'autres, son goût pour les sciences naturelles, pour l'expression métaphorique aussi, sa propension et sa promptitude aux généralisations les plus larges, devaient au contraire le porter à adopter cette analogie, avec feu, avec outrance, — et aussi à la compromettre tout à fait,

en lui donnant les développements et les précisions
imprudentes que nous allons voir.

« Toutes les idées élaborées depuis cinquante ans
en Allemagne se réduisent à une seule, celle du développement (Entwickelung)... Si on applique cette
idée à la nature, on arrive à considérer le monde
comme une échelle de formes et comme une suite
d'états, ayant en eux-mêmes la raison de leur succession et de leur être, enfermant dans leur nature la
nécessité de leur caducité et de leur limitation, com-
posant par leur ensemble un tout indivisible, qui, se
suffisant à lui-même, épuisant tous les possibles et
reliant toutes choses, depuis le temps et l'espace jusqu'à la vie et la pensée, ressemble par son harmonie
et sa magnificence à quelque dieu tout-puissant et
immortel. Si on l'applique à l'homme, on arrive à
considérer les sentiments et les pensées comme des
produits naturels et nécessaires, enchaînés entre eux,
comme les transformations d'un animal ou d'une
plante ; ce qui conduit à concevoir les religions, les
philosophies, les littératures, toutes les conceptions
et toutes les émotions humaines comme les suites
obligées d'un état d'esprit, qui les emporte, en s'en
allant, qui, s'il revient, les ramène, et qui, si nous
pouvons le reproduire, nous donne par contre-coup le
moyen de les reproduire à volonté. Voilà les deux
doctrines qui circulent à travers les écrits des deux
premiers penseurs du siècle, Hegel et Gœthe. On peut

les considérer comme les deux legs philosophiques
que l'Allemagne a faits au genre humain. »

Un animal naît, croît, s'amplifie ; de même une
plante, ou même un simple bouton : se représenter
cela c'est bien une idée, c'est-à-dire une image répondant à un grand fait réel. Mais individualiser la
nature totale (illimitée ? limitée ? nous ne savons, remarquez-le bien), la traiter verbalement comme une
plante ou comme un animal immense (— car pour se
la représenter ainsi réellement, on n'y arrive pas, on
n'y parvient pas —) cela c'est une pseudo-idée. Ceux
qui ont imaginé ce développement, j'en demande bien
pardon à Taine, n'ont fait qu'une métaphore. Appliqué
à la nature, ce parler métaphorique n'a certainement
pas la vertu de faire avancer les hommes dans la
connaissance positive d'aucune partie de l'univers ;
mais s'il n'apporte aucun profit, il n'apporte non plus,
ce semble, aucun dommage.

Quand on l'applique à l'homme, c'est différent, car
alors, comme le dit Taine « on arrive à considérer les
sentiments et les pensées comme des produits.....
enchaînés entre eux comme les transformations d'un
animal ou d'une plante ». Hélas oui ! on y arrive et
l'on produit nécessairement des synthèses, fausses
peut-être, en tout cas indémontrées, qui encombrent
le terrain, je veux dire les esprits, qui pipent, qui illu-
sionnent les intelligences, font croire aux gens qu'ils
tiennent une grande idée, parce qu'ils tiennent un mot

suscitant une grande image vague. Cela fait pis encore. On a synthétisé, c'est fini, on a son siège fait, plus besoin de l'analyse, de la discrimination rigoureuse ; et l'on s'en dispense. Et jusqu'à preuve contraire on est dans la fausse voie, dans la fausse méthode, ayant manqué cette idée essentielle que l'interdépendance des choses, n'est pas la même partout ; que les sentiments et les idées dans un même cerveau, et *a fortiori* dans des millions de cerveaux, ne sont pas reliés étroitement comme les membres d'un animal ou les organes d'une plante, et que précisément le degré de liaison des choses, variable selon l'ordre dont elles relèvent, fait problème, ou plutôt est matière à une série infinie de problèmes à résoudre successivement.

***

Voyons maintenant jusqu'à quelles assimilations audacieuses Taine a poussé l'idée que lui livraient à la fois son éducation métaphysique et son éducation scientifique.

« Les naturalistes ont constaté la connexion des caractères ou l'interdépendance des organes de tout être vivant (Cuvier, R. Owen). De même les historiens peuvent remarquer que les diverses inclinations et aptitudes d'un individu, d'une race, d'une époque sont attachées les unes aux autres d'une telle façon que l'altération d'une de ces données, observée dans un individu voisin, dans un groupe rapproché, dans une époque précédente ou suivante, détermine en eux une altération proportionnée de tout le système. »

Comment ne pas se récrier tout de suite, quand on voit Taine placer sur la même ligne un individu, une époque, une race, au point de vue de l'interdépendance de leurs aptitudes ? Cela ne fait donc rien que l'individu soit un être réel, concret, anatomiquement et physiologiquement un, et que les autres existent seulement en tant que synthèses intellectuelles, plus ou moins arbitraires, en tout cas difficiles et plus que difficiles à délimiter exactement dans leurs contours (vous n'avez qu'à essayer)? — Et encore, quant à moi, je ferai mes réserves, pour l'individu même.

« Les historiens peuvent remarquer » ; disons qu'ils peuvent alléguer, supposer. Mais avec toutes leurs remarques, ont-ils mis jamais le doigt sur des dépendances, sur des connexions incontestables ? Priez plusieurs historiens philosophes de vous exposer, chacun à part, les institutions et productions d'un homme, d'une époque, d'une race, puis les rapports qui relient ensemble ces diverses manifestations, et vous verrez comme ils s'entendent. S'entendre, tomber tous d'accord ou à peu près, c'est le premier symptôme de la certitude ; quand les historiens nous le ferons voir, je commencerai à croire.

« Les naturalistes ont constaté le balancement ou la compensation des organes d'où résulte que le développement exagéré de l'un des organes entraîne la réduction d'un autre (loi de G. Saint-Hilaire). Pareillement les historiens constatent... que, par exemple, l'aptitude morale dans les races germaniques ou l'aptitude métaphysique et religieuse chez les Hindous, amène, dans les mêmes races, l'affaiblissement des facultés inverses[1]. »

Il faudrait commencer par nous dire exactement ce qu'on entend par aptitude morale, aptitude métaphysique et religieuse, puis nous dire quelles sont les facultés inverses de l'aptitude morale, de l'aptitude métaphysique (ce qui n'irait pas sans quelque difficulté), puis enfin nous prouver que l'affaiblissement de celle-ci ne peut être attribué qu'à l'exagération de celle-là — ce qui, étant donnée la complexité des causes sociales, serait encore bien plus difficile.

« Les naturalistes ont démontré que certains caractères sont prépondérants et d'autres subordonnés. De même, les historiens peuvent prouver, par exemple, que la présence prépondérante des images ou des idées, ou bien encore que l'aptitude plus ou moins grande aux conceptions plus ou moins générales, sont dominatrices et fixent d'avance la direction d'un individu dans sa vie et l'espèce de ses inventions. » Telle est en effet la conviction de Taine ; mais elle n'est pas

---

1. Pour l'individu, oui, certainement, il faut admettre dans une certaine mesure, la loi de la compensation. Mais l'individu est *un*, ce que ne sont ni l'époque, ni le peuple, ni la race.

— et tant s'en faut — appuyée de faits qui la rendent
acceptable ; pas même exposée avec une cohérence
d'idées, une exactitude de termes qui rendent au moins
sa formule inattaquable. Et remarquez d'ailleurs que
cette proposition rentre dans la précédente.

« Les naturalistes montrent que la patte du chien,
la jambe du cheval, l'aile de la chauve-souris, le bras
de l'homme, sont une même donnée anatomique mo-
difiée (Théorie des analogues et de l'unité de composition de G. Saint-Hilaire). Pareillement les historiens
peuvent montrer que chez un même artiste, dans une
même école, les personnages les plus opposés de
condition, de sexe, d'éducation, de caractère, présentent tous un type commun. »

Prenez, s'il vous plaît, tous les personnages de
Shakespeare et essayez d'en dégager un type commun ?
Supposez cependant qu'il en soit ce que veut Taine,
comment l'expliquer ? Il faut alors que Molière,
Shakespeare tirent leurs personnages d'un fonds
qui est en eux, poètes, d'un fonds *subjectif*. Alors ils
ne sont plus des observateurs, ils ne sont plus ces
esprits pénétrants, qui entrent dans l'intérieur des
autres hommes, qui s'y installent et y peignent ce
qu'ils découvrent (opinion que Taine a exprimée lui-
même ailleurs et même avec une forte exagération).
La thèse de Taine va à dénier à l'auteur dramatique
la faculté d'observation, de compréhension et la plas-
ticité d'esprit, qui seule le rend compréhensible.

« Les naturalistes établissent que, dans une espèce l'individu, qui se développe le mieux et qui se reproduit sûrement, est celui qu'une particularité de structure adapte le mieux aux circonstances ambiantes. Les historiens peuvent établir que, dans un groupe humain, l'individu qui atteint la plus haute autorité est celui dont les aptitudes correspondent le mieux à celles du groupe..... ce qui amène sur la scène de l'histoire les philosophes, les réformateurs religieux, les politiques capables d'interpréter ou d'accomplir la pensée de leur âge ou de leur race. »

Je voudrais qu'on me montrât une pensée qui ait été indubitablement celle d'un âge ou d'une race, et qui ait attiré sur la scène de l'histoire l'homme capable (Taine aurait dû logiquement dire le plus capable) de l'accomplir. Par exemple, quelle est la pensée que Napoléon est venu accomplir et qu'il a réellement accomplie, en accord avec la pensée des hommes de son temps ? Sa pensée principale a été certainement de former un grand empire européen (à la façon de Charlemagne). Il n'y a pas réussi, ce qui prouve, je crois, que ce n'était pas la pensée de cet âge... Et puis, que de fois un boulet aurait pu supprimer cette pensée dès ses débuts, et alors, celui qui aurait remplacé Napoléon, aurait-il tenté quelque chose d'équivalent ? La théorie de Taine voudrait qu'on le crût.

Après Napoléon, nous avons eu Louis XVIII et Charles X, avec des hommes si capables de réaliser la pensée de l'âge, qu'au bout de quinze ans, ils ont perdu cette monarchie.

Monsieur de Maurepas ou Monsieur de Calonne furent-ils appelés au ministère par la faveur du Roi, de la Reine, — ou le furent-ils par une sorte de nécessité naturelle, parce qu'ils étaient les plus capables d'accomplir la pensée de cet âge? Vraiment, Taine se bouche les yeux pour ne point voir ces petites causes, qui introduisent dans l'histoire une contingence inéluctable jusqu'à présent.

Je laisse de côté les trois dernières propositions de Taine, comme évidemment fausses. Taine a prétendu nous donner plusieurs exemplaires de la loi d'interdépendance des facultés dans l'individu (notamment à propos de Shakespeare, de Milton, de Dickens). En fait il n'a produit que des opinions personnelles, des affirmations sans preuve. Même succès pour la loi du balancement et de la compensation des organes. Taine n'a pas vu combien, dans ces deux investigations, prouver nous était malaisé, tellement qu'on se demande même si prouver est possible : en tout cas on n'aperçoit pas encore à quelles conditions nous pourrions prouver. Je m'explique par un exemple : Hugo possède un pouvoir énorme, exorbitant, d'invention pour les métaphores, les comparaisons, et aussi pour la description directe du réel. En revanche il apparaît à presque tout le monde comme un artiste inférieur dans la peinture vraie des caractères, donc inférieur pour l'imagination psychologique. On est bien tenté de dire : cette faiblesse n'est que la compensation du pouvoir exceptionnel précité : supposition plausible, probable même, si vous voulez ; certaine, non ; prouvée, non.

A présent supposons que la dite compensation soit démontrée pour Hugo ; nous généralisons, comme le veut Taine, nous disons « Il y a balancement, compensation entre la capacité pittoresque, et la capacité psychologique... » Combien d'exemples pareils à celui d'Hugo faudrait-il pour nous autoriser à formuler cette proposition ? Et comment expliquer les exemples contradictoires, même en supposant que ces exemples fussent rares ; ou même qu'il n'y en eût qu'un ? Et disons-le tout de suite, il y en a un au moins : Shakespeare, merveilleux inventeur de métaphores, de comparaisons, est aussi un créateur de caractères, un profond artiste psychologue.

**

Il est infiniment probable, sinon certain, que les phénomènes psychiques sont une dépendance, une suite des phénomènes physiques et, en particulier, une suite immédiate, directe, des phénomènes qui ont pour théâtre l'un des systèmes de notre corps, le système nerveux. Mais à quoi nous sert cela pour le moment ? Jusqu'ici les phénomènes nerveux, tels que nous les connaissons, restent, pour nous, intraduisibles en leurs correspondants psychiques : pas de pont entre les deux.

La nature individualisée, ou à tout le moins unifiée dans notre esprit — on l'unifie lorsqu'on parle de ses lois — se présente en singulier contraste avec l'esprit humain. Elle n'a pas nos sens, ni vue ni ouïe ; elle n'a pas la mémoire ; ni l'association des images, des idées, ni l'abstraction et la généralisation, ni la prévision. A un autre point de vue, elle n'a ni la main qui façonne, ni la langue qui permet l'action concertée. Je viens de nommer toutes nos ressources et tous nos procédés. Ceux de la nature sont tellement différents qu'en réalité ils nous sont à peu près inintelligibles. La preuve, c'est que les hommes qui sont allés le plus loin dans la pénétration des procédés de la nature ne s'entendent pas. Lamarkistes anciens et nouveaux, Darwiniens anciens et nouveaux disputent encore entre eux si c'est la loi d'hérédité qui a fait la montée des espèces, telles que nous les voyons, étagées les unes sur les autres, ou si c'est la variation personnelle, et la sélection par le combat pour la vie[1]. Sans doute, je le répète, l'esprit humain *est dans la nature* ; il paraît être même l'aboutissement de toute la nature. Il ne s'ensuit pas pour cela que nous

1. Voir l'ouvrage récent de M. Bouglé : *La démocratie devant la science.*

sachions comment aux procédés de la nature s'ajustent ceux de l'esprit humain, ceux-ci faisant avec
ceux-là un contraste saisissant, sinon même une contrariété positive.

Il y a là pour nous un hiatus… un abîme, au moins
provisoirement. Taine l'a cru comblé et même aplani;
extraordinaire illusion d'un esprit qui s'était pourtant
adonné aux sciences, mais qui s'est toujours ressenti,
ce semble, d'avoir eu un premier culte pour une philosophie assez téméraire.

***

Après l'homme d'une race, ou d'un peuple (distinction que Taine ne fait pas toujours bien clairement)
nous rencontrons chez Taine un esprit d'époque, un
esprit temporaire ou ce qui revient au même, un
homme temporaire, car Taine dit couramment,
l'homme du xvie siècle, l'homme du xviie siècle. Cette
manière de s'exprimer ne lui est certes pas particulière. Beaucoup de gens en usent, et moi-même.
Aussi aurai-je tout à l'heure à m'en justifier, si je
peux.

Il est clair que alléguer l'esprit ou le génie ou
l'homme temporaire, c'est, en définitive, une autre
manière d'alléguer ce que d'autres fois, Taine et,
après lui nous tous, appelons le milieu. Et nous avons

convenu que le milieu était une idée juste, dont il
ne fallait pas douter... mais cela dépend comme on
entend le milieu.

Le milieu, Taine l'a fortement simplifié, comme il
a fait de tout le reste. Ces dispositions temporaires
qui existent en effet, *dans une certaine mesure*, et qu'il
appelle esprit, ou âme ou génie de tel temps, de tel
siècle, il les suppose absolument régnantes dans
toutes les parties, hautes et basses, du milieu, du
temps en question et régnant exclusivement. Il les
suppose si uniformément infuses dans tous les contemporains, qu'on peut considérer ceux-ci en bloc, les
traiter comme un seul homme et dire d'eux : « Voilà
l'homme du xvi° siècle ou du xvii° siècle », non par
économie et par commodité d'expression, mais en
pensant vraiment tous ces hommes, comme un même
homme moral. A quoi est-ce que cela aboutit? A créer,
après l'homme de race, une nouvelle entité avec
l'homme temporaire.

On peut, je le répète, user du même terme, mais
pour la commodité du langage cette fois, et en entendant autrement la chose.

Pour moi, il y a dans le milieu, ou le génie
d'époque, ou l'homme temporaire, une diversité que
Taine a méconnue. Il existe dans un même temps
plusieurs esprits à la fois, plusieurs hommes qu'on
peut également qualifier d'esprits du temps ou
d'hommes du temps. Prenez, par exemple, un homme

du xviie siècle, dans telle classe, il pourra avoir et il aura *en commun* avec tous les hommes de sa classe, telles dispositions d'esprit ou de sentiments sur une question *donnée* ou sur plusieurs, et ce sera ce que vous appelez l'esprit de l'époque. Prenez, au même siècle, les hommes d'une autre classe, ils vous présenteront d'autres dispositions, *en commun*, et celles-ci seront au même titre que les précédentes l'esprit de l'époque, mais un autre esprit.

Il n'y a pas sûrement dans un temps donné un seul homme qui ne soit de son temps par quelque côté ; tout homme est de son temps de la même manière que d'autres hommes qui forment avec lui une classe, un corps, un groupe, une église, une secte religieuse, ou un parti politique ; mais ces communautés d'esprit diffèrent entre elles.

Je me hâte cependant, crainte de trop simplifier à mon tour, d'ajouter ceci : il n'est pas impossible que tous les hommes d'une même époque se rencontrent à penser ou à sentir de même sur un point, sur un sujet, mais d'abord dégager, avec certitude, cette communauté *universelle* dans l'époque est un travail que je tiens pour extrêmement difficile. En aucun temps, cette communauté n'apparaît si aisément, si clairement que Taine se l'imagine. Et puis, voici un écueil : il faudrait s'assurer que l'opinion ou le sentiment, sur lequel on paraît s'accorder, n'est pas précisément chose traditionnelle, ancienne, existant avant

l'époque, persistant encore après, débordant l'époque
de tous côtés et par conséquent ne lui appartenant
plus en propre et inqualifiable d'esprit de l'époque. Or
il y a beaucoup de chance pour qu'il en soit ainsi de
cette opinion ou de ce sentiment universel [1].

1. Un sentiment religieux, par exemple, ou un certain patrio-
tisme nous apparaissent assez souvent dans l'histoire, comme
communs à tous les hommes d'une époque, mais ils apparaissent
aussi comme précédant l'époque d'un côté et lui survivant de
l'autre.

CHAPITRE VI

LE MOMENT

Au sens technique, au sens qu'on lui donne en science *mécanique*, le moment c'est la vitesse acquise. Cherchons ce qu'une autre science, par exemple la chimie ou la physique, peut présenter d'analogue. Evidemment, dans ces sciences, la vitesse acquise, ce sera l'ensemble des vérités obtenues à l'instant où l'on parle. Et en littérature, que sera-ce? l'ensemble des œuvres antérieures qu'un auteur peut connaître et dont il peut tirer un profit quelconque.

Mais comment tirera-t-il ce profit? Il imitera une ou plusieurs de ces œuvres antérieures, ou s'en inspirera, ou s'en échauffera, ce qui est encore de l'imitation. Le moment en littérature n'existe que par l'imitation.

S'il n'y avait aucun livre, si les auteurs nourrissaient leur esprit uniquement de ce qu'ils voient et entendent autour d'eux, bref de leur expérience personnelle, toute œuvre, cela va de soi, serait purement déterminée par le milieu environnant — en combi-

naison avec l'esprit particulier de l'auteur. Elle serait
plus aisée à expliquer. Elle ressemblerait plus aux
autres œuvres contemporaines. Et toutes ensemble
formeraient un miroir plus fidèle de la société contemporaine. Mais les livres existent, ils abondent. Ils
constituent une énorme accumulation. On n'a pas
assez remarqué la contingence que cela introduit dans
l'histoire littéraire. Par les livres tous les siècles anté-
rieurs à un siècle donné deviennent les contemporains
de ce siècle; tous les pays ne sont que les provinces
d'un seul pays. Les hasards de la vie apportent sous
ma main un livre de telle époque, de tel peuple, et
il arrive que ce livre empreint profondément ma
pensée. L'œuvre que je fais se teint d'une certaine
couleur, une rencontre différente eût fait mon œuvre
différente.

Quand je produis une œuvre imitée ou inspirée
d'un livre venu à moi de très loin à travers le temps
ou l'espace, on ne peut pas dire que mon œuvre révèle
le milieu où je vis ; on ne peut pas davantage dire
qu'elle soit l'effet du moment tel du moins que Taine
l'a compris.

***

Faut-il au lecteur un éclatant exemple de ces imitations d'un livre lointain; qu'il pense à la Bible, dont le
style, les figures, les mouvements et jusqu'à un cer-

tain point les sentiments, ont coloré tant d'ouvrages dans tous les pays chrétiens.

Et voici qu'une conséquence importante nous est suggérée par cet exemple et par d'autres analogues que chacun trouvera aisément.

En fait, la vitesse acquise ou le moment d'un auteur donné, c'est l'ensemble de ses *lectures*. Nous voyons dès lors que le moment de deux auteurs, fussent-ils contemporains et compatriotes, ne peut plus être absolument le même. Exemple : la Bible fait partie du moment de l'un, manque dans le moment de l'autre, tandis que le moment de cet autre contient Eschyle et le *Ramayana*, qui font défaut dans le moment du premier. — Et nous voyons encore cette conséquence que, pour un seul et même auteur, le moment peut différer de l'un de ses ouvrages à l'ouvrage suivant.

**
**

Comment Taine a-t-il usé de sa théorie du moment, comment l'a-t-il appliquée? C'est ce que nous allons voir par un exemple emprunté au cinquième et dernier volume de son Histoire littéraire.

« A de certains moments paraît une forme d'esprit originale qui produit une philosophie, une littérature, un art, une science, et qui ayant renouvelé la pensée de l'homme, renouvelle lentement, infailliblement,

toutes ses pensées... Quand l'art a donné toutes ses
œuvres, la philosophie toutes ses théories, la science
toutes ses découvertes, le mouvement s'arrête ; une
autre forme d'esprit prend l'empire, ou l'homme cesse
de penser. Ainsi parut à la Renaissance le génie artistique et poétique qui, né en Italie, porté en Espagne,
s'y éteignit au bout d'un siècle et demi..., et qui trans-
planté en France et en Angleterre, y finit au bout de
cent ans, parmi les raffinements des maniéristes et
les folies des sectaires, après avoir fait la Réforme,
assuré la libre pensée et fondé la science. Ainsi naquit
avec Dryden et Malherbe l'esprit oratoire et classique
qui, ayant produit la littérature du xvii° siècle et la
philosophie du xviii°, se dessécha sous les successeurs
de Voltaire et de Pope et mourut au bout de deux
cents ans, après avoir poli l'Europe et soulevé la Révolution française. Ainsi s'éleva à la fin du dernier siècle
le génie philosophique allemand [1] qui, ayant engen-

---

1. Lisez, en effet, ceci : « En quoi consiste la nouvelle forme ?
dans la puie ance de découvrir les idées générales. Nulle nation et
nul âge ne l'a possédée à un aussi haut *degré* (retenez ce mot) que
les Allemands... Par elle ils ont deviné la logique involontaire et
primitive qui a organisé les langues, les grandes idées qui sont
cachées au fond de toute œuvre d'art, les sourdes émotions poétiques et les vagues intuitions métaphysiques qui ont engendré les
religions et les mythes. Par elle, ils ont aperçu l'esprit des siècles,
des civilisations et des races, et transformé en système de lois
l'histoire qui n'était qu'un monceau de faits. » — Si mes contemporains anglais, italiens, français, allemands, ont trouvé quelques
rares généralisations qu'on puisse, en y mettant un peu d'optimisme,
appeler des lois de l'histoire, c'est bien le total de notre acquis ;
mais un système de lois, nous ne le tenons pas encore. — Quant à
ces esprits de siècles, de civilisations, de races, que les Allemands

dré une métaphysique, une théologie, une poésie, une littérature, une exégèse, une érudition nouvelles, descend en ce moment dans les sciences et continue son évolution. »

Qu'une même forme d'esprit s'impose à tous les esprits, aux esprits les plus diversement doués, durant une période longue de cent ans et plus ; et qu'elle fasse produire à l'un une philosophie, à l'autre une science, à l'autre un art, cela ne laisse pas que d'étonner à première vue. On a peine à se figurer l'ascendant d'une seule et même forme d'esprit s'exerçant sur des esprits très divers, et surtout tirant de ces esprits les besognes, les œuvres, que nous savons exiger des facultés très différentes, sinon même contraires. Cela paraît tout à fait inconciliable avec ce que nous avons puisé de psychologie aux meilleures sources, à celles même que Taine recommande, Stuart Mill et Bain par exemple. Et l'on se demande : « Mais en quoi donc consistent ces formes d'esprit à la fois si impérieuses et si fécondes ? »

La dernière venue de ces formes d'esprit, la forme allemande, consisterait, selon Taine, « dans une puissance plus grande d'abstraire ». — C'est chose déjà assez vieille qu'abstraire. Il n y a donc ici de nouveau

auraient aperçus, il en est d'eux comme des revenants ou des « esprits » dans la langue populaire : où l'un les aperçoit, un autre, dont le regard est plus ferme, n'aperçoit rien, sinon peut-être des brouillards sur la rivière, comme dans la ballade de Gœthe. — Taine a des exaltations que des esprits irrévérencieux qualifieraient volontiers d'emballement.

que le degré. Comment! un simple degré en plus a
fait, a constitué une forme nouvelle? Et cette forme
a engendré à la fois une métaphysique, une érudition, une poésie? Pour la métaphysique, soit.
Pour l'érudition, passe encore, bien que déjà ce soit
dur à admettre; mais une poésie nouvelle... Une
poésie nouvelle proviendrait de ce que l'esprit s'est
enfoncé plus avant dans l'abstraction? Je ne vois pas
alors pourquoi la poésie ne sortirait pas d'un progrès
accompli dans les hautes mathématiques. Jusqu'ici il
a été admis généralement, et Taine lui-même l'admet
ailleurs, que l'artiste produit son œuvre, non par un
effort d'abstraction, mais par un effort en sens contraire. Il réalise, il individualise, il vivifie autant qu'il
peut les objets et les personnes qu'il touche : effort
ou puissance de concrétion. Prenez la plus achevée
des œuvres d'art, et la plus représentative des facultés
de l'artiste, l'invention d'un caractère, comment est-
elle obtenue? A des éléments visibles, à des signes
extérieurs tels que gestes, attitudes, paroles, actes,
l'artiste a rattaché, lié, uni les mobiles intimes, les
impulsions invisibles de la conscience. C'est dans la
chaleur d'une émotion, variable d'ailleurs, qu'il a vu
se dresser et agir cet ensemble vivant. Ce n'est pas
là abstraire, assurément.

Les formes d'esprit qui ont précédé la forme allemande auraient, selon Taine, accompli des choses
non moins étonnantes. La forme artistique et poé-

tique [1] due à l'Italie du xvi° siècle, une fois transplantée
en France, y aurait fait la Réforme, assuré la libre
pensée et fondé la science. Mais est-ce que nous ne
voyons pas dans l'artiste, dans le poète, ce que sont
au vrai les formes ou plutôt les facultés artistiques et
poétiques? Et ce que nous apercevons chez ces deux
hommes, c'est que les facultés en question ne les conduisent pas précisément à fonder une science.

Une assertion plus étonnante encore, à mon avis,
est celle-ci. La forme oratoire de Dryden et de Malherbe
aurait poli l'Europe, fait la philosophie du xviii° siècle
et soulevé la Révolution française. Ce sont là de
bien grosses besognes pour la forme oratoire — et
terriblement diverses.

Sur quoi Taine appuie-t-il ces synthèses hardies ?
Quelles preuves peut-il montrer de leur vérité? Rien
que le fait superficiel que tels artistes et tels savants
et tels hommes d'action furent contemporains, vécu-
rent dans le même temps : ce n'est pas assez. — Ah!
oui, je sais bien, il y a un autre argument, l'esprit ou
le génie d'époque ; nous en parlerons tout à l'heure.

En attendant, je relève l'aveu décisif que Taine a
laissé tomber au début du morceau cité. « Les pensées,
nées dans un pays, ne manquent pas de se propager
dans les pays voisins. » Parfaitement.

Voilà enfin une vérité incontestable, dont Taine

1. Pour ma part, j'en ferai volontiers deux formes.

donne, sitôt après l'avoir énoncée, des exemples pro-
bants (auxquels on en pourrait ajouter d'autres). Les
peuples s'empruntent des idées ; ni la nationalité différente, ni même la race différente, ne barrent cette
expansion. L'imitation efface les frontières nationales ;
elle annule la race, si race il y a. Taine le confesse
ici, sans s'en douter, comme il a inconsciemment
apporté, au cours de son histoire, quantité de faits
qui témoignent du même résultat.

Une de ces formes d'esprit nouvelles, « origi-
nales », comment naît-elle? Il semble bien que, selon
Taine, elle naisse dans une multitude de cerveaux à
la fois. Je dis : il semble, Taine ne s'étant pas nettement expliqué sur ce point. S'il n'a pas en cette
affaire méconnu le rôle des individus, des novateurs,
des promoteurs, il a au moins négligé de le signaler
nettement, de le mettre en saillie, comme cela le mé-
ritait. La pensée originale, nouvelle (et non pas une
forme d'esprit nouvelle), naît dans un esprit exceptionnel. Celui-ci introduit dans le monde son invention
personnelle. Après lui, d'autres esprits, en nombre
plus ou moins grand, la propagent, l'étendent, par l'i-
mitation, ou l'acceptation. — Et le jeu alternatif de ces
deux causes fait marcher, avancer le monde. C'est ce
que Taine a vu peut-être, mais qui n'a point retenu
son attention.

#**#

Dans sa préoccupation de l'idée de la race, Taine a
négligé d'étudier, je ne dis pas totalement, mais suffisamment, deux phénomènes d'une importance capitale (surtout le premier que je vais nommer). 1° Il n'a
pas compris le rôle immense et le jeu continu de l'*imitation*. 2° Il n'a pas observé comme il le fallait les
destins, les succès heureux ou malheureux des auteurs;
les modes, les engouements, les vogues littéraires et
ce qui les suit, non toujours, mais assez souvent, les
renommées posthumes, les célébrités que les générations se transmettent et s'imposent les unes aux
autres. Ces choses-là, que je viens de désigner par des
noms différents, s'entre-tiennent pourtant. Et d'autre
part, elles relèvent encore de l'imitation: c'est l'imitation vue dans le public, tandis que la première que
j'ai nommée, c'est l'imitation à l'usage des auteurs.

**

De l'imitation des auteurs entre eux, je dirai d'abord
deux choses; elle simule, elle *singe* la race; je vais
m'en expliquer tout à l'heure; et d'autre part elle répond plus exactement que quoi que ce soit à ce que
Taine appelle le *moment*. Si, en effet, on peut établir
entre le milieu et le moment quelque différence nette
c'est en disant ceci: « Le milieu consiste dans toutes
les institutions qui environnent l'auteur et l'influencent
à son insu ou s'imposent à sa volonté; le moment

consiste dans une conformité voulue par l'auteur à
quelque chose de préexistant, il consiste, en l'imitation (au sens large) d'une ou de plusieurs œuvres
antérieures.

*

On doit m'accorder au moins qu'aucun des milieux,
considérés par Taine (peuple anglais, peuple français) n'est composé *incontestablement* d'une population
homogène provenant d'une même souche. Donc si,
constatant chez les hommes de l'un de ces peuples
une similitude quelconque (politique, littéraire ou
autre), on conclut immédiatement que cette similitude
est un effet de la race, on fait une hypothèse très ha-
sardeuse, l'existence même de la race n'étant pas
encore prouvée. L'imitation, au contraire, nous savons
avec certitude qu'elle existe. Des signes de son existence en voici d'abord un très saillant dans l'histoire.
Des nouveautés de toutes sortes, outils, armes, modes
de costume, inventions artistiques et scientifiques,
idées abstraites, sentiments esthétiques, institutions
politiques, religieuses, littéraires, etc..., inventées,
créées chez un peuple, comme l'Italien, l'Espagnol,
sont passées, grâce à l'imitation, chez le peuple français, anglais, allemand (sans parler des peuples
morts imités encore par les vivants). Ce signe-là
suffirait, d'autant qu'il nous montre l'imitation victo-

rieuse de la race (si race il y a). Mais nous avons un signe, moins éventuel, plus constant.

Pas plus dans la littérature qu'ailleurs, rien de nouveau n'est tout à fait nouveau. Toute nouveauté contient de l'ancien plus ou moins, et souvent beaucoup d'ancien. Observez à leur départ les auteurs qui, vus à la fin de leur carrière, paraissent avoir été des créateurs, des inventeurs et le sont en effet par rapport à des successeurs, trop évidemment issus d'eux; observez-les, dis-je, à leur départ, ils ont commencé eux-mêmes par imiter un ou plusieurs devanciers; ils tiennent eux-mêmes de quelqu'un. Ils empruntent plus ou moins l'étoffe de leurs premiers ouvrages à des œuvres antérieures. Ils assurent leurs premiers pas en tenant leurs regards fixés sur des modèles. Ce n'est que peu à peu qu'ils se détachent de ces modèles et deviennent finalement eux-mêmes — et encore, moins peut-être qu'ils ne nous semblent, car l'imitation a des degrés ou des formes qui se peuvent dérober; et il y a certainement en tout auteur des endroits où il nous paraît original et n'est qu'un imitateur trop habile.

L'imitation étant un fait universel, il faut en conclure qu'elle procède de l'homme général et qu'elle manifeste un trait de notre nature. Ce trait, on le découvre assez aisément : c'est notre paresse ou, pour mieux dire, le penchant qui nous porte à économiser notre peine. L'imitation apparaît d'abord à tout esprit litté-

raire comme la voie tout ensemble la plus courte et la
plus sûre pour atteindre son but, qui est de composer
un ouvrage capable d'émouvoir le public ; c'est, on
l'a dit très bien, « la ligne du moindre effort ».

Taine a signalé çà et là des faits d'imitation ! Mais
il est loin d'avoir fait à l'imitation sa part légitime. Il
ne l'a pas reconnue pour ce qu'elle est, une force, une
cause d'une intensité, d'une efficacité très variables
assurément, mais une cause constamment active,
jamais tout à fait absente.

***

Tout succès est pour l'historien une sorte de procès
à instruire avec soin, car le jugement final y touche
à la fois l'auteur et le public.

Sans doute, une part de succès souvent est due à
une cause contingente, par exemple à l'intervention
d'un personnage puissant, comme Richelieu, ou
Louis XIV. Cette réserve faite, on peut dire que le
succès tient régulièrement au génie, ou au talent, ou
au savoir-faire de l'auteur, mais ajustés au goût du
public influent de l'époque, subordonnés à ses désirs
aperçus ou devinés.

Pourquoi le public influent de telle époque a-t-il eu
tel goût, telle volonté, telle exigence ? C'est, dans le
problème d'un succès, la partie qui se prête le mieux à
une solution pleinement scientifique. D'autre part : la

question, pourquoi l'auteur a-t-il eu tel génie ou tel talent, nous présente une énigme irréductible. Exemple : Quelles causes ont fait à Dickens l'humour et l'imagination telles qu'il les a, c'est l'irréductible; quelles causes ont rendu le public si favorable à Dickens qu'il a acheté d'innombrables exemplaires des livres de Dickens, c'est ce qui peut se résoudre. (Je ne dis pas se résoudre sans travail ni peine, bien entendu.)

Le problème est plus facile quand il existe une classe, qui est évidemment la seule influente ou qui influe capitalement; tel est le cas qui se présente dans notre ancien régime, jusqu'à la fin du xviie siècle. Le problème se complique au contraire lorsque, comme de nos jours, dans notre société démocratique, il y a plusieurs classes, dont chacune est en état de faire le succès des livres, qui sont en accord avec ses goûts.

∗

Il faut faire la plus grande attention aux artistes qui, chez un peuple, obtiennent les premiers un grand succès, *dans un genre donné*. Ils influent puissamment sur ceux qui dans la suite cultivent le même genre. Ils passent modèles, et grâce au penchant humain, au don humain d'imiter les sujets, le style, la méthode même de composition, d'entrer dans les sentiments, les émotions d'autrui, de tout copier enfin, ces premiers façonnent toujours, en quelque mesure, les œuvres de leurs successeurs. Et cela peut arriver même alors que le milieu a déjà changé. L'ascendant du modèle peut annuler, jusqu'à un certain point, celui des autres conditions environnantes.

De grands succès comme celui de l'*Astrée*, du *Cid*, des *Mystères de Paris*, etc., des succès posthumes comme celui de Shakespeare; des succès tout à fait européens comme celui des romans de Dickens, de Tolstoï, et maintenant des pièces d'Ibsen, nous proposent autant de problèmes d'un vif intérêt; nous savons d'avance que, résolus, ils nous donneraient des renseignements d'une sérieuse importance sur la psychique des peuples. Et si l'on s'attachait particulièrement à rechercher, à relever dans les causes d'un succès, les motifs qui, étrangers au goût, au plaisir littéraire, ont cependant porté les gens à acclamer un auteur, à lui faire une renommée, ou à la grossir, on pourrait arriver à des résultats très curieux, très instructifs; on constaterait probablement des rapports insoupçonnés entre des idées ou des sentiments, tenus jusque-là pour très étrangers les uns aux autres.

L'étude des imitations qui suivent un succès est le complément obligatoire de l'étude du succès. Il y a intérêt et profit à constater comment on a imité, ce que dans l'œuvre modèle on a cherché à reproduire, ce qu'on a au contraire délaissé, dans quelle mesure on a réussi à imiter. Il y a intérêt encore à suivre le succès et les imitations dans leur ralentissement, à déterminer la fin de l'un et la fin des autres ; à en trouver les causes ; et de même les réactions, les contrepieds systématiques, et les contradictions voulues, comme par exemple le classicisme de Dryden et de Pope en Angleterre, comme notre romantisme de 1820.

Quand un historien nous a intéressé aux écrivains, comme Taine sait le faire, il lui est bien impossible de ne pas noter, çà et là, le succès heureux ou malheureux de ces écrivains ; Taine sent bien, qu'à négliger totalement ce détail, il tromperait une attente et causerait un mécompte. Aussi nous a-t-il dit que Burns, dès la publication de son premier volume, se trouva célèbre dans Edimbourg ; que Byron fut tout de suite personne scandaleuse pour l'aristocratie anglaise et même pour la bonne bourgeoisie ; que Tennyson fut proclamé poète lauréat d'Angleterre à trente ans, et qu'on a fait de ses œuvres d'innombrables éditions ; certes, il a noté, en gros, comment les écrivains furent accueillis dans leur milieu immédiat : ce n'est pas tout à fait assez. Il y manque les circonstances, les progrès, et aussi les noms et les actes des individualités influentes ou autorisées qui ont appelé sur l'écrivain l'attention du public, qui ont renouvelé ou maintenu cette attention, qui l'ont tournée en bienveillance ou en malveillance. Comme il ne croit qu'à des causes larges et profondes, ou du moins ne veut faire compte que de celles-là, Taine, au lieu de cette histoire détaillée, qui est la vraie, se borne à dresser, en

face de l'écrivain, un portrait de son public (comme si
le public était tellement individuel et unanime dans
ses opinions) ; portrait d'où ressort toujours, entre le
public et l'écrivain donnés, une suffisante conformité
de sentiments et d'idées. C'est là une manière d'explication qui prête à l'éloquence et au style. Je préfère,
comme plus solide, l'explication qui résulte des faits,
amassés patiemment par un historien érudit. Je ferai
mieux comprendre mon sentiment sur ce point par
un exemple. Voici, en abrégé, l'historique que M. Jusserand nous fait du succès de Shakespeare :

« Ecrivant surtout pour le vulgaire, c'est surtout
auprès du vulgaire que Shakespeare réussit. L'applau-
dissement du peuple avertit la cour de son mérite, et
lui donne la curiosité de l'entendre. Les vrais raffinés
n'estiment guère en lui que l'amouriste, le poète de
Vénus, de Lucrèce, et l'appelle, non le tragique Shakespeare, mais le doux Shakespeare. » Cette qualification est bien significative. « Il arrive à des poètes d'é-
numérer les gloires littéraires de leur époque et ils
omettent Shakespeare. Dans la seconde partie du xvıı⁰
siècle, comme dans la première ; on continue de trouver
des listes de lettrés illustres, où le nom du grand dramaturge est omis. Addison, encore en 1694, néglige
de citer Shakespeare, dans son tableau des meilleurs
poètes anglais. Au xvııı⁰ siècle le grand courant se
forme... les éditions se multiplient... l'exégèse
commence. Shakespeare est traité en classique de la

langue. Ce sont « les rois des lettres de la période »,
Pope et le docteur Johnson qui l'éditent et le com-
mentent. Jusqu'ici c'est affaire entre lettrés; mais
voilà que le grand acteur Garrick s'avise de jouer
Shakespeare, de le faire jouer à ses confrères; et le
culte par là s'étend à un public moins spécial, plus
populaire. Il n'empêche que ce dévot fervent de Shakespeare traite parfois son dieu avec une singulière
impertinence, remaniant son texte, lui infligeant de
larges amputations, ce qui prouve une fois de plus
qu'admirer très fort ce n'est pas toujours bien comprendre.

Maintenant le nom de Shakespeare est lancé... Il
va faire le tour de l'Europe, puis des deux Mondes (on
a récemment joué Shakespeare au Japon) « Les éditions se multiplient d'année en année... Des spécia-
listes, vraiment innombrables, ont étudié les divers
problèmes se rattachant à ses œuvres, tournant et
retournant chacun de ses drames, y cherchant la solution des plus grands et des plus minces problèmes,
rapprochant le Christ et Shakespeare, la Bible et Shakespeare, Aristote et Shakespeare, étudiant . part ses
femmes, ses fous, ses fleurs, ses plantes, ses revenants et ses démons: et encore sa religion, sa méde-
cine, sa jurisprudence, ses talents nautiques et militaires... Des conseils lui ont été demandés sur l'art
de gouverner sa vie, de cultiver son jardin, et de
pêcher à la ligne... etc., etc. »

Cet exposé, où rien n'est donné à l'emphase, contient, ce me semble, une bonne dose de philosophie
historique, de la vraie. Il nous enseigne comment
s'édifient, non toujours, mais fréquemment, ces immenses et imposantes renommées (Homère, Eschyle,
Pindare, Dante, Shakespeare, Milton, etc...) qui sont
comme des statues gigantesques, surhumaines, dont
l'ombre se projette sur toute la surface de la terre.
Tant que le poète vit, ce n'est autour de lui qu'une
rumeur légère, dont en tout cas le cercle est assez
étroit. Après sa mort, plus ou moins longtemps après,
un homme ou quelques hommes, autorisés par leur
talent ou par leur rang social, s'avisent — et ceci remarquez-le, est une contingence — s'avisent de relever la rumeur qui tombait, si l'on peut dire. Ils la ré-
pètent, ils l'enflent de leur voix sonore. D'autres échos
leur répondent, clairsemés d'abord ; puis graduellement multipliés, et dans un cercle qui va peu à peu
s'élargissant. Un moment vient où c'est comme un
tolle général, une acclamation universelle, merveil-
leuse, dont s'enivrent ceux-là mêmes qui la poussent.
L'homme qu'ils acclament ainsi, regardez bien ce
qu'ils en ont fait ; ils l'ont dénaturé ; ce n'est plus un
homme ; il en a perdu les proportions. C'est une manière de dieu (et de dieu oraculaire, ce qui est pis).

Certes on peut accepter que les foules humaines
admirent, même avec excès, même sans connaître
vraiment ce qu'elles admirent (les trois quarts des

admirateurs d'un Shakespeare ou d'un Homère n'ont
jamais lu ni l'un ni l'autre) car admirer est un plaisir
et un plaisir très sain, je crois, pour leur caractère...;
toutefois il y a là de la superstition, et du mensonge,
ce qui n'est pas très sain pour l'intelligence. L'admiration aveugle des générations livre à l'historien des
êtres en grande partie factices et démesurés, qui lui
en imposent. Il se croit tenu de faire à leur égard ce
qu'on a appelé, d'un nom prestigieux, la critique des
beautés; c'est-à-dire que de parti pris, il fixe uniquement sa vue sur le côté lumineux, il la détourne du
côté défectueux et par suite se condamne à ignorer
les vrais contours de ses héros. Il me semble que
Taine n'a pas toujours échappé au pernicieux ascendant de cette superstition.

Il est bon qu'à un moment l'esprit critique, reve-
nant à la charge sur ces idoles, les réduise à leurs
vraies statures. C'est là un service à rendre, de premier ordre. Connaître les défauts d'un homme est
aussi indispensable que de connaître ses qualités, du
moins si on estime qu'une idée vraie de cet homme a
plus de valeur que la plus brillante amplification de
rhétorique, à son sujet.

CHAPITRE VII

LES INDIVIDUALITÉS

En premier lieu, il y a une nature humaine ; il y a un fonds commun, universel, qui se retrouve en tout homme, un fonds de besoins, de sentiments, de passions et de procédés intellectuels ; il y a un homme moral, intellectuel, comme il y a un homme physique, constitué par les organes communs à tous les hommes. L'un est aussi certain, aussi démontré que l'autre. Avec l'un on a pu faire, ou au moins esquisser une psychologie générale, comme avec l'autre on a bâti une anatomie et une physiologie qui sont vraies de nous tous. Ce qu'il y a de particulièrement curieux pour notre discussion, c'est que Taine lui-même a écrit un ouvrage en deux volumes, intitulé *L'Intelligence*, lequel est entièrement tissé de l'homme intellectuel. Il y a plus ; même dans ses ouvrages historiques : *L'Histoire de la Littérature anglaise*; — *Les Origines du régime moderne* où Taine fait profession de ne connaître que des hommes anglais, des

hommes français, il invoque fort souvent, à son insu
et comme malgré lui, l'homme, l'homme tout court,
il s'en sert, il en tire un parti important à l'occasion.
J'en pourrais citer des exemples nombreux. Je me
bornerai à un ou deux, qui au reste ont été fréquemment reproduits avant moi.

« Ce que dans l'homme nous appelons la raison
« n'est point un don inné, primitif, et persistant,
« mais une acquisition tardive et un composé fragile... Elle est un état d'équilibre instable, lequel
« .dépend de l'état non moins instable du cerveau,
« des nerfs, du sang et de l'estomac... La plus
« simple opération mentale... un jugement ordi-
« naire est l'œuvre commune et finale de plusieurs
« millions de rouages qui poussent à l'aveugle. Si l'ai-
« .guille marque l'heure à peu près juste, ce n'est que
« par l'effet d'une rencontre qui est une merveille...
« A proprement parler, l'homme est fou comme le
« corps est malade, par nature. — Non seulement la
« raison n'est pas naturelle à l'homme, ni univer-
« selle dans l'humanité, mais encore dans la conduite
« de l'homme et de l'humanité son influence est
« petite... Les maîtres de l'homme sont le tempé-
« rament physique, les besoins corporels, l'instinct
« animal, le préjugé héréditaire, l'imagination, en
« général la passion dominante, plus particulière-
« ment l'intérêt personnel ou l'intérêt de famille, de
« caste, de parti. Nous nous tromperions gravement

« si nous pensions qu'ils sont bons par nature, géné-
« reux, sympathiques ou tout au moins doux, ma-
« niables, prompts à se subordonner à l'intérêt social
« ou à l'intérêt d'autrui. Il y en a plusieurs, et des
« plus forts qui, livrés à eux-mêmes, ne feraient que
« du ravage. En premier lieu, s'il n'est pas sûr que
« l'homme soit par le sang un cousin éloigné du
« singe, du moins il est certain que, par sa structure,
« il est un animal très voisin du singe, muni de ca-
« nines, carnivore et carnassier, jadis cannibale, par
« suite chasseur et belliqueux. De là en lui un fonds
« persistant de brutalité, de férocité, d'instincts vio-
« lents et destructeurs. »

Et dans son introduction à l'histoire de la littérature anglaise : « Pareillement, si vous voulez saisir
« l'ensemble des variétés historiques, considérez
« d'avance une âme *humaine* en général, avec ses
« deux ou trois facultés fondamentales, et dans cet
« abrégé, vous apercevrez les principales formes
« qu'il peut persister. »

Mettons les choses au point : j'ai dit que Taine,
souvent, alléguait à son insu l'homme général ; je
dois ajouter maintenant qu'il n'a pas tout à fait
oublié (c'était impossible), cet homme, dont il avait
composé deux volumes ; mais quand il s'en est sou-
venu et qu'il en a parlé expressément dans ses études
littéraires, il nous le présente singulièrement réduit,
outrageusement simplifié.

Il le fait consister tout entier (dans sa philosophie
de l'histoire littéraire qui est, pour le présent, notre
unique sujet), en un esprit qui regarde un objet et en
tire l'idée générale de genre ou d'espèce. Tout ce
qui vient se surajouter par-dessus cela, ne relève
plus, selon Taine, de l'homme général mais appartient déjà à la race. Je crois au contraire que
l'homme général est bien plus complexe. Je crois
voir que les hommes de toutes races possèdent en
commun d'autres choses que ce pouvoir de concevoir des images concrètes et d'en tirer des idées
générales. Ce qu'ils possèdent en commun, ce sont
des besoins, je le répète, des sentiments, des passions [1] qui, sans doute, se servent de l'esprit pour
chercher et trouver dans le monde les objets de leur
satisfaction, mais qui n'en existent pas moins pour
eux-mêmes, très distincts de l'esprit. L'homme de
toute race a déjà l'ambition économique de *posséder
à lui seul quelque chose*; il a sûrement l'instinct *génésique*, il a des *sympathies* et des *antipathies*. Il a un
esprit de *clan*, et même bientôt de *caste* ou classe
sociale. Il est vaniteux et orgueilleux, ayant un ou
plusieurs points d'honneur, ambitionnant de se distinguer et de plusieurs façons; il est même mondain,
recherchant les plaisirs qu'on prend en commun

---

1. Et, au fait, Taine en convient aux pages que je citais tout à
l'heure; voir notamment la phrase « Les maîtres de l'homme, etc. ».
— Mais ces pages appartiennent à la Philosophie politique de Taine,
et à une phase différente de son esprit.

(pêche, chasse, danse, etc...); il est *politique*, ayant
des idées et des sentiments qui se rapportent à son
chef et d'autres qui se rapportent aux clans voisins,
amis ou ennemis; il est *artiste*, aimant une sculp-
ture, une peinture, une architecture, une musique
quelconque, et les contes et les récits. Il est *religieux*, ne fût-ce que par la peur des morts. Il y a
même en lui un *savant* rudimentaire, car il sait déjà
les propriétés de certaines matières, les propriétés de
certaines plantes et les mœurs de certains animaux.
Et tout cela qu'est tout homme, sans distinction de
race, paraît être parfaitement indépendant de la manière dont il regarde les objets et en tire des idées
générales. Tout cela se diversifie, prend formes et
degrés différents au gré des objets extérieurs, des
événements, des circonstances, c'est-à-dire du milieu
naturel où l'on vit, du milieu social qui se forme et
se reforme sans cesse, des aventures historiques du
clan ou de la tribu; oui, tout cela se diversifie quant
aux formes, aux degrés, aux moyens, aux pratiques,
mais, sous cette diversité, les vouloirs, les visées multipliées que nous avons énumérées, restent perma-
nentes, universelles. Exemple : partout et toujours
l'homme cherche ouvertement la femme et la femme
cherche avec plus ou moins de dissimulation,
l'homme, c'est la visée invariable. Après ça, les
façons varient — mais du diable si cela tient à la
façon dont on tire des objets les idées abstraites !

(Qu'on me pardonne cette exclamation, mais c'est que plus je lis et j'étudie Taine, plus je m'ébahis des idées simples où ce grand esprit s'est parfois emprisonné.)

Il est curieux que certains penseurs tiennent tant de compte de ce qui est propre à un groupe d'hommes relativement limité, comme la race, et ne veuillent faire aucun compte de ce qui est commun à tous les hommes, alors que évidemment, le caractère d'une race (à admettre provisoirement la race) et le caractère d'un individu quelconque ne peuvent être, l'un et l'autre, qu'une manière particulière dont le fonds humain, le fonds commun, est affecté, par les circonstances particulières d'un milieu et d'un moment : il existe, dirais-je volontiers, une cire commune, sur laquelle les circonstances diverses enfoncent des sceaux particuliers.

On répond « l'homme en général, ou l'*homme*, n'est qu'une abstraction ». — Comme si la *race* ou *le peuple* n'étaient pas une abstraction ! A prendre ainsi les choses, il n'y a de réel que les individus !

***

En second lieu, l'on n'entre, si peu que ce soit, dans la connaissance de l'individu, qu'au moyen de ce que l'on sait de l'homme général ; cela est forcé, pour deux raisons : 1° aucun homme n'a rien qui

soit absolument propre à lui, étranger aux autres
hommes ; il n'est individuel, n'est lui, que par la
combinaison et la proportion particulière des choses
communes qu'il présente en lui ; 2° on ne peut définir
et on ne définit un individu qu'au moyen de qualifi-
catifs (tels que ambitieux, vaniteux, orgueilleux, actif,
intelligent, etc., etc.) qui sont applicables à tout le
monde et qu'on ajuste à un individu donné, en les
graduant par des termes subsidiaires, qui reviennent
toujours à plus ou à moins. Essayez de faire le portrait moral d'un individu, et vous verrez immédiatement ce qu'il en est.

Il me semble donc, je le répète, que celui qui veut
étudier méthodiquement un individu, doit avoir, et
maintenir dans son esprit, une idée sommaire et
comme un schéma de l'homme — de tout homme —
et de l'homme entier : facultés intellectuelles, sentiments, vouloirs, ce qui fait comme un cadre (à compartiments déjà assez nombreux) qu'on peut porter
sur l'individu donné. Ce cadre vous oblige à observer
ce que cet individu possède en propre ou ne possède
pas, dans chacun des compartiments appliqués sur
sa personne. De cette manière, il ne vous arrive pas
— comme il arrive à Taine — de négliger totalement
dans l'individu un ou plusieurs des aspects que
tout homme présente (par exemple ce qu'il fut au
regard de l'argent, de la femme, des enfants, des
honneurs, etc.).

Ce cadre, vous forçant à faire la revue de ce que vous savez de l'homme, est une épreuve salutaire; il vous avertit de vos lacunes, de vos indécisions. Il vous oblige en outre à vous former une opinion sur les rapports de dépendance ou de voisinage qu'ont entre elles les diverses parties de l'homme, ce qui conduit à ordonner de manière ou d'autre, mais d'une manière fixe au moins, les principaux linéaments du portrait individuel que vous dessinez.

Et chemin faisant, on s'aperçoit d'une chose grave, à laquelle malheureusement aucun psychologue actuel ne peut remédier complètement à lui tout seul. On s'aperçoit que les termes dont nous disposons pour désigner les traits intellectuels et moraux de l'homme sont encore d'un vague, d'une imprécision déplorables. Tous ces termes sont à reprendre, à définir de nouveau, à délimiter exactement. Exemple (et combien d'autres on en pourrait donner) Taine, parlant de Michelet, lui donne pour principal caractère : *l'inspiration* et *l'imagination inspirée*. Qu'est-ce que l'inspiration et que l'imagination inspirée? Qu'est-ce même que l'imagination? Je prie qu'on ne s'étonne pas de la question. Quand on prononce le mot d'imagination, on ne désigne pas une chose si précise qu'on le croit, on ne parle pas si clair qu'on se l'imagine. Lisez dans Taine les portraits de Shakespeare, de Milton, Byron, Dickens, sans parler d'autres. Vous y verrez que tous ont eu beaucoup d'imagination.

L'imagination est même la principale caractéristique
de plusieurs d'entre eux, qui ne se ressemblent pourtant pas, ou plutôt qui diffèrent grandement. Il faut
donc bien qu'il y ait plusieurs sortes d'imagination,
et que nous ayons la fâcheuse habitude de mettre
sous un seul mot des choses passablement différentes.

La même observation est à faire à propos des mots
sensibilité, goût, jugement, esprit, etc.. etc..

Vous voyez que Taine n'est pas personnellement
fautif en cette affaire. Comme nous tous, il se sert
forcément de la langue que le public a peu à peu
forgée, d'après des observations naturellement superficielles. Il faudrait que, parmi les ouvriers des
sciences morales, l'usage s'établît, qu'il devînt même
obligatoire de donner chacun sa définition personnelle
de ces termes, la première fois qu'on s'en sert dans
un ouvrage. Peu à peu l'acception d'un mot se fixe-
rait, ou parce que nombre d'auteurs se seraient ren-
contrés à en donner la même définition, ou parce
qu'une unique définition prévaudrait par son évidente
justesse. Dans cinquante ans on pourrait avoir une
langue de la psychologie, comme on en a une de la
botanique ou de la physique.

Quand on a reconnu, établi du mieux possible le
caractère, la personnalité propre de l'individu donné,
il s'agit de chercher la part que les circonstances
ambiantes, ou d'un mot le milieu, ont eue à la formation de ce caractère. Ici encore, il est bon d'avoir

dans l'esprit quelque chose d'analogue à ce cadre
dont je parlais tout à l'heure. Il est bon d'avoir une
idée des circonstances capitales qui sont de nature à
agir, qui agissent généralement sur le caractère moral
et sur les facultés intellectuelles, et une idée du
genre d'action que chacune de ces circonstances produit ordinairement. Par exemple, un individu étant
donné, on recherche méthodiquement et dans un
ordre fixe, en quelle classe il est né, ce que fut sa
famille, quelle éducation, quelle instruction, enfant et
jeune homme, il reçut dans ce milieu, comment l'éducation et l'instruction primitives furent continuées,
parachevées ou combattues par les enseignements et
les expériences postérieures de la vie. On s'enquiert
s'il exerça un métier, une profession, et quelle, — s'il
exerça une fonction publique, — s'il vécut dans un
milieu où l'on discutait les affaires publiques, où l'on
participait peu ou beaucoup à la nomination des gou-
vernants, où l'on avait à lire des journaux, — s'il
s'est marié, et quel mariage il a fait ; s'il a élevé une
famille et quel était le régime de la famille autour de
lui, chez lui-même — quel genre de réunions mondaines il a fréquentées, quelle espèce de plaisirs ou de
distractions il prenait là, — a-t-il ou n'a-t-il pas eu des
passions, des habitudes vicieuses, des liaisons irré-
gulières, — quelles mœurs étaient celles de ses amis, —
quels livres il a lu certainement et quels probablement. Ce sont là conseils, qui, je le sais bien, n'ont

rien de neuf en eux-mêmes, et ce que j'indique là se fait toujours dans une certaine mesure, surtout quand l'historien s'appelle Taine, mais Taine, lui-même, n'apporte pas à cette enquête toute la méthode désirable, je le répète. Il oublie assez souvent de rechercher telle circonstance qui doit toujours avoir sa place, son rang, dans l'examen d'un auteur. Par exemple, il lui arrive de dire quelle fut l'instruction de celui-ci, et de ne pas dire quelle fut l'instruction de cet autre, et on voit qu'il ne s'en est pas informé, faute d'avoir dans l'esprit un plan d'investigation préfixe et toujours suivi.

Je reviendrai plus loin sur cette négligence très dommageable, quand il s'agit de s'expliquer des œuvres littéraires.

***

A défaut d'un homme général, Taine a du moins un artiste littéraire *général*, ou autrement dit, une psychologie générale de l'artiste. — Quand l'historien est de ces esprits que l'histoire superficielle des événements ne satisfait pas, et qui cherchent à découvrir, dans le cours des événements, l'esprit humain, le caractère humain, bref la psychologie qui du dedans, du dessous, a poussé au dehors ces événements et les a produits à la lumière, il apporte toujours à son ouvrage des opinions déjà arrêtées sur les facultés intellectuelles et sentimentales de l'homme. Ses conclusions ultimes, sa philosophie historique valent selon ce que valaient les données de la psychologie qu'il apportait en se mettant à sa table de travail. Cela se vérifie sur Taine; lorsque il commet une méprise sur un artiste donné, c'est l'effet ou la suite d'une erreur en psychologie générale.

Venons donc à l'étude de la psychologie générale que Taine apporte dans l'étude des individualités.

Il est étonnant, il est invraisemblable, dirai-je volontiers, que Taine ait mêlé, ait confondu ensemble les opérations intellectuelles qu'accomplit nécessairement l'homme qui fait de la science et celles de l'homme qui fait de l'art littéraire. Et c'est pourtant vrai; cette fausse conception, Taine l'a exposée, développée en vingt endroits de son œuvre. Il ne s'en est jamais désabusé.

Voici l'un de ces endroits :

« Sitôt que vous voulez penser, vous avez devant vous un objet entier et distinct, c'est-à-dire un ensemble de détails liés entre eux et séparés de leurs alentours. Quel que soit l'objet, arbre, animal, *sentiment*, événement, il en est toujours de même ; il a toujours des *parties*, et ces parties forment toujours un tout ; ce groupe, plus ou moins vaste en comprend d'autres et se trouve compris en d'autres, en sorte que la plus petite portion de l'univers, comme l'univers entier, est un groupe. Ainsi *tout l'emploi de la pensée humaine*

est de reproduire des groupes. Selon, qu'un esprit y
est propre ou non, il est capable ou incapable. Selon
qu'il peut reproduire des groupes grands ou petits, il
est grand ou petit. Selon qu'il peut produire des
groupes complets ou seulement certaines de leurs
parties, il est complet ou partiel. Qu'est-ce donc que
reproduire un groupe? C'est d'abord en séparer toutes
les parties, puis les ranger en *files* (?) selon leurs ressemblances; ensuite ranger ces files en familles; enfin
réunir le tout sous quelque caractère général et dominateur, bref imiter les classifications hiérarchiques
des sciences. Mais la tâche n'est point finie là; cette
hiérarchie n'est point un arrangement artificiel et
extérieur, mais une nécessité naturelle et intérieure.
Les choses ne sont point mortes, elles sont vivantes;
il y a une force qui produit et organise ce groupe, qui
rattache les détails de l'ensemble, qui répète le type
dans toutes ses parties. C'est cette *force* que l'esprit
doit reproduire *en lui-même avec tous ses effets*; il
faut qu'il la sente par contre-coup et par sympathie,
qu'elle engendre en lui le groupe entier; qu'elle se
développe en lui comme elle s'est développée hors de
lui; que la série des choses intérieures imite la série
des choses extérieures, que l'*émotion* s'ajoute à la
conception, que la *vision* achève l'*analyse*, que l'esprit
devienne créateur comme la nature. Alors seulement
nous pouvons dire que nous connaissons. — Tous les
esprits entrent dans l'une ou l'autre de ces deux voies.

Elles les divisent en deux grandes classes et correspondent à deux tempéraments opposés : dans la première sont les *simples* savants, les vulgarisateurs, les
écrivains, en général les siècles classiques et les races
latines; dans la seconde sont les poètes; les *prophètes* (?), ordinairement les inventeurs, en général les
siècles romantiques et les races germaniques. — Les
premiers vont pas à pas d'une idée à l'idée voisine ; ils
sont méthodiques et *précautionnés* (?); il parlent *pour
tout le monde et prouvent tout* ce qu'ils disent; ils
divisent le champ qu'ils veulent parcourir en compartiments préalables pour épuiser tout leur sujet; ils
marchent sur des routes droites et unies, pour être
sûrs de ne tomber jamais; ils procèdent par transi-
tion, par énumération, par *résumés* (?); ils avancent
de conclusions générales en conclusions plus générales; ils font l'exacte et complète classification du
groupe. Quand ils dépassent la simple analyse, tout
leur talent consiste à plaider éloquemment des
thèses (ex. Macaulay). — Les autres, après avoir
fouillé *violemment* et confusément dans les détails du
groupe, s'élancent d'un saut brusque dans l'idée mère..
Ils le voient alors tout entier; ils sentent les puissances qui l'organisent; ils le *reproduisent* par *divination*, ils le peignent en raccourci par les mots les
plus expressifs et les plus *étranges* ; ils ne sont pas
capables de le décomposer en séries régulières; ils
aperçoivent toujours en bloc. Ils ne pensent que par

des concentrations brusques d'idées véhémentes. Ils ont la vision d'effets lointains ou d'actions *vivantes* (?); ils sont révélateurs(?) ou poètes (Michelet, Carlyle). »

Taine pose en fait l'existence de deux classes d'esprits. Dans l'une il met pêle-mêle les *simples* savants, les écrivains, les auteurs à esprit classique, lesquels appartiennent selon lui presque uniquement aux races latines; dans la seconde classe il met les poètes, les prophètes, les inventeurs, les siècles romantiques et les races germaniques, ce qui me paraît d'un pêle-mêle encore plus accusé. N'importe! Considérons plutôt quelles manières distinctives de penser, quels procédés distinctifs d'expression Taine attribue d'un côté aux esprits de la première classe, et d'autre côté aux esprits de la seconde classe.

Regardez-y bien : tout ce que Taine nous donne comme propre à l'esprit latin (type de la première classe), analyse méthodique, exposition graduelle et probante, conséquences successives tirées les unes après les autres, tout cela, dis-je, convient à l'esprit scientifique, tout cela peint l'esprit scientifique, la démarche du savant *dans tous les pays* et *dans tous les temps*. Et au reste Taine le confesse sans s'en douter par cette phrase : « Dans la première sont les simples savants, les vulgarisateurs, etc. » — Et, d'autre part, tout ce que Taine nous donne comme propre à l'esprit germanique (type de la seconde classe), la vision concrète, l'objet vu d'un

coup avec émotion ou sympathie, « puis reproduit *en bloc*, en raccourci, par les mots les plus
expressifs et les plus étranges, comme par divination », tout cela peint en perfection la démarche de
l'artiste *dans tous les pays et dans tous les temps*. Et
Taine le confesse encore par cette phrase : « Dans la
seconde classe sont les poètes, les prophètes, les
inventeurs, les siècles romantiques, etc. »

D'ailleurs, faites particulièrement attention à ceci :
après avoir dit que celui qui veut penser doit d'abord
« reproduire toutes les parties de son objet, les ranger
en files *selon leurs ressemblances*,... bref, imiter la
classification hiérarchique des sciences », il ajoute :
« Mais la tâche n'est point finie... les choses sont
vivantes ; il y a une force qui produit et organise le
groupe. C'est cette force que l'esprit doit reproduire
en lui avec tous ses effets... il faut que l'émotion
s'ajoute à la conception, que la vision achève l'analyse, que l'esprit devienne créateur comme la nature. » Ce travail que Taine réclame en second lieu,
cette création, qui d'après lui doit achever et parfaire
la besogne d'abord accomplie par le savant, c'est la
création artistique ; il n'y a pas à s'y tromper. Taine
veut donc que le penseur pense simultanément, pour
une même œuvre, en savant et en artiste. Or ce sont
là des démarches incompatibles. Je ne dis pas qu'un
même homme soit incapable de faire œuvre de science
à un moment et œuvre artistique à un autre mo-

ment ; car cet homme, encore que rare, s'est rencontré, par exemple Gœthe. Je dis qu'un homme ne
peut pas faire dans le même moment œuvre de science
et œuvre d'art littéraire, parce que, dans l'œuvre
scientifique, il est tenu d'abstraire, puis d'assimiler
et de généraliser, tandis que pour l'œuvre artistique,
il est tenu de faire le contraire, il est tenu, comme
le dit Taine, de créer une chose émouvante et vivante
et par conséquent une chose concrète, particulière,
individuelle, puisqu'il n'y a de vivant que les individualités.

Taine est revenu bien souvent sur la différence qu'il
prétend apercevoir entre l'esprit latin et l'esprit germanique. « L'esprit latin voit et exprime sa vision
par parties successives et liées ; l'esprit germanique
voit d'un seul coup la chose entière et la rend de
même par une expression condensée, unique. » Tout
ce que Taine, en diverses occasions, a dit, sur l'esprit
latin et l'esprit germanique revient à cela. Les œuvres
de l'esprit latin sont nombreuses. Les œuvres de
l'esprit germanique ne le sont pas moins. Confron-
tons avec les œuvres réelles la formule par laquelle
Taine prétend différencier les deux races. Faisons
d'abord, entre les artistes littéraires sans acception de
race, une distinction nécessaire que Taine n'a point
faite : auteurs dramatiques d'une part, auteurs lyriques de l'autre ; ces derniers (poètes ou orateurs)
parlant en leur propre nom ; les premiers faisant agir

et parler des personnages imaginés par eux. — Maintenant posons face à face des auteurs dramatiques
pris dans les deux races : voici Shakespeare et voici
Racine, voici Shéridan et Molière, voici Thackeray
et Balzac. Shakespeare crée le caractère d'Othello ;
Racine crée le caractère d'Oreste. Voyez-vous la formule de Taine s'appliquer clairement à ces deux cas?
A quoi reconnaissez-vous que Shakespeare a pensé
par blocs ou par bonds son Othello, et que Racine a
pensé ou vu par gradation, par transitions liées, son
Oreste? Molière a fait *Tartufe*, Shéridan *Monsieur
Surface*, et Dickens *Monsieur Peckniff* ; je ne dis pas
du tout que ces divers exemplaires de l'hypocrite se
ressemblent de tous points ; mais qu'il est impossible
de montrer que Molière a pensé par gradation, et les
autres par une sorte d'à-coup, de sursaut. Un personnage de roman, comment se présente-t-il chez
Balzac? D'abord on vous le montre en une première
occasion, qui le dévoile un peu ; puis en une autre
qui le découvre davantage, et ainsi de suite, tant
qu'à la fin vous le connaissez tout entier, tel que
Balzac l'a conçu. Toute autre marche est impossible ;
aussi est-ce exactement la même chose chez Thackeray ou chez Dickens que chez Balzac.

Prenons maintenant les auteurs lyriques. Il y a
parmi eux une grande distinction à faire. Les uns
veulent communiquer leur émotion ; les autres sont
didactiques, ils veulent communiquer leurs opinions ;

ceux-ci, qu'ils écrivent des vers ou de la prose, exposent et raisonnent. A ces deux visées différentes répondent nécessairement et sans distinction de race, deux façons de s'exprimer, deux styles. Boileau et Pope, là où ils sont didactiques, procèdent semblablement, par développement graduel de leur pensée. Partout, en France, comme en Angleterre ou en Allemagne, les orateurs, qui sont des manières de lyriques, procèdent de même, dans les endroits où ils débattent, discutent, et ne sont pas encore éloquents, c'est-à-dire émus. Mais dès que, orateur ou poëte, l'homme anglais, français, ou allemand, s'émeut, et qu'il s'efforce à rendre son émotion, c'est par les mêmes mouvements de style, par les mêmes figures qu'il s'y efforce ; ces figures, ces mouvements répondent en effet passablement à ces sursauts, à ces bonds intellectuels dont parle Taine, mais ils ne sont pas du tout, comme il le dit, propres à la seule race germanique.

Gray, Byron, Shelley, Tennyson d'un côté, Musset, Lamartine, Vigny, Hugo d'autre part, ne sentent pas tout à fait, tout à fait de même, alors même que leurs émotions se ressemblent en espèce ; mais il n'y a jamais entre eux la différence que Taine y croit voir. Si leur sensibilité est diversement nuancée, ils n'ont pas deux manières opposées de conduire leur esprit et leur langage.

Tout homme, quand il expose, propose ou raisonne, que ce soit en vers ou en prose, fait en somme de la science, car la science, par rapport à l'art, consiste à énoncer le vrai ou ce qu'on croit tel. Le savant professionnel, quand il veut communiquer, vulgariser ses découvertes, use exactement de ce langage analytique, gradué et discursif, que Taine a si souvent décrit comme étant propre aux écrivains de race latine. Tous les savants, tous les raisonneurs, sans acception de race ou de pays, se servent de ce même langage ; c'est là ce que Taine a méconnu.

On doit voir maintenant à quoi la confusion de Taine a abouti : il a fait de deux styles, qui s'emploient partout à deux besognes différentes, les traits distinctifs de deux races prétendues.

Toute erreur, surtout une erreur grave, commise par un grand esprit, comme l'est Taine, a son explication dans l'observation de quelque fait qui est vrai, mais dont le grand esprit s'est exagéré la signification, la portée. Le fait vrai ici, je crois l'apercevoir : Taine a été beaucoup trop frappé du caractère de notre poésie dramatique et lyrique, surtout de la lyrique, pendant la période classique de Louis XIV à la Restauration. Il a très justement remarqué la place anormale que l'exposition discursive tient dans les pièces dramatiques de cette période ; et remarqué encore que nos poètes lyriques de ce temps expriment infiniment peu d'émotions, et le plus souvent nous servent à la place des discours moraux ou des dissertations philosophiques. Et il lui a paru que

cela nous était particulier. De là, par une généralisation très hâtive, il a conclu à un esprit qui nous
serait propre.

Et voici encore une chose étonnante, et cependant
évidente : l'intelligence de Taine s'est si bien laissé
occuper et prévenir par cette conclusion, qu'il n'a pas
voulu tenir compte de deux faits très vastes, très
saillants pour qui a les yeux libres et ouverts : à
savoir que nombre de poètes anglais d'une certaine
période (de la restauration des Stuarts à la fin du
xviiie siècle) tombent dans des défauts analogues à
ceux de nos poètes ; et qu'inversement, nos poètes de
l'époque romantique (de la Restauration à nos jours)
ont totalement rompu avec la tradition des xviie et
xviiie siècles.

*

Second article du Credo psychologique de Taine :
Chaque artiste possède une faculté maîtresse qui
se subordonne et régit en lui les autres facultés. Pour
s'expliquer cet artiste, il faut chercher à découvrir
sa faculté maîtresse. Celle-là trouvée, les autres arrivent comme d'elles-mêmes se ranger au-dessous de
la commandante et constituer clairement tout l'artiste
sous vos yeux : « Une fois qu'on a saisi la faculté
« maîtresse, on voit l'artiste tout entier se développer
« comme une fleur. »

Voyons la théorie à l'œuvre :

Taine s'essaye à analyser et je dirais volontiers à démonter Shakespeare : « Shakespeare : était civil de manières... honnête dans sa conduite, franc et loyal... Son esprit dans la conversation était prompt et agile, son imagination facile et si abondante, qu'il ne raturait rien. » Remarquez que voilà déjà un peu pêle-mêle des qualités du caractère et des dons de l'esprit, ce qui n'empêche que Taine continue ainsi : « Tous ces traits se réunissent en un seul ; il avait le génie sympathique, j'entends par là que, naturellement, il savait sortir de lui-même et se transformer en tous les objets qu'il imaginait. » On ne voit pas bien *ces traits se réunir en un seul qui est la sympathie*, mais on voit clairement, au contraire, ce jugement particulier sur Shakespeare sortir de l'idée générale, préconçue, qui suit : « Regardez autour de vous les grands artistes de votre temps, tâchez d'approcher d'eux, d'entrer dans leur familiarité et vous sentirez toute la force de ce mot la sympathie. Par un instinct extraordinaire ils se mettent de *prime-saut* à la place des êtres ; hommes, animaux, plantes, fleurs, paysages, quels que soient les objets, animés ou non, ils sentent par contagion (?) les forces et les tendances qui produisent le dehors visible, et leur âme, infiniment multiple, devient par ses métamorphoses incessantes une sorte d'abrégé de l'univers... Ils n'ont pas besoin d'avoir appris ; ils devinent. Ils

reconstruisent, comme ils construisent, naturellement, sûrement, par une inspiration qui est un raisonnement ailé. » Je l'avoue, tout ceci me paraît
couvrir d'un style éclatant un fond erroné (hors la
première proposition). Oui, les grands artistes ont le
don de sympathie, si l'on entend par là qu'ils savent
induire ce que les hommes pensent et sentent dans
leur for intérieur. Mais, quelle idée de s'imaginer,
comme fait Taine, qu'ils se mettent à la place de tous
les êtres, même des êtres inanimés, plantes, fleurs,
paysages; qu'ils se métamorphosent en tous ces
objets. Et savez-vous sur quoi il a pris cette idée, à
tout le moins hasardée ? Sur ce que les poètes ont
assez l'habitude d'animer les objets. Ainsi d'après un
procédé, assez habituel et même involontaire, que
nous apercevons déjà chez les hommes primitifs,
chez les sauvages, Taine se figure qu'animer verbalement les objets vient de ce qu'on met sa propre
âme dans leur matière. Donc quand Théophile
dit : « Voyez-vous ce poignard... il en rougit le
traître »... Théophile se serait mis à la place de ce
poignard !

Je le répète, Taine a raison au fond quand il dit
que le grand artiste se met à la place des autres
hommes ; c'est que le grand artiste est un homme
(mais il n'a jamais été plante, fleur ou paysage). —
Taine parle d'instinct, puis de contagion. Réfléchis-
sez à ce dernier mot, et vous verrez qu'il contient une

absurdité. Passe encore pour instinct, lequel d'ailleurs concorde avec *primesaut*. Ces deux derniers termes ne sont pas absurdes, mais seulement inexacts. Le grand artiste ne devine pas, il n'entre pas de primesaut dans l'intérieur d'autrui ; il ne construit ni ne reconstruit cet intérieur par inspiration (métaphore vague) ni par raisonnement ailé (je ne sais pas, pour ma part, ce que c'est qu'un raisonnement ailé), mais il infère d'abord de lui-même aux autres hommes ; de ce qu'il a pensé et senti, il infère ce qu'ils doivent penser et sentir. Et secondement il s'aide des hommes qu'il a déchiffrés par ce procédé, pour en pénétrer de nouveaux. Ainsi il va dirigeant, rectifiant, étendant, affermissant son expérience, grâce à un travail pour lequel il a une aptitude exceptionnelle, et par suite un goût vif et passionné ; un travail qui n'a rien de ce mystère émouvant que la langue prestigieuse de Taine se plaît à développer devant nos yeux. Il y a vraiment quelque exagération à dire que l'artiste devient un abrégé de l'univers.

En passant, je relève cette phrase. « Regardez autour de vous les grands artistes... ils se mettent de primesaut à la place des êtres. » Or ce procédé ressemble à s'y méprendre, disons plus, il ressemble parfaitement à la démarche que Taine nous a donnée ailleurs comme particulière à l'esprit germanique, comme impossible à l'esprit français. Et cependant il s'agit ici d'artistes français, cela n'est pas douteux,

Taine contant dans ce passage un trait de divination d'un Français de sa connaissance.

**

Taine continue le portrait de Shakespeare : « Cherchons l'homme dans son style. Le style *explique l'œuvre : en montrant les traits principaux du génie, il annonce les autres…* Shakespeare imagine avec abondance et avec excès. Il répand les métaphores à profusion. » Remarquez que la faculté maîtresse de Shakespeare était d'abord la sympathie ; maintenant c'est l'imagination métaphorique.

Il est en effet très aisé de voir que dans Shakespeare les métaphores (mais aussi les hyperboles) abondent et surabondent. Voici comment Taine interprète ce phénomène éclatant : « Il faut, dit-il, qu'une pareille *imagination* soit violente, parce que toute métaphore est une secousse. » — Que le don de faire des métaphores soit pour Taine, comme pour tout le monde, de l'imagination, je le comprends, je l'accepte : ce qui m'étonne, c'est l'épithète de violente appliquée à ce genre d'imagination.

L'imagination est d'abord le pouvoir de faire revivre en nous des images antérieurement perçues et puis, *au second degré*, de combiner ces images, de les associer autrement qu'elles ne le furent dans la réalité. Je ne conçois pas qu'une telle faculté, évidem-

ment intellectuelle, soit violente en elle-même. Taine
fait confusion ; les images que l'imagination nous
fournit nous émeuvent toujours à quelque degré,
mais c'est parce qu'elles vont ressusciter quelque
passion, quelque sentiment préexistant. L'image qui
remue en moi violemment l'amour ou la haine ne l'y
apporte pas, elle l'y trouve ; elle ne fait que réveiller
ce qui était endormi, agiter ce qui était au repos.

Il y a plusieurs sortes d'imagination, c'est banal à
dire. Il y a l'imagination qui reproduit en nous une
chose vue : Homère, par exemple, se représente un
guerrier, armure, taille, figure et tout. Il y a une
imagination qui, à propos de ce guerrier, va, séduite
qu'elle est par une ressemblance fugitive, ressusciter
l'image d'un lion et la dresser à côté de celle du
guerrier : vous trouvez encore cela dans Homère.
Cette seconde imagination est justement la métaphorique, celle dont Taine parle pour le moment, et il
veut que celle-ci secoue particulièrement son homme.
Je ne vois pas du tout ce qui prouve que la conception du lion est une secousse, alors que, selon Taine
évidemment, la conception du guerrier n'en est pas
une, ou en est une moindre. Il me semble au contraire que l'image première du guerrier (d'un Achille
ou d'un Ajax) est plus faite pour me secouer que
l'image du lion, image secondaire, qui me vient à
l'esprit, tirée par le fil d'une similitude vague.

Et Taine continue ainsi : « Quiconque involontai-

rement et naturellement (?) transforme une idée saine
(qu'est-ce qu'une idée saine?) en une image, a le feu
au cerveau ; les métaphores sont des apparitions en-
flammées qui rassemblent tout un tableau dans un
éclair. » Ce mot de *rassemblent* me frappe par sa fausseté absolue. La métaphore ne rassemble pas *un
tableau,* elle en accouple deux, souvent fort contrastés,
ou même incompatibles.

« On n'a jamais vu de passion si grande. Le style
de Shakespeare est un composé d'expressions forcenées. » Exemple (donné par Taine) : Dans *Hamlet,* la
Reine demande à son fils : « Qu'ai-je fait? » Et Hamlet lui répond : « Une action qui flétrit la grâce et la
rougeur de la modestie, appelle la vertu hypocrite, ôte
la rose au beau front de l'amour innocent et y met un
ulcère, rend les vœux du mariage aussi faux que les
serments des joueurs. Oh ! une action pareille *arrache
l'âme du corps* des contrats, et fait de la douce religion une rapsodie de phrases. La face du ciel s'en-
flamme de honte ; oui, et ce globe solide, cette masse
compacte, le visage morne *comme au jour du jugement,* est malade d'y penser. » Taine s'imagine que
c'est l'ouragan de la passion qui fait trouver ces ma-
chines-là. Quelle passion? Ici, ce serait la colère, évidemment. Jamais un homme réel, un homme furieux,
jamais Hamlet, s'il exista, n'a émis spontanément,
naturellement, des idées comme celles-ci : « Votre
action ôte la rose au beau front de l'amour inno-

cent,..... arrache l'âme des contrats. » Et surtout la
dernière image : « la face du ciel....., etc. » Quelle
passion a fait trouver à Shakespeare ces choses-là ?
Hélas, une ambition assez mesquine, celle d'un auteur
qui cherche à faire valoir son esprit, en servant à son
public le style qu'il aime, le style du temps, celui que
parlent et qu'écrivent tous les auteurs du moment
avec plus ou moins d'outrance, selon qu'ils ont moins
de goût, ou plus d'aptitude à la contention d'esprit.

Pour mon compte, je n'ai jamais rencontré dans la
réalité un homme ému d'une passion sincère qui s'ex-
primât comme Hamlet. Il y a des correspondances,
des lettres imprimées [1] ; c'est une littérature assez
abondante : cherchez-y quelque passage où la personne, transportée d'un sentiment non fictif, mais réel
cette fois, se soit épanchée ; vous y trouverez des
exagérations ou des falsifications de faits, des impu-
tations injustes, etc. ; vous n'y trouverez pas ce genre
de métaphores où Taine sent de la flamme et où, je
l'avoue, je sens plutôt de la glace.

Une circonstance curieuse : Taine ne faisait pas
grande estime d'Hugo..... d'Hugo qui sûrement a fait
encore plus de métaphores que Shakespeare et de
plus surprenantes et de plus imprévues, de plus in-
vraisemblables, et aussi de plus tirées et forcées. Si
vous aviez dit à Taine qu'Hugo avait le cerveau en

---

1. Mais il faut que leur auteur n'ait jamais pensé à l'imprimerie.

feu, il vous eût répondu : « Il a le cerveau à la gêne, à la torture; parlez-moi de Musset, à la bonne heure! » Or la langue de Musset (que j'aime fort d'ailleurs), assez sobre de métaphores, n'en admet guère ou pas du tout de *forcenées*.

***

Dans l'opinion de Taine, l'artiste littéraire est donc un être passionné et vibrant à l'excès ; pour inventer ses métaphores hardies, surprenantes, ses rapprochements imprévus de choses si fort éloignées entre elles, il faut que l'artiste ait le feu au cerveau ; son style fortement imagé, figuré, nous secoue, il faut donc qu'auparavant l'artiste ait été secoué lui-même.

L'opinion de Taine me paraît vraie ou au moins plausible, quand ma pensée s'arrête sur le poète lyrique, fausse au contraire, quand je songe au dramaturge.

La sensibilité ardente, la passion sont profitables au lyrique. Elles lui font trouver des mots, des figures, des images, des mouvements de style qui vraisemblablement n'auraient pas surgi dans un cerveau froid. Et encore même ici, en observant de plus près, je vois une réserve à faire. Chez le lyrique lui-même, il y a trop souvent des figures et des mouvements dus à une cause autre que la passion, que l'exaltation; il y a de la rhétorique, du voulu, du

cherché. Et Taine s'y laisse prendre. Il tient souvent
pour effet de la passion ce qui provient précisément
de la facture et du métier. Exemple éclatant : Taine
regarde, comme un effet de l'exaltation, dans le style
de Shakespeare, des figures saugrenues, des hyperboles forcenées, qui sont des imitations évidentes du
langage tourmenté mis à la mode par l'*Euphuès*.

Mais le dramaturge, lui, ce créateur de sentiments
opposés, de caractères tranchés, nous savons bien
qu'il doit donner à chacun un langage, un style
propre, de même qu'une conduite propre. Par suite,
il ne saurait avoir de style à lui, de style comme
Taine l'entend et l'admire ; ou lorsqu'il l'a, c'est qu'à
son insu, et tout à fait à tort, cet artiste sort de son
rôle, fausse son œuvre, parce qu'en fait il supprime
ses personnages, pour mettre à leur place sa personne
à lui ; et il tombe ainsi de la création objective à l'expansion subjective, au lyrisme.

Outre qu'il n'a pas, où ne doit pas avoir de style à
lui, le dramaturge diffère encore du lyrique, et plus
profondément, en ceci qu'il n'est pas un homme de
passion, ou, ce qui revient au même, que la passion
ne lui est point profitable, au contraire. Il est un
homme de volonté, d'observation froide, de perpétuels retours et repliements sur soi, et homme encore
(au moins en général) de travail, d'habitudes régulières, de vie suffisamment rangée et bourgeoise ;
étudiant et connaissant les passions dans les autres,

les éprouvant modérément en soi-même : tels ont été assurément Molière, Racine, Gœthe, Balzac, Flaubert, Tolstoï, Hugo même (quoique lyrique) et tel, probablement, ce Shakespeare qui, dès qu'il l'a pu, est allé vivre très bourgeoisement dans sa petite ville.

Avec ce que Taine me dit lui-même de la vie de Shakespeare, je me fais de Shakespeare une tout autre idée que Taine. « Dès l'âge de trente-trois ans (c'est à peine l'âge mûr) il avait amassé assez d'économies pour acheter à Stradford une maison, avec deux granges et deux jardins ; et il avançait toujours plus droit dans la même voie..... A ces métiers d'acteur et d'auteur, Shakespeare ajoutait ceux d'entrepreneur et de directeur de théâtre. Il acquérait une part de propriété dans les théâtres de Blackfriars et du Globe, achetant des contrats de dîmes, de grandes pièces de terre, d'autres bâtiments encore; mariant sa fille..... Il avait deux ou trois cents livres sterling de rentes, environ vingt ou trente mille francs d'aujourd'hui..... Il ne s'inquiétait pas beaucoup de sa gloire littéraire, car il n'a pas même pris soin d'éditer et de rassembler ses œuvres. » En revanche, il prêtait de l'argent, et mettait un soin assez vif à se faire rembourser. Notez que ce trait-là est une des choses que nous savions avec le plus de certitude sur Shakespeare, car il est attesté par des pièces d'archives. Soigneux d'acquérir du bien et habile à le garder, comme Hugo ou Voltaire, laborieux à la façon

de Molière, et comme lui se surchargeant de besogne,
— ce qui ne laisse aux passions ni beaucoup de temps
ni beaucoup de place, et ce qui impose à la sensibilité
une assez forte diversion, — tel nous apparaît Shakespeare, quand nous voulons bien ne pas nous monter
la tête à son sujet.

Taine continue : « Chez Shakespeare, nulle pré-
« paration, nul développement, nul soin pour se faire
« comprendre. Comme un cheval trop ardent et trop
« fort, il bondit, il ne sait pas courir. » Remarquez
encore que « ces expressions si violentes et si peu
« préparées se précipitent par multitude ». (*Histoire
de la littérature anglaise,* t. II, page 191 et suivantes.)
« Tout cela se réduit à un seul mot : les objets en-
« traient organisés et complets dans son esprit ; ils ne
« font que passer dans le nôtre, désarticulés, décompo-
« sés pièce par pièce. Il pensait par blocs et nous pen-
« sons par morceaux : de là son style et notre style
« qui sont deux langues inconciliables. Nous autres,
« écrivains et raisonneurs, nous pouvons noter pré-
« cisément par un mot chaque membre isolé d'une
« idée et représenter l'ordre exact de ses parties.....
« nous n'employons que des termes généraux..... et
« des constructions régulières. Nous atteignons la
« justesse et la clarté, mais non la vie. Shakespeare
« laisse là *la justesse* (?) et la clarté et atteint la vie.
« Du milieu de sa conception complexe et de sa
« demi-vision colorée, il arrache un fragment, quelque

« fibre palpitante et vous la montre ; à vous, sur ce
« débris, de deviner le reste. Derrière le mot il y a
« tout un tableau, un long raisonnement en rac-
« courci..... Vous les connaissez, ces mots abré-
« viatifs et pleins ; ce sont ceux que l'on crie dans la
« fougue de l'invention ou dans l'accès de la pas-
« sion, etc. »

On a envie de crier à Taine : Mais vous brouillez
les genres ! Votre style, à vous écrivains raisonneurs,
dogmatiques, vulgarisateurs, est ce qu'il doit être,
analytique et ordonné ; et si Shakespeare traitait le
même genre que vous, il n'aurait pas un style autre,
quant à la méthode d'exposition. Et, d'autre part,
Shakespeare, dramaturge, a le style du genre (quoique
pas toujours ; mais en revanche il l'a parfois à un sou-
verain degré). — « Shakespeare laisse ici la justesse
« et atteint la vie. » — Mais non, là où nous trouvons
chez lui la vie, nous trouvons la justesse, et c'est par
celle-ci qu'il y a celle-là ! ...Quand Macbeth, venant
de tuer Duncan, s'écrie : « *Macbeth* ne sommeillera
« plus », puis, entendant frapper violemment à la
porte du Roi assassiné : « Réveille Duncan avec ton
« tapage ! Oh ! si tu le pouvais ! » Nous sentons que
Shakespeare a trouvé le « mot » juste et vivant
qui exprime l'angoisse du meurtrier. Vous le dites
vous-même « derrière le mot, il y a un long raisonnement » ou plutôt une file d'idées en raccourci ; il y a
tout un tableau, et cela contredit « cette demi-vision »

dont vous parlez d'abord, et aussi l'*obscurité*, car il n'y a rien là d'obscur pour nous.

Les longs raisonnements, au reste, ne sont pas inconnus à Shakespeare (voir tout à côté l'*a parte* de Macbeth, dans la scène III de l'acte Ier).

En revanche, Corneille et Racine ne manquent pas tout à fait de ces « mots abréviatifs et pleins », et Molière donc! (Car peu importe, comédie ou drame, si le procédé est le même.) Corneille a son « qu'il mourût ». Racine fait dire à Roxane « Sortez », Molière « Que diable allait-il faire dans cette galère ? » — « et Tartufe? ».

Il est évident que, dans le morceau que je viens de citer, Taine veut nous rappeler les deux manières divergentes, dont les esprits franchissent l'intervalle entre la représentation des objets et la conception des idées générales ; divergences d'où résultent selon lui deux classes d'esprits ; ceux qui sont latins ou français d'une part ; ceux qui sont germaniques, d'autre part. Et il prétend appliquer cette idée à tous les artistes littéraires, tant d'un côté que de l'autre. Or, rien n'est plus littéraire, rien n'est plus central en littérature, si je puis m'exprimer ainsi, que les œuvres dramaturgiques, et dans ces œuvres, les caractères, les personnages imaginés.

Voici d'un côté *Macbeth, Othello, Hamlet* ; et d'un autre côté *Tartufe, Don Juan, Harpagon*. Je demande : Quand Shakespeare conçoit Othello, ou

Hamlet, quand Molière conçoit Tartufe ou Don Juan, où en sont-ils, à la représentation des objets, ou déjà à la conception des idées générales? première question embarrassante, pour moi du moins. Et s'ils ont franchi l'intervalle entre la représentation des objets et la conception des idées générales, où voyez-vous que Shakespeare et Molière l'aient franchi d'une façon différente, le premier d'un bond ou par bonds (manière germanique); le second par degrés et incomplètement (manière classique et française?) Essayez d'ajuster la théorie de Taine à ce cas-là.

Elle s'ajuste assez bien à l'œuvre oratoire, à cette partie du discours où l'on développe une argumentation, où l'on va de quelques faits (réalité objective) à une généralité, induite de ces faits; mais cela, c'est en somme de la science. Je vois donc ici une nouvelle preuve de l'erreur commise par Taine, quand il a confondu le processus du savant, avec celui de l'artiste littéraire, afin de pouvoir créer deux races.

***

Citons encore les passages où Taine prétend expliquer en face l'une de l'autre l'œuvre de Shakespeare et celle de Racine.

« Un poète ne copie pas au hasard les mœurs qui l'entourent; il choisit... et transporte *involontairement* sur la scène les habitudes de cœur et de con-

duite qui conviennent le mieux à son talent : sup-
posez-le logicien, moraliste, orateur, tel qu'un de
nos grands tragiques du xvii° siècle; il ne représentera que les mœurs nobles ; il évitera les personnages bas... Il gardera, au plus fort des passions
déchaînées, les plus exactes bienséances... Il fuira
tout mot ignoble et cru ; mettra partout la grandeur
et le bon goût... supprimera la familiarité...
transportera la tragédie dans une région sereine et
sublime, où ses personnages abstraits échangeront
d'éloquentes harangues et d'habiles dissertations. »

« Shakespeare fait tout le contraire, parce que son
génie est tout opposé. Sa faculté dominante est l'*imagination passionnée*[1], délivrée des entraves de la
raison et de la morale. Il accepte toute nature, montre
l'homme en tout état mental, moral, toute action...
et toute condition... Et comme il ose toute peinture,
il ne se refuse aucune expression. »

Il y a là-dedans du vrai ; et il y a du faux. Le vrai
c'est que Shakespeare n'a aucun goût, qu'il n'a aucun
souci de la morale, du moins, aucun souci apparent,
qu'il est *amoral*, comme on dit actuellement. Le vrai
est encore que cette sorte d'indépendance absolue de
l'esprit produit (en partie) les familiarités, les audaces
de situation, d'expression, le pêle-mêle sans choix
des personnages, enfin le *risquons-tout*, si je puis

1. Troisième définition de la faculté dominante.

ainsi parler, qui règnent dans son œuvre. Mais que tout cela procède de la cause alléguée par Taine, voilà qui n'est pas du tout sûr, qui n'est pas de la psychologie prouvée, démontrée. « L'imagination pas-sionnée de Shakespeare », les objets « entrant en bloc dans l'esprit de Shakespeare », sont formules qui, quant à moi, ne me persuadent pas. Je crois voir que Shakespeare a beaucoup observé, qu'il a immensé-ment récolté et emmagasiné, tant en fait d'images matérielles et visuelles qu'en fait de notions sur les caractères et les passions de l'âme humaine. Cet énorme acquis, il nous le rend, il nous le dégorge, non en généralisations abstraites, mais en formes con-crètes et vivantes, parce qu'il n'est pas un philosophe, parce que, dans toutes choses, c'est le côté émo-tionnel qui l'attire, qu'il observe, que sa mémoire garde, que le plaisir, la joie de son génie est de re-produire. Et à présent, je le répète, s'il reproduit tout sans réserve, ni exclusion, si tout y passe, ce n'est plus en vertu de ce qu'il possède, c'est en vertu de ce qui lui manque. Ce qui lui manque ce sont « les en-traves du goût et de la morale », comme le dit d'ail-leurs Taine.

Regardons le type d'esprit que Taine a posé en contraste : le grand artiste tragique du xvii⁰ siècle en France, Racine.

Cet esprit-là *étant logicien, moraliste, orateur* (c'est tout un pour Taine) savez-vous ce qu'il fera, et néces-

sairement (selon Taine)? « Il ne représentera que les
mœurs nobles, il évitera les personnages bas, etc.,
etc. » Hé! non, tous ces caractères, assez différents,
que vous signalez dans la tragédie de Racine ne viennent pas de cela que Racine est logicien, en tout cas,
n'en viennent pas uniquement. Et vous-même, maître,
nous en avez avertis, là où vous avez, avec clair-
voyance, avec profondeur, exposé l'influence du salon
aristocratique sur toutes les œuvres littéraires du
XVIIe siècle.

***

En pendant du portrait de Shakespeare, mettons son
portrait de Milton. « Milton n'est pas une de ces âmes
fiévreuses, impuissantes contre elles-mêmes, que la
verve saisit par secousses, que la sensibilité maladive
(sans doute comme celle de Shakespeare, ce Shakespeare qui sut si bien conduire sa barque, d'après les
détails donnés par Taine lui-même) précipite incessamment au fond de la douleur et de la joie, que leur
flexibilité (d'esprit, je pense) prépare à représenter la
diversité des caractères, que leur tumulte (?) condamne à peindre le délire et les contrariétés des passions (en effet, quand on est soi-même dans le tumulte
des passions, on les peint si bien!... à peu près
comme on décrit bien l'ivresse, quand on est gris).
La science immense, la logique serrée, et la passion

grandiose (mais laquelle? car il y a plus d'une passion), voilà son fond. Il a l'esprit lucide, et l'imagination limitée. Il est incapable de trouble et incapable
de métamorphoses. Il conçoit la plus haute des
beautés idéales (laquelle?), mais il n'en conçoit
qu'une. Il n'est pas né pour le drame, mais pour l'ode;
il ne crée pas des âmes, mais il construit des raisonnements et ressent des émotions. Emotions et raisonnements, toutes les forces et toutes les actions
son âme se rassemblent et s'ordonnent sous un sentiment unique, celui du sublime, et l'ample fleuve de la
poésie lyrique coule hors de lui... Cette sensation (?)
dominante fit la grandeur et la fermeté de son caractère. Contre les fluctuations du dehors, il trouvait son
refuge en lui-même; et la cité idéale qu'il avait bâtie
dans son âme demeurait inexpugnable à tous les
assauts. Elle était trop belle, cette cité idéale, pour
qu'il en voulût sortir, elle était trop solide pour qu'on
pût la détruire. Il croyait au sublime de tout l'élan de
sa nature et de toute l'autorité de sa logique; et chez
lui, la raison cultivée fortifiait de ses preuves les suggestions de l'instinct primitif. Celui qui se nourrit
incessamment de démonstrations est capable de
croire, de vouloir, et de persévérer dans ses croyances
et dans sa volonté; il ne tourne plus à tout événement et à toute passion, comme cet être changeant et
maniable qu'on appelle un poète; il demeure assis
dans des principes fixes. Il est capable d'embrasser

une cause et d'y rester attaché, quoi qu'il arrive,
malgré tout, jusqu'au bout... La vigueur logique de
son cerveau soutient la vigueur virile de son cœur.
Lorsqu'enfin cette logique serrée s'emploie, comme
ici, au service d'idées nobles, l'enthousiasme s'ajoute
à la constance. L'homme juge ses opinions non
seulement vraies, mais sacrées. Il combat pour elles
non seulement en soldat, mais en prêtre. Il est passionné, dévoué, religieux, héroïque. On a vu rarement un tel mélange ; on l'a vu pleinement dans
Milton. »

Je relève les phrases essentielles. La logique serrée et la passion grandiose, voilà le fonds de Milton.
Tout s'ordonne chez lui sous un sentiment unique,
celui du sublime. Il croyait au sublime de par
sa nature et de par sa logique. Or celui qui se
nourrit incessamment de démonstrations, en un
mot de logique, est capable de volonté, de fixité
dans ses idées. Et, quand ses idées sont nobles,
il s'y ajoute l'enthousiasme. On est alors passionné, dévoué, religieux — mais on a l'imagination
limitée.

Donc l'élément, ici primordial et générateur de
tout le reste, caractère et imagination, serait la logique. La logique donne la fermeté du caractère, la
persévérance dans les opinions, l'enthousiasme pour
les idées, la monotonie de l'imagination.

On a vu dans le monde bien d'autres logiciens que

Milton [1], et ces logiciens ont différé assez de Milton, de même qu'ils ont différé entre eux. D'où ces différences ? Probablement de ce que la logique, même là où elle se montre à un degré éminent, ne fait pas tout l'homme, ne détermine pas si exclusivement le reste de l'homme. Il y a dans l'homme d'autres passions et d'autres facultés, par exemple l'intérêt économique, l'amour, les sentiments de famille, la vanité, l'orgueil etc. N'a-t-on jamais vu chez aucun logicien, l'intérêt où l'orgueil commander à la logique, au lieu d'en être commandé, se subordonner la logique, l'employer à son service, lui dicter ses raisonnements ? N'a-t-on jamais vu un logicien, au gré de ses intérêts variables, soutenir, en temps différents, des idées contraires, mais toujours en raisonnant serré ? Il ne paraît pas que la logique donne nécessairement la fixité des opinions. D'autre part l'orgueil paraît bien pouvoir produire ces mêmes effets que Taine aperçoit dans Milton, comme les produits d'un pur procédé de la faculté spéculative. J'entends ici par orgueil la confiance en soi, doublée de méfiance et même de plus ou moins de dédain pour les autres, la conviction plus ou moins intraitable de sa supériorité. D'après ce que j'ai vu l'orgueil produire dans d'autres hommes, je suis en doute si les effets attribués par Taine à la logique de Milton ne sont pas en Milton,

---

1. Remarquez que tout à l'heure Racine (comme au reste les artistes français en général) était par Taine qualifié de logicien.

comme en tant d'autres, les effets de l'orgueil. J'y comprends même cet enthousiasme, et ce sublime (assez peu défini) dont parle Taine. Est-ce que l'orgueilleux ne s'enthousiasme pas assez souvent pour ses propres idées? Est-ce qu'il n'arrive pas à les croire, non seulement vraies mais sacrées?

Taine continue ainsi. « Chez un écrivain sincère, les doctrines annoncent (?) le style... Les sentiments et les besoins, qui forment et règlent ses croyances, construisent et colorent ses phrases... Quand une idée s'enfonce dans un esprit logique, elle y végète et fructifie par une multitude d'idées qui l'entourent, et forment comme un fourré et une forêt. Les phrases sont immenses: il lui faut des périodes d'une page, pour enfermer le cortège de tant de raisons enchaînées et tant de métaphores accumulées autour de la pensée commandante. » Et il donne en exemple la phrase suivante de Milton. « Si dans des arts moins nobles et presque mécaniques, celui-là n'est pas estimé digne du nom d'architecte accompli ou d'excellent peintre, qui ne porte pas une âme généreuse au-dessus du souci servile des gages et des salaires, à bien plus forte raison, devons-nous traiter d'imparfait et indigne prêtre, celui qui est si loin d'être un contempteur du lucre ignoble, que toute sa théologie est façonnée et nourrie par l'espérance mendiante et bestiale d'un évêché ou d'une prébende grasse. » Et là-dessus Taine de dire. « Si les prophètes de Michel Ange,

parlaient, ce serait de ce style. » Il ne me paraît pas
si surprenant ce style ; je le vois assez coutumier, en
France même, aux gens du xvi⁰ et du xvii⁰ siècle.
Il est très connu sous le nom de style périodique.
Ainsi ou à peu près ainsi, écrivent Descartes, Balzac,
Pascal et même de simples chroniqueurs. Et la
phrase donnée en exemple ne contient pas tant d'idées
accessoires que Taine nous le promet. On en pourrait
énoncer tout l'essentiel plus simplement. « Si un
architecte ou un peintre est tenu pour artiste inférieur
quand il a uniquement souci du salaire, à plus forte
raison faut-il tenir pour prêtre indigne celui qui
combine sa théologie en vue d'un évêché ou d'une
prébende à obtenir. »

Taine ajoute « La puissante logique qui étend les
périodes, soutient les images. » Que Shakespeare et les
poètes nerveux comme lui nous lâchent, coup sur
coup, cinq à six images dans une seule phrase, bon
pour eux. « Milton, lui, développe chacune de ses
images, en un petit poème. » C'est sa manière propre.
Taine est ici dans le vrai. Il est exact que Milton procède par larges images, par comparaisons développées. Et c'est bien en se servant d'une certaine logique qu'il trouve de quoi développer l'image. L'idée
d'une comparaison une fois levée dans son esprit, il
cherche systématiquement à se représenter dans leurs
détails les deux objets comparés, et s'efforce logiquement à faire correspondre, point par point, ces deux

objets. De là vient le caractère saillant de son style,
cet air riche, opulent, abondant, parfois majestueux
ou imposant, souvent lourd et pédantesque. « Esprit à
la fois systématique et lyrique, qui s'enchaîne dans
ses propres métaphores », dit Taine à cet endroit ; et
cela est fort bien dit.

De même qu'il cherche à élargir, à amplifier toujours ses images, Milton cherche à trouver des objets
qui présentent les apparences de la grandeur ; il veut
donner, à chaque instant, à son lecteur l'impression
de l'auguste ou du sublime. Par cette double recherche
je sens en lui un homme ardemment envieux de l'admiration de ses semblables.

En somme, remarque Taine, à peu près la seule
chose à quoi il réussisse parfaitement, c'est à dessiner,
à peindre des tableaux imposants. En revanche, quand
il veut faire vivre des personnages, le succès est
médiocre. « Nous exigeons de ces personnages qu'ils
soient vivants, réels, complets... nous voulons voir
des âmes... nous rencontrons des discours cor-
rects, solennels et rien de plus... Ses personnages
sont des harangues et dans leurs sentiments on ne
trouve que des monceaux de puérilités et de contradictions. »

C'est un morceau très curieux à lire que l'analyse
du *Paradis perdu* faite par Taine. Elle est, cette analyse, un modèle de critique juste, fine, légèrement
nuancée d'ironie, assez pour faire sourire discrète-

ment le lecteur. (Taine presque amusant, ce n'est pas un résultat ordinaire.)

Et voici comment Taine achève ce portrait « Etrange grand homme et spectacle étrange ! Il est né avec l'instinct des choses nobles et cet instinct fortifié en lui par la méditation solitaire, par l'accumulation du savoir, par la rigidité de la logique, s'est changé en un corps de maximes et de croyances que nulle tentation ne pourra dissoudre et que nul revers ne pourra ébranler. » Un instinct des choses nobles, qui se change en maximes et en croyances, c'est là de la psychologie que j'hésite beaucoup à accepter. « Ainsi muni, il traverse la vie en combattant, en poète, avec des actions courageuses et des rêves splendides, héroïque et rude, chimérique et passionné, généreux et serein. » — Cela est vrai en tant que faits, que conduite réelle de Milton; mais Taine y ajoute cette généralisation « comme tout raisonneur retiré en lui-même, comme tout enthousiaste, insensible à l'expérience et épris du beau ». Je ne suis pas sûr que tout raisonneur, retiré et enthousiaste, devienne par suite, une personne moralement pareille ou analogue à ce que fut Milton. « Par sa force d'intelligence, il est plus capable que personne d'entasser la science, par sa force d'enthousiasme il est plus capable que personne de sentir la haine. » Voilà un mot vrai qui s'est fait attendre, mais qui est enfin lâché. Milton fut en effet très capable de

haine, de la haine théologique, qui n'est pas des plus
douces.

Si la morale ne s'accommode pas de la haine, la
littérature s'en trouve assez bien. La haine a soufflé à
Milton de très nombreux passages qui ne sont pas
les moins beaux de son œuvre. — Seulement, que
Taine fasse sortir la haine de Milton de son enthousiasme, c'est encore de la psychologie que je trouve
peu convaincante. Arrêtons-nous maintenant sur cet
autre mot, « capable d'entasser de la science. » Effectivement Milton en avait entassé beaucoup. « Avant
dix ans il eut un précepteur savant et puritain, il alla
ensuite à l'école de Saint-Paul, puis de Cambridge.
Dès douze ans, il travailla jusqu'à minuit, aucun jeu
ne l'attirait. Adolescent il lit tous les anciens latins
et grecs jusqu'aux moindres, il apprend l'hébreu, le
français, l'espagnol, l'ancienne littérature anglaise,
toute l'italienne; les mathématiques, la musique, la
théologie et d'autres choses encore. » Évidemment
c'est une cervelle « livresque ». Tant de choses ne
s'acquièrent pas *sans prendre du temps* sur une autre
instruction. J'entends celle qui résulte de l'observation directe des choses, et des hommes — et de
l'introspection de soi-même. Rappelez-vous Shakespeare, qui, à l'opposé, ne sait grec, ni latin, ni bien
d'autres choses. Ne croyez-vous pas que Milton et
Shakespeare, étant nés par supposition avec la même
imagination, la même logique (en admettant qu'il y ait

une imagination et une logique innées, auxquelles
je ne crois guère, je l'avoue) auraient, nonobstant,
beaucoup différé en suite de ces deux éducations
et préparations si divergentes? Pour moi, je n'en
doute pas.

J'ai parlé du temps, qui n'a jamais que vingt-quatre
heures pour tous; il y a en outre la force acquisitive et
rétentive du cerveau, sa capacité, qui est limitée chez
tous. Si on la remplit, cette capacité, d'une masse
d'éléments d'un certain ordre, il n'y a pas autant de
place, ou pas du tout de place, pour des éléments
d'un autre ordre. Et puis, forcément, la façon dont on
vit journellement, selon qu'on est ou non homme de
cabinet, n'est pas la même; les impressions reçues et
les émotions éprouvées diffèrent en conséquence. Tout
cela porte fort loin. Je reconnais que Taine a eu soin
de noter cette vie laborieuse, cette avidité d'instruction
chez Milton, en quoi il a très bien fait; mais j'admire,
qu'après l'avoir notée, il n'en tire rien, aucune suggestion, aucune inférence. Il préfère attribuer toute
l'efficacité, toute la causalité, et le pouvoir explicatif,
à quelque chose qui soit inné. L'un a apporté au
monde son don d'imagination sympathique; l'autre sa
logique passionnée, et cela fait tout l'un et tout l'autre,
ou peu s'en manque. — La caractéristique de Taine,
et à mon tour volontiers dirais-je sa passion, c'est
d'imaginer des innéités, qui sont en même temps des
entités : une pyramide de facultés ou d'aptitudes intel-

lectuelles, assez mal définies d'ailleurs, au sommet
de laquelle il plante et fait trôner la suprême innéité
de la race.

Taine vient de nous développer deux des plus grands
artistes — sinon même les deux plus grands de la littérature anglaise — et de nous expliquer l'un par le
don de sympathie, l'autre par le don de logique passionnée; mais où a-t-il démontré, disons plus, où a-t-il
essayé de nous démontrer expressément que ces dons
sont, dans l'un et dans l'autre, provenances de la race
anglo-saxonne, et comme des fruits propres à cette
race? Et d'autre part, nous voyons très bien, dans
l'histoire des autres littératures, que ces dons, ou
plutôt ces qualités de la sympathie, de la logique
passionnée, appartiennent à beaucoup d'écrivains, de
poètes qui ne sont pas anglo-saxons. Admettons un
instant que ces qualités se montrent chez ceux-ci à un
moindre degré. Cette différence en degré, d'ailleurs
si contestable, est de celles que la différence des milieux est parfaitement suffisante à expliquer.

Au reste ce chapitre se termine par un singulier,
par un éclatant démenti que Taine donne lui-même à
sa théorie de la race anglo-saxonne. « Dans l'œuvre
de Milton, on reconnaît deux Angleterres » (je ne le
lui fais pas dire) l'une passionnée pour le beau, livrée
aux émotions de la sensibilité effrénée (rien moins)...
sans autre règle que les sentiments naturels, sans
autre religion que les croyances naturelles, volontiers

païenne, souvent immorale, telle que la montrent Ben Johnson, Beaumont, Fletcher, Shakespeare, Spenser, etc., l'autre munie d'une religion pratique, ayant le culte de la règle, attachée aux opinions mesurées, utiles, louant toutes les vertus de famille, armée et roidie par une moralité rigide, etc. » Je pense que ces deux Angleterres contrastent assez profondément par des qualités et par des défauts qui, de chaque côté, ne sont pas d'une médiocre importance. Et nonobstant, ce serait toujours là une seule et même race, aux grands traits invariables ! — Alors, en quoi consiste la race ?

⁎

Parmi ces larges portraits, traités avec une verve sans pareille, avec une variété si riche d'impressions, avec un luxe éblouissant (à la lettre) de comparaisons, qui se développent presque en allégories, le lecteur peut avoir oublié le second article du credo psychologique de Taine ; je le rappelle donc : c'est que chaque artiste possède sa faculté dominante.

Voici maintenant le troisième article du credo : selon lui (et d'autres) toute œuvre d'art impliquerait une conception du monde, de l'homme et de sa destinée.

J'ai beau chercher, il m'est impossible d'apercevoir quelle idée du monde et de la destinée de l'homme est arrêtée dans l'esprit de Shakespeare, quand il com-

pose, par une suite d'actions spéciales, le type
d'Othello, d'Hamlet ou de Macbeth : je ne vois pas
davantage que l'idée prétendue ressorte de toute
l'œuvre de Shakespeare, vue d'ensemble. Autant j'en
dirai de l'œuvre de Molière.

Une idée du monde, d'ailleurs, c'est beaucoup dire ;
cela nous jette dans l'esprit une image démesurée,
indélimitée et vague. J'aurais aimé que Taine précisât
là-dessus sa propre idée.

Admettons qu'il y ait dans *Othello* ou *Hamlet* une
idée du monde démontrable, exprimable, la valeur de
l'œuvre ne tiendrait pas à cette idée, aucune idée du
monde, de qualité scientifique, n'étant, jusqu'à l'heure
présente, sortie d'une tête de savant, et encore moins
d'une tête d'artiste. La valeur de toute œuvre littéraire
est dans les émotions qu'elle donne, au moyen d'une
représentation vraie de quelque individualité humaine,
plus ou moins complexe. Et ces émotions, cette représentation, vous pouvez les trouver pour votre compte
et les montrer clairement aux autres hommes, dans
l'*Othello* ou le *Macbeth* ; mais essayez d'en faire
autant pour cette prétendue conception du monde !

Ceci dit, j'ajoute : il y a un fait qui peut avoir sug-
géré à Taine cette idée fausse, selon moi, ou plutôt
cette pseudo-idée. Souvent l'artiste, en fin de carrière
surtout, exprime sur les hommes en général, sur le
bien-être ou le mal-être général de la vie, non pas une
idée, mais un sentiment, une impression suprême

qu'il a reçue des péripéties de sa propre existence. Il
se montre optimiste ou pessimiste; son émotion finale
se teint des couleurs de la confiance, de l'espérance,
ou des couleurs contraires. Encore une fois, ce n'est
pas là un concept du monde et de la destinée; cela est
intéressant comme impression personnelle, artistiquement exprimée; mais, comme spéculation métaphysique, cela n'a pas de valeur. Vous voyez qu'en
somme, pour être dans le vrai, Taine n'avait presque
qu'à changer un mot, à mettre le mot émotion, sentiment de la vie, là où il a mis le mot conception.

Cependant je fais attention à la page que voici :
(page 258, tome II, *Histoire de la littérature anglaise*) :

« Si Racine ou Corneille avaient fait une psychologie, ils auraient dit avec Descartes : L'homme est
une âme incorporelle, servie par des organes, douée
de raison et de volonté, habitant des *palais ou des*
portiques, faite pour la conversation et la société,
dont l'action harmonieuse et idéale se développe par
des discours et des répliques dans un monde construit
par la logique, en dehors du temps et du lieu. Si
Shakespeare avait fait une psychologie, il aurait dit
avec Esquirol : L'homme est une machine nerveuse
gouvernée par un tempérament, disposée aux hallucinations, emportée par des passions sans frein, déraisonnable par essence, ayant la verve pour esprit, la
sensibilité pour vertu,.. et conduite, au hasard, par
les circonstances les plus déterminées et les plus

complexes, à la douleur, au crime, à la démence et à
la mort. »

Cette page peut être considérée à la rigueur, comme
un essai de démonstration de cette idée, que chaque
artiste exprime dans ses œuvres un concept personnel,
embrassant le monde, au moins le monde humain
tout entier, et que ce concept, un critique avisé peut
aisément le dégager des œuvres de l'artiste, l'en extraire et le poser au-dessus, comme le manifeste philosophique de l'artiste. Or cet exemple ne me semble
pas convaincant. Racine et Corneille n'ont pas tout à
fait ignoré l'homme déraisonnable, illogique, débile de
volonté et *habitant de modestes maisons*. Certainement ils n'ont pas eu les yeux si fermés à la réalité
qui les environnait. Et de son côté Shakespeare n'a
pas tout à fait ignoré l'homme qu'il contenait en lui-
même, point du tout emporté par ses passions, au
moins à certaines heures, et d'une raison assez clairvoyante et assez froide pour reconstruire, pièce à
pièce, une passion ou un caractère déterminé.

***

La psychologie de Racine, la psychologie de Shakespeare, telles que nous venons de les voir déduites,
ne sont au vrai que la psychologie de Taine. Déduites,
ai-je dit ; ce sont en effet des corollaires de cette
fameuse théorie de l'esprit classique (latin, français)

que Taine ne se lasse pas de nous présenter et représenter ; et puisque je la rencontre encore une fois
ici, je trouve l'occasion bonne pour exposer à son
sujet quelques observations supplémentaires :

L'esprit classique, tel que Taine le définit, est une
entité; cela n'existe pas ; mais il existe réellement
une éducation classique, essentiellement composée
d'exercices, de leçons, propres en effet à développer
l'aptitude au raisonnement syllogistique, à l'exposition analytique et ordonnée des idées. Sans doute cela
rappelle bien un peu la théorie de Taine; mais quelle
différence ! L'esprit classique, dont parle Taine, cons-
tituerait le fonds mental départi par la nature à tous
les hommes d'un temps, d'une race; tandis que nous
n'admettons, nous, qu'une pédagogie qui se propose
bien de développer, mais qui peut ne pas développer
toujours certaines aptitudes chez les jeunes soumis à
ce régime.

En tout cas, que l'esprit classique existe ou n'existe
pas, les effets que Taine attribue à cet esprit, dans le
monde de la littérature et dans celui de la politique,
ne sont nullement démontrés.

Selon Taine, un esprit classique n'aurait qu'une
vue très partielle des objets et notamment des
hommes. Incapable d'embrasser les hommes réels
dans leur complexité, il ne connaîtrait qu'un homme
abstrait, parcellaire, toujours le même. Les individus,
doués de l'esprit classique, pourraient être des artistes

littéraires, des poètes, mais de second ordre; et ils ne seraient jamais que des politiques fort médiocres ou même mauvais.

En fait, au jugement de Taine, nos artistes et nos poètes, dits classiques, ne sont que des orateurs en vers[1]; qu'ils fassent de la poésie lyrique, de la poésie épique, ou du théâtre, ils réussissent uniquement dans les parties où l'art oratoire est de mise et d'emploi, par exemple dans les narrations et dans les discours, un peu suivis, de leurs personnages. Là où ce talent spécial n'est pas d'emploi, ils sont faibles ou nuls.

Prenons Racine, si vous voulez bien, comme sujet d'expérience. Je lui vois effectivement des endroits qui semblent donner raison à Taine. Il est certain que le discours placé dans la bouche d'Achille, répondant à Agamemnon[2], est étonnant de composition. Tout ce qu'Achille a d'arguments et de raisons de son côté, y est exposé en quelques vers, ordonnés en perfection, et merveilleusement concis. Mais Racine n'offre-t-il jamais des mérites d'une autre espèce? Par exemple le monologue de Phèdre (Qu'ai-je fait aujourd'hui? etc.). C'est la honte, la crainte, le remords, s'exhalant en termes d'une justesse et d'un mouvement admirables. Cette psychologie si vraie, ces

1. La Fontaine mis à part.
2. Dans *Iphigénie*.

accents si émouvants, ce langage si approprié et si sobre, quels rapports ont-ils avec cette vue partielle des objets, avec cette abstraction dont parle Taine ? Le mérite de ce morceau ne relève pas évidemment de l'art oratoire, tel que Taine l'a défini.

Les endroits défectueux de Racine n'en relèvent pas, davantage. Je désignerai comme exemplaires, dans ce genre, les propos de galanterie de Néron, ou les *ultima verba* de Phèdre mourante, de Mithridate mourant, que Taine a incriminés et avec raison. Il trouve ces morts trop peu réelles, trop peu vivantes, si j'ose risquer l'expression. Je suis tout à fait de son avis. Mais d'où viennent ces méprises artistiques? Pas de l'éducation classique, mais de l'éducation mondaine du temps; cela est très visible. Le ton galantin de Néron n'a aucun rapport, je pense, avec l'habitude d'abstraire; et pas davantage cette excessive contrainte sur soi, cet invraisemblable souci de la dignité personnelle que les personnages de Racine maintiennent jusque dans leurs morts, et qui rendent leurs morts si froides.

Mettons-nous bien dans l'esprit que Racine ne vise pas, comme Shakespeare, à émouvoir son spectateur aussi violemment que possible. Il veut, lui, offrir au spectateur des types d'effort soutenu et d'invincible dignité, parce que c'est le spectateur royal, princier, ou grand seigneur, qui commande à Racine ses ouvrages et que Racine a constamment en vue.

Taine reproche à nos auteurs dramatiques — sans en excepter Molière — de faire non des hommes individuels, mais des hommes généraux : le méchant, le menteur, le distrait etc. A l'égard de Molière, tout au moins, le reproche est injuste : Harpagon est bien, à mon avis, un avare particulier, Tartufe un hypocrite particulier, Don Juan un débauché particulier. En voulez-vous la preuve? Essayez de donner de chacun d'eux une unique définition, qui les exprime entièrement. Harpagon est l'avare ; soit, mais il est aussi l'usurier, ce qu'il pourrait ne pas être, et il est l'avare vaniteux, et le vieillard amoureux. Tartufe est l'hypocrite, soit; mais il est aussi le fripon (ce qui n'est pas la même chose), l'aventurier, le fourbe redoutable par sa tactique clairvoyante, son audace sournoise, même par une sorte d'éloquence qu'il est capable de montrer à l'occasion. Plus complexe encore Don Juan. Othello, le jaloux, n'est certes pas plus compliqué que Don Juan, le débauché. Si Molière avait, dans son style, entassé des métaphores, plus ou moins forcées, comme le fait Shakespeare, Taine aurait trouvé que Molière peignait des hommes particuliers. Molière, plus sobre, a le trait plus juste et plus sûr. Il ne faut pas tant vanter la psychologie de Shakespeare, — profonde par endroits, — fort défectueuse aussi par d'autres endroits, qui sont les plus nombreux.

Admettons un instant le reproche de Taine. L'auteur classique crée des personnages qui ne sont pas

assez concrets. Dites-moi s'il vous apparaît clairement que ce défaut tienne à la façon spéciale dont cet
auteur passe de l'observation de l'objet concret à la
généralisation abstraite. Il me semble, quant à moi,
que le défaut, s'il existait, serait dans l'insuffisance
même de l'observation.

*

Le quatrième article de la psychologie de l'artiste
(le quatrième pour moi), consiste en ses idées sur
l'imagination.

Elles ne sont pas absolument constantes, ces idées,
ou si vous voulez, conciliables. Nous avons vu que
l'imagination dans Shakespeare est cette espèce
d'imagination qui crée les expressions métapho-
riques. Voyons ce que Taine dit de l'imagination chez
Dickens.

« La première question qu'on doit faire sur un artiste (t. V, p. 6) est celle-ci : Comment voit-il les
objets? Avec quelle netteté, avec quel élan, quelle
force? La réponse définit d'avance *tout son talent*, car
dans un romancier l'*imagination* est la faculté maîtresse. L'art de composer, le bon goût, le sens du
vrai en dépendent. »

Je comprends qu'un artiste voie avec plus ou moins
de netteté; mais qu'il voie avec force, avec élan, cela,
je ne le comprends pas. Quoi qu'il en soit, je constate

d'abord que l'imagination est ici pour Taine même chose que la faculté de voir les objets avec netteté, et avec quelque qualité en plus qu'il désigne, obscurément à mon sens, par ces mots de force, d'élan ; et secondement je constate que la manière, dont l'artiste voit les objets, commande tout le reste de son œuvre, selon Taine.

Certes, pour décrire un objet avec exactitude, il faut l'avoir vu avec netteté. Si tout le talent d'un romancier consistait à faire d'exactes descriptions, il faudrait donner raison à Taine, non toutefois sans lui faire observer qu'à la faculté de bien voir l'auteur doit nécessairement joindre un acquis indispensable, la parfaite possession du vocabulaire par lequel s'expriment les formes et qualités visibles des corps. Et je suis surpris que Taine, en analysant le talent du romancier, n'ait pas aperçu cet élément, très important pour nous, puisqu'un homme qui verrait très bien, sans savoir dire ce qu'il voit, ne verrait très bien que pour lui seul.

Mais la littérature ne consiste pas toute en descriptions d'objets. Ce que Taine appelle imagination est loin d'être, à mon sens, toute l'imagination.

Les images d'objets qu'un auteur a dans sa tête, fussent-elles très exactes, ne sont encore que de la mémoire, soit qu'il les évoque, soit que spontanément elles lui reviennent, telles qu'il les a prises sur les objets. L'imagination ne commence qu'au

moment où cet auteur remanie ses souvenirs, les modifie, les réarrange, les combine en vue de produire
sur l'esprit des lecteurs ou des auditeurs une *émotion
d'une espèce prédéterminée*. — Ou bien encore lorsque,
gardant ses souvenirs absolument tels quels (ce qui
est rare), il ajoute à la description des objets, à la
narration des événements, la *réviviscence des émotions* que ces objets ou ces événements lui causèrent.

Sachons bien qu'une émotion exprimée directement, ouvertement par l'auteur, ou une émotion dont
l'auteur prépare sourdement la production dans l'esprit des lecteurs, par l'arrangement artificiel de ses
souvenirs, qu'en un mot une émotion communiquée
est l'élément propre, l'élément indispensable à l'œuvre
littéraire. Or le souvenir vivant et communicable d'une
émotion éprouvée est chose non visuelle; c'est de la
réviviscence psychique; cela appartient à la mémoire,
non des yeux extérieurs, mais du regard intérieur, de
la conscience psychologique.

Et puis encore, qu'est-ce, s'il vous plaît, que le
dessein de donner au lecteur une certaine émotion
déterminée dans son espèce, dessein qui fait que l'auteur combine, modifie ses souvenirs d'une certaine
manière? Qu'est-ce, dis-je, que cette conception d'une
fin, cette conception de moyens ajustés pour cette fin,
et en dernier lieu, qu'est cet acte mental par lequel
l'auteur juge que les moyens trouvés conviennent à
la fin voulue? Quel rapport, je vous prie, ces opéra-

tions de la *raison pratique* et *du tact* ont-elles avec la simple faculté de voir ?

L'imagination, étant de la mémoire réorganisée, elle se ressent assurément en chacun de nous de ce qu'est notre acquis mémorial. Il est double, cet acquis, nous venons de le dire : images venues par les yeux ou par les autres sens, d'une part ; souvenirs des impressions, émotions, sentiments et passions éprouvées, d'autre part. Or le plus souvent, dans le même homme, ces deux mémoires ne sont pas égales. Tel se rappelle mieux les images, tel autre les émotions. Et cela fait deux imaginations assez différentes, l'élément objectif dominant dans la première, l'élément subjectif dans la seconde ; en langage vulgaire, la première est l'imagination pittoresque, qui fait que l'auteur excelle dans les descriptions et les narrations, la seconde est l'imagination psychologique, qui fait que l'auteur excelle dans l'analyse des passions et la création de personnages fictifs — ou dans l'expression poétique, éloquente, de ses sentiments personnels.

Les deux imaginations ne sont pas exclusives l'une de l'autre ; mais, je le répète, elles sont généralement inégales en un même homme. Seuls les grands écrivains possèdent les deux, à tel point ou en telle façon qu'on ne peut reconnaître laquelle des deux l'emporte.

Il y a une troisième espèce d'imagination, la moins

précieuse des trois assurément, et cependant la plus
remarquée du grand public et qui lui fait dire imman-
quablement de l'auteur chez qui il la trouve : « Cet
homme a beaucoup d'imagination. » Cette troisième
consiste en l'invention des comparaisons et des métaphores (comparaisons abrégées, comme on sait).
Ces comparaisons, ces métaphores sont dues à la
perception de ressemblances toujours superficielles,
souvent fugitives, souvent forcées, entre des choses
qui n'ont aucune ressemblance sérieuse. Telle, par
exemple, la comparaison si usée d'un guerrier courageux à un lion — ou d'une jeune fille à une rose —
ou d'un Etat à un navire, à un char — ou d'une révolution à un volcan, etc., etc., etc. Un poète comme
Hugo sait trouver en quantité des comparaisons qui
n'ont pas encore servi. Il n'est pas deux objets dans
la création, peut-être, qu'il ne puisse rapprocher par
quelque bout. Ce mérite est plus perceptible au public, il est plus voyant que l'imagination sérieuse et
secrète ou discrète, qui s'emploie à l'invention d'un
caractère. — Quel nom donner à cette troisième imagination ? Les fausses ressemblances qu'elle recueille
ou invente s'appelant de leur nom exact des analogies,
j'aurais bien envie de l'appeler imagination analo-
gique. Mais si vous préférez imagination comparative,
je n'y contredirai pas.

J'ai déjà posé en principe que l'art le plus sérieux,
le plus élevé en dignité, consistait à créer des carac-

tères. Au fond tous les critiques en conviennent et, à cet égard, je n'invente rien.

Nous avons déjà reconnu que le capital instrument de cette création était l'imagination psychologique. Il est d'autre part évident à première vue que l'imagination comparative ne sert de rien à l'auteur pour cette grave besogne, mais l'imagination pittoresque y sert-elle ?

Supposons un homme ayant au plus haut degré le penchant et l'aptitude à observer ses semblables, mais totalement dépourvu de l'observation de soi. (J'imagine évidemment un monstre qui n'existe pas, mais c'est un monstre instructif quoique imaginaire.) Ainsi doué notre homme, que surprend-il, que saisit-il des autres hommes ? Rien que des dehors, mines, gestes, paroles, actions. Un tel homme peut regarder agir ses semblables avec une curiosité enfantine, mais il ne peut interpréter ce qu'il voit.

Restituons à notre homme l'observation de lui-même et la mémoire intelligente de son passé intérieur. Sous les mines que ses semblables lui montrent ; sous les discours qu'ils tiennent, sous les actions qu'ils font, il va maintenant découvrir, comme avec les yeux du corps, les ressorts invisibles qui produisent tout cela. Des signes extérieurs très légers, très fugitifs, un faible tremblement de la main, une rougeur imperceptible, un mot échappé,... le voilà au fait. Comment cela ?

C'est que ces signes extérieurs il les reconnaît pour les avoir manifestés lui-même, alors qu'il était possédé par tel sentiment qu'il se rappelle bien. Puisque ces signes se manifestent maintenant chez le voisin, c'est que le voisin est intérieurement ému comme lui-même le fut au moment des signes.

Supposons notre homme au contraire très bien doué en fait de vision intime et de mémoire de soi-même, mais mal doué en fait d'observation des autres hommes et des objets extérieurs ; il pourra bien faire un poète lyrique, et, s'il est orateur de profession, il pourra bien avoir des mouvements d'éloquence ; il ne fera ni un dramatique ni un romancier : parce que ceux-ci doivent nous offrir les passions et les sentiments des hommes, non pas consignés en des formules abstraites, cristallisés en des maximes générales, mais saisissables à tous nos sens par des attitudes, des mouvements, des paroles et des actes.

Concluons : pour créer des caractères, il faut que l'imagination psychologique et l'imagination pittoresque collaborent. Quant à l'imagination métaphorique, on n'en a que faire, du moins pour cela.

*

Ce n'est pas là le compte de Taine. Selon lui tout le talent d'un auteur, son goût, son art de composer, et plus particulièrement encore son style, dépendent

de la façon dont il voit les objets extérieurs : « Un
degré ajouté à sa véhémence (la véhémence de la perception visuelle !) bouleverse le sujet qui l'exprime,
change les caractères qu'elle produit, brise les plans
où elle s'enferme. » Pour une seule cause, — et
quelle cause ! une perception élémentaire, — que
d'effets ! Et des effets d'ordre différent, tels que le
goût, la méthode de composition, l'invention des
caractères... et enfin la capacité de s'émouvoir violemment ; car Taine prétend encore que « la manière
de concevoir — (nous savons ce qu'il entend par là)
— règle, en l'homme, la manière de sentir. « Quand,
dit-il, l'esprit à peine attentif suit les contours in-
distincts d'une image ébauchée, la joie et la douleur
l'effleurent d'un attouchement insensible. » Que chacun consulte ses souvenirs il y trouvera, je crois, des
expériences contraires à cette thèse. Un objet à peine
entrevu peut faire peine ou même horreur, émouvoir
la pitié, ou la crainte, ou le désir. Cela dépend du rapport de l'objet avec les passions, avec les sentiments
que nous avons dans l'âme, et non de la manière
dont l'œil embrasse les contours de l'objet. Demandez
à la femme, à l'enfant qui ont eu des peurs en mar-
chant de nuit par la campagne, si c'est qu'ils ont vu
les objets trop distinctement ? Demandez à un libertin
qui suit dans la rue une femme, si c'est qu'il a parfaitement saisi le contour de sa jambe quand elle a
un moment relevé à peine sa robe ? Interrogez le

cavalier dont la monture a fait un écart devant un poteau et qui, pour la calmer, la mène voir cet objet de près.

J'achève la citation : « Quand l'esprit, avec une attention profonde, pénètre les détails minutieux d'une image, la joie et la douleur le secouent tout entier. » Si cela est vrai, les peintres sont nécessairement très supérieurs au reste des hommes pour la sensibilité. Quelles gens passionnés ont dû être tous les peintres hollandais ! Et les Anglais donc, qui détaillent un arbre feuille à feuille ! Quant au distrait, nous savons maintenant à quoi nous en tenir sur son compte !

Et cependant il arrive aussi, et très souvent, qu'un objet regardé d'abord avec inattention et par suite avec indifférence, nous émeuve quand nous l'examinons mieux, et que nous le voyons plus en plein. Au fond, dans cet exemple d'apparence contraire, la cause de notre émotion reste la même; l'examen nous a découvert ce qui nous avait d'abord échappé, le rapport de cet objet avec quelqu'un de nos sentiments; mais c'est ce rapport qui nous émeut et non la perception plus ou moins nette des contours, laquelle est en soi une opération tout à fait neutre.

Et qu'est-ce qui fait d'ailleurs que nous regardons un objet avec une particulière attention ? C'est qu'il nous intéresse, c'est-à-dire qu'il donne à quelqu'un de nos désirs l'espoir d'une satisfaction ou l'appréhension d'une contrariété ; c'est qu'il promet ou qu'il menace. Taine, en mettant d'abord l'attention, puis l'intérêt, l'émotion, a mis, comme on dit vulgairement, la charrue avant les bœufs.

Je le répéterai souvent, Taine, ce grand esprit, a commis des erreurs qui étonnent. C'est que le jeu de son esprit a été faussé par un vouloir systématique. Il a la passion de ramener à une cause unique et simple des groupes immenses de phénomènes, et il a l'ambition de suspendre finalement à un petit anneau, caché profondément dans notre mentalité, tout un univers moral; ambition d'un noble esprit, je ne dis pas, mais qui pourtant a frappé d'infécondité des dons magnifiques.

*

Comme preuve de sa théorie, Taine nous offre l'analyse de Dickens. « Considérons, nous dit-il, l'imagination de Dickens, c'est-à-dire sa vision; nous allons y apercevoir les causes de ses défauts et de ses mérites. » — Et il nous donne d'abord, comme type de la vision de Dickens, la description suivante d'un orage pendant la nuit : « L'œil, aussi rapide que les éclairs, apercevait dans chacune de leurs flammes une multitude d'objets qu'en cinquante fois autant de temps il n'eût pas vus au grand jour; des cloches dans leurs clochers, avec la corde et la roue qui les faisaient mouvoir, des nids *délabrés* d'oiseaux dans

les recoins et dans les corniches ; des figures pleines
d'effroi sous la bâche des voitures qui passaient, em-
portées par leur attelage effarouché, avec un fracas
qui *couvrait le tonnerre* ; des herses et des charrues
abandonnées dans les champs, des lieues et puis
encore des lieues de pays coupé de haies... une mi-
nute de clarté limpide, ardente, tremblotante qui
montrait tout, puis une teinte rouge dans la lumière
jaune, puis du bleu, puis un éclat si intense qu'on
ne voyait plus que de la lumière, puis la plus épaisse
et la plus profonde obscurité. »

J'aurais quelques remarques préalables à faire sur
ce morceau. Il contient à mon avis une inexactitude
fondamentale ; à savoir qu'on voit plus de choses,
qu'on voit plus loin et qu'on voit mieux à la lueur des
éclairs qu'à la clarté du soleil. Quand Dickens
aperçoit si nettement *délabrés* les nids des oiseaux,
qui généralement sont cachés dans les arbres ou
posés haut dans les édifices, j'entre en défiance ; j'ai
peur que ceci soit plutôt imaginé qu'observé... Mais,
passons : il faut voir ce que Taine induit de ce tableau
d'orage.

« Une imagination aussi lucide, aussi énergique (?)
doit animer sans effort les objets inanimés. L'auteur
verse sur les objets qu'il se figure quelque chose de
la passion surabondante dont il est comblé. » — C'est
un fait, et Taine le relève avec justesse ; Dickens produit abondamment cette figure de rhétorique qu'on

nomme animation et personnification. Mais je me
demande quelle peut bien être cette passion dont
Dickens serait comblé, et qui lui ferait si souvent
animer les objets! Pour résoudre la question, je vais
chercher quelques autres auteurs qui aient plus ou
moins usé du même procédé.

Mᵐᵉ de Sévigné écrit ceci : « Le mauvais temps
continue. On se hasarde sous l'espérance de la Saint-
Jean. On prend le moment d'entre deux nuages *pour*
être le *repentir* du temps qui veut changer de *conduite*,
et l'on se trouve noyés. » Virgile dit que l'Araxe est
indigné du pont qu'on jette sur lui, — Racine, dans
Phèdre, anime le flot qui a apporté le monstre marin.
Théophile anime de honte le poignard qui vient de
commettre un meurtre... Sentez-vous qu'une passion
ait été nécessaire pour trouver ces imaginations? Si
oui, dites-moi quelle passion?

L'animation prolongée, détaillée, est ce qu'on
nomme l'*allégorie*, qui est bien la figure de rhétorique la plus sujette à jeter du froid sur une page.

Et puis, d'après Taine, l'inspiratrice des animations,
cette passion qu'on ne nomme pas, viendrait de la
manière dont l'auteur voit les objets. Or rien de plus
commun que l'animation appliquée à des choses invisibles. On anime chaque jour les vertus et les vices ;
on anime des choses sociales comme le commerce et
l'industrie ; Hugo a fait de la *toilette* une grisette ; il
a été jusqu'à personnifier le *bruit* et le *réveil*. Il faut

qu'Hugo soit brûlé de passion pour avoir trouvé tant
d'animations (incomparablement plus que Dickens),
et des animations si étranges, si imprévues. — Et
d'autre part, voici des artistes qui, sans conteste,
s'entendent à regarder, à voir et à décrire les objets
visibles : Théophile Gautier, Fromentin, les Goncourt,
Loti. Or ils n'animent pas plus que d'autres ; au contraire, il semble qu'ils animent moins. Et cela se
comprendrait : on déforme toujours quelque peu l'objet
que l'on anime et c'est à quoi doit répugner plus qu'un
autre l'artiste épris d'observation exacte.

Taine continue d'expliquer Dickens : « Son imagination est si vive que son style s'emporte jusqu'aux
plus étranges bizarreries... Voici une jeune fille jolie
et honnête qui traverse le quartier des légistes. » Là-
dessus Dickens part, s'exalte. Vraiment l'exaltation
de Dickens est d'espèce assez singulière, car il s'avise
d'imaginer ce que la présence de l'aimable fille aurait
dû faire faire aux objets environnants, et que ces
objets ne firent pas. « C'était une bonne chose pour
cette cour pavée d'encadrer une si délicate figure....
La fontaine du temple aurait bien pu sauter de vingt
pieds pour saluer cette source d'espérance et de jeunesse... Les moineaux bavards auraient bien pu *se
faire pour écouter des alouettes imaginaires* au moment
où passait cette fraîche petite créature ; les branches
sombres... auraient pu s'incliner vers elle avec amour
comme vers une sœur... Les vieilles lettres d'amour,

enfermées dans les bureaux voisins... auraient pu trembler et s'agiter au souvenir fugitif de leurs anciennes tendresses... Mainte chose qui n'arriva point aurait pu arriver pour l'amour de Ruth. »

« Ceci est tourmenté, n'est-il pas vrai ? » s'écrie Taine, et nous répondons : « Vous pouvez le dire ! » — « Hé bien non, reprend Taine, ce n'est pas cherché, c'est rencontré... cette affectation est naturelle... elle est l'effet de l'excessive imagination de Dickens. » Oui, mais alors il s'agit d'une autre imagination que celle qui résulte de la vision nette des choses, car en aucun cas Dickens n'a pu voir des lettres s'agiter par leurs tendres souvenirs, ni des moineaux faisant silence pour écouter des alouettes imaginaires. Tout ceci, visiblement, appartient encore au procédé d'animation. Dickens s'en est fait une habitude, par suite, une faculté, et dès lors un jeu, un amusement pour son propre esprit. Et comme il se soucie peu de ce que nous autres, Français, toujours plus ou moins classiques, appelons le goût, rien ne le retient, rien ne le gêne dans les saillies où il se complaît.

Son imagination excessive ferait encore ceci : « Que Dickens est admirable dans la peinture des demi-folies et des hallucinations... dans la peinture du remords, par exemple. » Observation très juste : et cette fois Taine a tout à fait raison de citer les pages où sont décrites les transes de Jonas Chuzzlewit, quand il vient d'assassiner son ennemi. Il semble qu'avec une lucidité admirable, et terrible Dickens ait lu dans quelque âme de meurtrier, sitôt après son crime... Mais ce n'est pas avec les yeux du corps, avec cette imagination dont parle Taine qu'on peut lire ces choses-là, car elles ne tombent pas sous le sens de la vue ; c'est avec les yeux de sa conscience. Toujours la conscience livre quelque remords personnel à l'auteur psychologue ; par un effort des plus singuliers et des plus difficiles qui soit en art, son imagination travaille sur ce remords, et par ce travail, où tout n'est pas encore bien explicable pour nous, il arrive à grossir son remords personnel, souvent très léger, à l'enfiévrer, à l'affoler, jusqu'à ce qu'il paraisse proportionné au crime commis.

« Tout, dans Dickens, vient de cette imagination, ses rires et ses larmes, sa sympathie pour les faibles, les pauvres, son ironie contre les puissants, les riches » (et Taine, en passant, nous avertit que les sympathies, en apparence semblables, qu'on rencontre chez les Français, chez George Sand, par exemple, ne viennent pas d'une véritable sympathie, mais de l'amour du beau : opinion très curieuse). — « De cette imagination encore, les caractères inventés, les uns tout bons, tout blancs, les autres tout mauvais, tout noirs. » Soit ! Mais il faudrait montrer comment ceci tient à cela, montrer le lien d'effet à cause : Taine affirme, et c'est tout. Il nous affirme encore que la même cause produit chez Dickens le manque de goût, la cons-

truction vicieuse de ses romans, et ses conclusions
philosophiques. « Soyez bons, soyez sensibles, il n'y
a que cela qui vaille ; les facultés de raison sont
d'ordre très secondaire, très inférieur, etc. » Dire que
tout ce qui, dans l'œuvre si considérable de Dickens,
apparaît comme particulier, ou comme plus saillant
qu'ailleurs, relève d'une manière de regarder les
objets, c'est dire en somme que Dickens lui-même
n'est qu'un voyant, n'est qu'un œil conformé d'une
certaine façon, que son caractère, par exemple,
orgueil, vanité, sensualité, ambition, dispositions
à aimer, à haïr, à sympathiser, à être indifférent,
n'influent pas, n'existent pas chez lui comme causes
actives. — A mon humble avis, ce n'est pas là expliquer Dickens ; c'est le simplifier, et, si j'ose dire, le
simplifier terriblement.

**

Taine pense que chaque artiste a un état d'esprit
naturel ou natif, qui chez lui persiste à travers tous
les états accidentels, temporaires, qui influence, affecte
plus ou moins ces états, sert à les expliquer et peut
servir à caractériser l'artiste lui-même, à en donner la
formule.

Il faut comprendre, j'imagine, que cet état principal, constant, se constitue à la fois et de la faculté
maîtresse et de la conception maîtresse. Taine ne

s'est pas nettement expliqué sur ce point, mais cela paraît bien résulter de tout le contexte.

Voyons les exemples dont il a appuyé cette dernière théorie : L'état psychique dominant dans Milton, c'est la logique passionnée ; en Shakespeare, l'état dominant c'est la sympathie intellectuelle ; celui de Dickens c'est la vision violente des objets. Il semble bien en effet que quelque chose réponde, en Milton, à ce que nous nommons la logique ; en Shakespeare à ce que nous nommions sympathie ; en Dickens à ce que nous nommons observation ou vision ; mais que, pour cela, dès maintenant, ces hommes nous soient dévoilés, expliqués et suffisamment caractérisés, je n'en suis pas sûr.

Ce qui me trouble c'est que Milton me semble n'être pas toujours logicien, ou en tout cas pas logicien toujours passionné, et que d'autre part il me semble posséder quelque chose de cette vision qui caractérise Dickens et aussi de cette sympathie, qui caractérise Shakespeare. Quant à Shakespeare, il me semble posséder beaucoup de cette vision qui serait le propre de Dickens etc. Et puis, et surtout, je ne vois pas que la logique passionnée détermine si nécessairement, en Milton, les comparaisons qu'il fait très développées et les caractères qu'il fait médiocrement vivants (au sentiment de Taine). Je ne vois pas que la vision, en Dickens détermine si nécessairement ses fantaisies, ses bizarreries, ses audaces de style, etc.

Une observation que j'applique en commun à ces trois individualités: telles qu'elles sont expliquées par Taine, elles semblent n'avoir que des facultés intellectuelles. Je ne leur vois aucune passion, si ce n'est une passion intellectuelle.

Taine ne nous parle jamais de leur orgueil, de leur vanité, de leurs ambitions de pouvoir, d'argent, de gloire ou d'amour ; en tout cas il ne s'occupe jamais de chercher et d'établir, avec précision, les influences que ces passions ont pu et dû avoir sur les œuvres.

Sans doute il doit y avoir des rapports entre les diverses facultés d'un homme : c'est là une idée plausible, *a priori* ; mais lorsqu'on tente de hiérarchiser entre elles les facultés d'un auteur donné, on n'arrive pas souvent à une démonstration convaincante. Je ne vois guère dans les essais de ce genre que des impressions personnelles tout à fait contestables.

Ce qui à certains moments me frappe le plus dans Victor Hugo, ce qui me paraît chez lui tout à fait saillant et dominateur, c'est le pouvoir de créer des comparaisons et des métaphores ; mais, à d'autres moments, j'accorde la prééminence au don qu'il a de voir et de rendre le pittoresque des choses. Si après cela je viens à me demander laquelle est-ce de ces facultés qui, portée à ce point extraordinaire, a déprimé, chez Hugo, la faculté psychologique (car Hugo est à coup sûr médiocrement psychologue) je reste tout à fait indécis. A la réflexion, je conçois en effet qu'il pourrait

bien être médiocre psychologue par d'autres causes
que ses facultés intellectuelles, parce qu'il est trop
plein de lui-même, trop orgueilleux — parce qu'il
ambitionne une certaine gloire plus bruyante que
choisie ; et qu'il vise à plaire au public populaire.
Mais ici, nouvelle hésitation : vise-t-il la popularité
parce qu'il confond le grand bruit avec la grande
gloire, ou parce qu'intéressé, il prévoit dans le public
populaire un acheteur plus nombreux — ou bien
encore est-ce les deux ?

Il y a, dans l'individu plus d'impulsions que Taine
ne lui en suppose. Je ne vois pas pourquoi on n'admet-
trait pas deux ou trois facultés dominatrices, chacune
gouvernant telle faculté subordonnée, ou tel groupe
de facultés, exclusivement ; c'est une supposition
aussi indémontrée, mais aussi plausible que celle de
Taine.

Et d'autre part est-il vrai que tout homme, ou au
moins tout artiste, ait en lui quelque partie de lui-
même, qui au cours de la vie reste immuable ; soit une
faculté qui, née pour ainsi dire maîtresse, conserve sa
maîtrise sur les autres facultés, soit une conception
de la vie qui reste invariable dans tout le cours de la
vie ? Imaginons quelle somme d'expériences il faudrait
assembler pour être en droit de certifier une pareille
proposition ! Ces expériences mêmes sont-elles rigoureusement faisables ? Nous n'avons guère là-dessus
que des impressions individuelles, et naturellement

discordantes. Ni Montaigne, ni La Rochefoucauld, ni
Voltaire, ni Renan, ni Michelet, ni Sainte-Beuve, n'auraient souscrit à la proposition de Taine, assurément.
Un de ses biographes a dit excellemment de lui : « Sa
critique est statique », c'est-à-dire « elle ne suit pas
l'individu dans les différentes phases de son développement ; elle n'a pas le sens de l'évolution intime ». —
J'ajouterai maintenant, pour mon propre compte : ces
individualités, qui restent les mêmes de la naissance
à la mort, partent bien du même esprit qui a conçu
des races à peu près invariables dans tout le cours
de leur existence historique.

**

J'y reviens, des erreurs psychologiques de Taine
procèdent les erreurs historiques qu'il commet ; j'entends non les erreurs de fait qui, sauf exception ne
sont pas de mon sujet, mais les erreurs de jugement
sur les individus, et sur les milieux, les moments.

Il a fait et dû faire, en vertu de sa faculté *maîtresse*
et de son *état dominateur*, les individus en général trop
simples et aussi trop uniformes dans leurs œuvres,
comme dans leur existence réelle.

Il s'est singulièrement exagéré la valeur du style
décoré, orné, figuré — et ce qui est encore plus grave,
il s'est assez contredit sur le rôle du style.

Comme il n'a pas assez nettement distingué les

- procédés ou les facultés que le langage vulgaire confond sous le seul nom d'imagination, qu'il a attribué ce nom tantôt à la seule capacité de créer des métaphores, tantôt à la seule capacité de voir les objets avec précision et détail, qu'il a mal reconnu la faculté la plus précieuse, celle de deviner aux signes extérieurs l'état intérieur des hommes, et de reconstruire cet état au moyen de ces mêmes signes, il a assez souvent donné aux individus et aux littératures une valeur relative, mal fondée.

Il lui est arrivé de caractériser par une même faculté maîtresse des artistes qui ne se ressemblent pas du tout. Ainsi il a dit : l'imagination est « la faculté maîtresse du romancier », ce qui ne permet guère de s'expliquer pourquoi les romanciers diffèrent tant entre eux.

En Angleterre, à la fin du XVIII° siècle, selon Taine (tome IV, page 277), le style change « médiocre chan- « gement, du moins en apparence, mais qui en somme « vaut les autres (celui des idées sociales en France, « des idées philosophiques en Allemagne); car ce « renouvellement dans la manière d'écrire est un « renouvellement dans la manière de penser; celui- « ci amènera tous les autres, comme le mouvement « du pivot central entraîne le mouvement de tous les « organes engrénés. » Or dans le portrait de Milton, il dit, nous l'avons vu : « Ces doctrines annoncent le « style, etc. » — Evidemment, cela veut dire qu'elles

font le style (au moins en quelque mesure). — N'y a-
t-il pas là une contradiction avec la thèse précédente?

Ailleurs, dans le portrait de Dickens « Sa manière
« particulière *de voir* commande tout en lui, à com-
« mencer par son style. » Troisième variation, car ici
ce ne sont plus les idées, les doctrines qui font le
style ; c'est une autre faculté, presque une conformation organique.

Si l'historien acceptait l'idée que Taine se fait le
plus souvent de l'imagination, et s'il s'avisait de tirer
de cette idée les conséquences logiques, — ce que
Taine n'a pas fait, — il comparerait les auteurs entre
eux et il donnerait à chacun d'eux son rang, d'après sa
fécondité relative en fait de descriptions, comparaisons, animations et métaphores. S'il se piquait d'être
plus logique encore, il se servirait de la même règle
pour mesurer entre elles deux époques littéraires, ou
deux littératures nationales. Et enfin, de ce que l'imagination ainsi définie constitue le mérite essentiel,
fondamental de l'artiste littéraire, il tirerait une dernière conséquence à savoir que le progrès littéraire,
s'il existe, se reconnaît à ce signe que les auteurs
abondent toujours plus en descriptions, comparaisons,
animations et métaphores. Et il aboutirait, selon moi
du moins, à une aberration singulièrement grave.

Quant à la recherche méthodique des causes, l'historien, que j'ai supposé, irait chercher uniquement les
causes dans celles des conditions du milieu qui lui

sembleraient propres à susciter ou à décourager l'habitude de l'observation extérieure. Et il négligerait celle de ces conditions qui ont pu agir sur l'observation psychologique de soi et des autres, et agir par suite sur la plus précieuse des formes de l'imagination.

Pour avoir confondu ensemble les opérations de l'esprit quand il fait de la science et celles de l'esprit quand il fait de la littérature; pour avoir méconnu la nature de cette diversité qui tient à la diversité même des visées, Taine a été amené à s'expliquer cette diversité par l'existence de deux races d'hommes qui différeraient foncièrement dans la façon de conduire, et, dirai-je volontiers, de manier leur esprit.

Il est résulté de cette fausse vue que dans sa grande histoire et dans ses essais nombreux, Taine a faussement caractérisé les grandes phases, les divers âges, les diverses écoles littéraires qu'il traitait.

***

Convaincu de l'invariabilité de chaque race, de l'unité et de la simplicité des esprits d'époque, Taine, en étudiant les individus, se proposait principalement de démontrer que l'individu n'était au fond que le représentant de la race et de l'esprit d'époque — (heureusement qu'il a oublié souvent son dessein capital). Ainsi, il fondait, il annulait, les individualités dans les collectivités ; c'est pourquoi, s'il a assez bien marqué parfois l'effet sollicitant du milieu à l'égard de l'individu, je ne vois pas qu'il ait une fois marqué avec quelque précision la réaction de l'individu sur le milieu. Il n'a pas vu cette chose si importante, à mon sens, l'individu cause et point de départ des variations littéraires.

Quant à son talent littéraire, il est hors de cause. Les erreurs psychologiques n'y ont pas touché, et cela s'explique aisément : Le talent littéraire tient à la capacité de s'émouvoir et à la possession d'un verbe apte à communiquer l'émotion. Ces deux éléments suffisent. Or Taine sentait vivement les mérites littéraires ; il était même disposé à l'enthousiasme. Au fond, c'était un dilettante naturellement passionné et qui, de plus, se surexcitait de parti pris. Sa faculté du langage, à la fois naturelle et acquise, est certainement une des plus puissantes qu'on ait vues ; et Taine la mettait en œuvre, l'employait avec une volonté opiniâtre, obstinée au travail ; il en tirait tout l'effet qu'elle pouvait produire ; c'est pourquoi, quand il oublie ses principes, ses prétendues lois, qu'il fait tout uniment le métier de biographe et d'historien, il y porte une verve, un entrain, un sentiment exalté du sujet, un style de passion, en même temps que d'éclat, de parure, de riche abondance, qui nous entraînent, nous subjuguent, — et assez souvent nous trompent, nous surfaisant hommes et choses.

CHAPITRE VIII

DE QUELQUES CAUSES QUI SEMBLENT AVOIR ÉTÉ MÉCONNUES PAR TAINE

Je me défends (fort aisément, et par des raisons multiples) du projet ambitieux de finir ce livre par un exposé complet des causes qui ont dû faire la littérature anglaise différente de la française. Je tiens cependant à dire quelques mots de ce vaste et surtout difficile sujet.

**

Il est une différence capitale qui se dégage peu à peu d'un grand nombre de différences partielles et qui paraît bien les dominer; c'est celle-ci : l'Angleterre a joui constamment d'une liberté littéraire très grande relativement; tandis que les auteurs français ont généralement montré une étroite dépendance à l'égard de certains modèles, ou de certaines règles. Quelqu'un a dit « le Français est le peuple le plus sage, plume en main ». Disons, si vous voulez bien, le moins libre.

Cette dépendance peut avoir plus ou moins d'étendue, affecter le fond même des idées, des sentiments, ou seulement les formes d'art, la composition, le ton du langage, le vocabulaire, ou affecter les deux. Quand on y regarde de près, il semble que le plus ordinairement la dépendance des esprits français et l'indépendance des esprits anglais regardent les formes d'art, auxquelles les Français s'assujettissent, tandis que les Anglais les ignorent ou les dédaignent. A l'égard du fond des idées et des sentiments, les deux peuples ne m'apparaissent pas différenciés si constamment; il est des époques où les Français semblent plus libres que les Anglais. Je crois que nous pourrons, tout à l'heure, constater ce fait, qui a une certaine importance.

Taine, lui aussi, aperçoit une différence primordiale, génératrice des différences secondaires; mais ce n'est pas la même que celle qui frappe nos yeux.

« A travers la littérature anglaise vous découvrez à tous les âges, cet homme (l'Anglo-Saxon) passionné, concentré, intérieur. Vous apercevez cette passion dans la fougue lyrique et dans la sombre exaltation des poésies primitives, dans le style enflammé et dans le délire tragique de la Renaissance, dans le fanatisme visionnaire de la Réforme; dans la sensibilité amère ou bizarre des romans du dernier siècle; dans

la fièvre de sympathie douloureuse ou de désespoir
incurable qui a inspiré et désolé la littérature de
celui-ci. Vous apercevez cette faculté de regarder en
soi-même dans la peinture des émotions morales qui
remplit la poésie saxonne... Chez les Français, au
contraire, dès le xi° siècle « on aperçoit le manque
d'attention passionnée et profonde dans la clarté des
longues épopées prosaïques, dans l'abondance des
poèmes didactiques, dans la popularité des fabliaux
malins, dans la modération éternelle du style, dans la
perfection subite de la prose, dans le développement
de la raison oratoire et de l'art d'écrire, dans la nullité
de l'ode, dans la tranquillité de la tragédie... à tous
les âges, dans le goût du tempéré et de l'agréable,
dans la domination de la raison et de la gaîté. »

Comme on le voit, selon Taine, toutes les différences
proviennent du caractère particulier de l'Anglo-Saxon ;
du caractère particulier des Français ; les deux caractères en vis-à-vis restant les mêmes, dans tout le cours
des âges. Cette opinion de Taine ne nous est pas
nouvelle ; mais il l'exprime ici, une fois de plus, avec
l'appoint d'une idée nouvelle que nous débattrons
tout à l'heure.

Je demande seulement la permission d'émettre
quelques observations préalables sur les productions
littéraires, qui selon Taine, témoignent avec évidence
du caractère de l'Anglo-Saxon » homme passionné,
concentré, intérieur », comme ne serait pas le Français,

qui, lui, serait même tout le contraire. A la Renaissance, ce qui témoigne de l'Anglo-Saxon, c'est « un
style enflammé et un délire tragique ». J'ai déjà dit ce
que je pensais des flammes de ce style. A l'époque de
la Réforme, c'est le « fanatisme visionnaire ». Des fana-
tiques, la France en a eu suffisamment et plus que suffisamment au xvi° siècle. Nulle part ce siècle tragique
n'a été plus tragique que chez nous. Quant aux vision-
naires, ils n'ont pas, comme on sait, manqué dans nos
Cévennes. J'allais oublier de rappeler que le chef de
notre réforme, et qui est bien en partie le chef de la
réforme anglaise, Calvin, né à Noyon, semble assez
Anglo-Saxon, si pour cela il suffit d'être passionné, concentré, intérieur. C'est au xviii° siècle « la sensibilité
amère ou bizarre des romans ». Ces romans sont en
effet bizarres, ou pour mieux dire irréguliers, dispro-
portionnés dans leurs constructions, mal composés,
mal bâtis par comparaison avec les nôtres ; mais l'expérience, qui en ressort, n'est pas plus amère au fond
que celle qui ressort des romans des Furetières, Scar-
ron, Lafayette, Lesage, Prévost, Marivaux, Voltaire,
Diderot, Laclos, desquels la note amère, il faut bien le
rappeler, a été assez fidèlement soutenue par les romans de Stendhal, Balzac, Mérimée, Zola, sans parler
d'autres moindres. « La sympathie douloureuse et le
désespoir incurable » ne nous sont pas davantage
inconnus, tout légers et sociables que nous soyons
(vous remarquerez en passant que Taine associe géné-

ralement ces deux épithètes, comme s'il estimait la légèreté et la sociabilité compagnes inséparables). Nos Jansénistes du xviie siècle (personnages d'une légèreté peu apparente) ont connu un certain genre de désespoir, assez pesant à l'âme. Pascal me semble avoir senti un désespoir aussi profond et peut-être bien plus sincère que celui de Byron, de Byron qui est le type, le plus éminent du désespoir anglais et qui n'a pas pour cela laissé de rimer son *Don Juan.* Je ne me représente pas Pascal écrivant en prose des plaisanteries de même calibre que celles de Byron. De nos jours nous avons eu des désolés, dont les heures mauvaises (car qui est constamment désolé?) ont une saveur d'amertume assez prononcée : Musset, Madame Ackermann, Leconte de Lisle, Vigny. (Il y a pas je pense de désenchantement plus complet que le sien.)

Il y a eu pas mal de Français incontestablement passionnés, concentrés, intérieurs, et d'autre part, l'Angleterre n'a pas tout à fait manqué de caractères joyeux. Il a existé, et sans doute il existe encore, une *Merry England*, dont Taine obstinément détourne ses yeux [1].

C'est à mon sens une psychologie un peu paradoxale que celle développée par Taine à propos de l'homme français : le manque d'attention passionnée et profonde serait cause de la perfection subite de notre

---

1. Il en constate l'existence dans sa correspondance.

prose, du prompt développement, parmi nous, de la
raison oratoire et de l'art d'écrire. J'aurais cru que la
raison oratoire et l'art d'écrire exigeaient au contraire
de l'attention, et que par suite leur possession témoi-
gnait qu'on avait eu de l'attention. Je n'aurais pas cru
qu'il y eût cette espèce d'incompatibilité entre l'attention et la raison (oratoire ou autre). J'aurais supposé
plutôt le contraire. Taine invoque contre nous la
nullité de l'ode et la tranquillité de la tragédie ; le
reproche s'applique assez bien à une période de notre
histoire ; mais vraiment Taine me stupéfie, quand je le
vois si obstinément tenir pour non avenue la poésie
lyrique de notre Renaissance, et ce qui est bien plus
fort, le lyrisme de nos romantiques qu'il a directement
sous les yeux, et tenir également pour rien tout notre
théâtre moderne

***

Taine a donc tout ramené à une cause qu'il indique
en trois mots. Nous serons obligés d'être beaucoup
plus prolixes ; au lieu d'une cause, nous parlerons de
plusieurs causes.

En constatant la liberté exceptionnelle que les Anglais se sont accordées en littérature quant aux formes,
à la composition, à l'outrance du style, le premier
mouvement de mon esprit a été de se reporter à leur
liberté politique, à ce régime dont ils ont joui, dès le

Moyen Age. J'ai supposé que ce régime exceptionnel avait dû produire, ailleurs que dans l'ordre politique, des effets également exceptionnels et des effets concordants, *homologues*, si je puis dire... et finalement j'ai rapproché la liberté littéraire de la liberté politique, celle-ci, dans ma pensée, ayant dû causer, ou au moins fortement coopérer à causer celle-là.

Taine, lui aussi, a fait ce rapprochement — et d'autres certainement l'ont fait comme nous — mais si Taine rapproche la liberté littéraire de la liberté politique, ce n'est pas comme ayant été, celle-là un effet de celle-ci, c'est comme ayant été, l'une et l'autre, les effets subordonnés d'une même cause primordiale, l'homme anglo-saxon.

Il est bon d'ajouter que Taine aperçoit cet homme tout d'abord et plus nettement dans la littérature; et que finalement c'est par la littérature anglaise qu'il s'explique la politique anglaise (voir cette thèse dans l'article Troplong et Montalembert).

<center>⁂</center>

Pour moi, je ne vois pas la nécessité de faire intervenir l'homme anglo-saxon. Si je le faisais intervenir, en tout cas, ce serait pour lui attribuer *en premier lieu* la création de ce régime exceptionnel de liberté[1]. Puis

---

1. En fait, pour cela même, je ne fais pas intervenir l'Anglo-Saxon. La création de la liberté anglaise me paraît suffisamment explicable

je regarderais ce régime opérer directement et *par lui-même* sur la littérature ; car il apparaît pour moi que la liberté politique amène avec elle certains effets qui lui sont comme naturels, et que par conséquent elle produit partout où elle se présente.

Un régime de liberté politique amène toujours une littérature spéciale, parlée et écrite ; écrite dans les journaux, les brochures, les livres, parlée dans les assemblées, les réunions électorales. Cette littérature, par cela qu'elle traite des intérêts opposés des classes et des compétitions des personnes et qu'elle s'adresse à tout le monde, contracte nécessairement une vivacité, une familiarité, une liberté de langage qui ne sont d'abord qu'à elle, mais qui bientôt s'étendent, par la contagion de l'exemple, à la littérature non politique.

Cette hypothèse — car je sais bien que c'en est une — serait à vérifier d'abord par l'étude de l'histoire anglaise, une étude minutieuse qui analyserait pendant quelques siècles les œuvres politiques et les œuvres purement littéraires, parallèlement. Pour bien faire, à cette première expérience on en joindrait une seconde, dont notre propre histoire, à nous Français,

---

par les circonstances du milieu, par des événements contingents et par l'action de quelques individualités exceptionnelles. Taine, pour nous imposer sa thèse, devrait prouver que toutes les individualités qui ont agi, n'avaient que du pur sang anglo-saxon dans les veines, ce qui est absolument indémontrable, surtout après la conquête normande.

offre la possibilité. Après une période séculaire de
littérature classique, que j'appellerai, pour mon
compte, littérature de contrainte, nous avons eu sous
la Restauration et le règne de Louis-Philippe, une
littérature qui contraste suffisamment avec la classique par la liberté de ses allures. Il y aurait à voir,
par une seconde étude, analogue à la première, si les
institutions parlementaires, avec l'accompagnement
obligé des journaux et livres politiques, n'ont pas
aidé les causes, proprement littéraires, à produire la
liberté de ton, de langage, l'élargissement de sympathie, qui caractérisent notre romantisme.

De bonne heure, l'Angleterre a été — un peu
comme Rome — un pays à la fois d'aristocratie et de
démocratie ; et par une même cause, l'existence d'institutions représentatives, les aristocrates anglais ont
dû disputer à la haute bourgeoisie, et se disputer entre
eux les suffrages populaires qui envoyaient leurs
élus au parlement. Ils ont dû par suite s'astreindre à
fréquenter les hommes des classes inférieures, et
à les entretenir sur un ton de langage, pas trop
éloigné du leur. Ils n'ont pas dû viser à se distinguer totalement de leurs électeurs par les manières,
par les façons de vivre, de s'occuper et de s'amuser.

Tandis que la noblesse française, destituée de tout
rôle politique, n'a eu que le plaisir, et conséquemment le soin de se maintenir distincte, et manifestement supérieure par les manières et par le langage.

Et comme elle comptait dans l'Etat, la classe inférieure anglaise a compté dans la littérature. Les
auteurs ont compris que, dans leur intérêt et pour
accroître leur clientèle, il fallait que les personnes et
les mœurs de cette classe fussent représentées dans
leurs pièces de théâtre et dans leurs romans. Ajoutez
que, de bonne heure, l'Angleterre a été un pays de
navigation, d'exportation, de commerce, puis d'industrie (grâce à sa situation insulaire, à sa zoocul-
ture, à ses mines de houille); que par suite, au-dessous de l'aristocratie, il y a eu de bonne heure une
bourgeoisie riche ou fort aisée, née des entreprises
commerciales heureuses — donc comptée à double
titre, comme participant au gouvernement et comme
possédant de la fortune.

En Angleterre, personne ne s'étonnait de rencontrer dans les œuvres littéraires les plus poétiques,
des caractères ou des mœurs, peints d'après les
squires de campagne, les bourgeois de la ville, les
marchands, les ouvriers même. En France — à partir du xviie siècle — cette rencontre, dans les ouvrages
dits de haute littérature, scandalisait le public, le
seul public qui influât, le public noble et mondain,
avec sa clientèle obséquieuse d'auteurs et de critiques
professionnels. Nous avons assez de renseignements
sur l'esprit, sur les exigences de ce public, pour nous
représenter de quelle surprise courroucée ou dédai-
gneuse, Boileau, Racine, Mme de Sévigné, et avec

eux toute la société polie, tous les journalistes, eussent accueilli une œuvre (roman ou drame) qui eût prétendu les intéresser aux destinées tragiques d'un jeune paysan (*l'Arlésienne*) d'une fleuriste (*André*), à l'existence obscure et dévouée d'une servante (*les trois contes de Flaubert*) « matière à comédie que ces sujets-là, et encore ».

Plus que par la technique même du style, notre romantisme diffère de notre classicisme par la sympathie, hardiment sollicitée pour les mœurs, les actes, les aventures et les entours des héros appartenant aux classes inférieures. L'esprit de liberté et de démocratie (littérairement parlant) qui anime nos romantiques, fait de nous des Français assez ressemblants, par un côté très essentiel, aux Anglais du temps de Shakespeare.

Je crois bien que la liberté politique, ou plus précisément la participation des hautes et moyennes classes au gouvernement du pays par le moyen de députés élus pour le parlement, et d'hommes élus encore pour les fonctions locales d'administrateur, de policier, est ce qui a retenu à la campagne l'aristocratie anglaise, qui y était sollicitée déjà par son intérêt économique, ayant toute sa fortune en biens fonds. — Comme inversement, la privation de toute participation au gouvernement national et à l'administration locale, en désœuvrant la noblesse française, l'a envoyée vivre dans les villes.

Vivre ordinairement à la campagne ou vivre à la ville, doit déterminer dans deux esprits, à les supposer pareils en naissant, des différences assez profondes. Les spectacles coutumiers ne sont pas les mêmes ; par suite les images qui garnissent les deux cervelles, les sentiments journaliers que chacune des deux séries d'images suscite, ne sont pas non plus tout à fait les mêmes ; celui qui vit à la campagne, par exemple, a chance de se trouver plus souvent en tête-à-tête avec lui-même... et par suite de contempler plus souvent sa propre image morale ; ou de ruminer sa propre destinée. Il faut qu'il prenne en patience des moments de solitude plus fréquents ; il est par là incliné parfois à prendre quelque goût pour l'isolement[1]. Les plaisirs de la campagne et ceux de la ville diffèrent beaucoup. Ils consistent principalement à la campagne, en des exercices physiques, chasses, courses à cheval, promenades en voiture, voyages à pied. Les rapports de voisinage et les réunions mondaines ont pour condition préalable ces mêmes exercices. — De là la conservation d'une certaine énergie musculaire, et par suite l'estime même de cette énergie. D'où il résulte finalement, je crois, une certaine mesure d'énergie morale.

Vivre aux champs ne suffit pas à développer ce que

---

1. Il me semble bien voir encore qu'à la campagne, la gaîté est plus franche, plus pleine, quand on s'égaye ; et qu'en revanche, on y est plus profondément triste quand il y a lieu.

nous appelons le sentiment de la nature (surtout
quand les champs sont pour l'individu l'atelier où
il travaille, ou le coffre-fort d'où il tire ses moyens de
subsistance); le vers, si connu, de Virgile énonce une
vérité évidente de tous temps. Mais quand celui qui
vit aux champs s'y maintient aussi lettré qu'on l'est
à la ville, le cas est bien différent. Ce cas est celui de
l'aristocratie anglaise. Dans ces familles riches ou
aisées qui habitent des rockeries, on lit beaucoup,
poésies, romans, voyages; on écrit soi-même assez
souvent, les femmes surtout. Comment feraient-elles
pour ne pas décrire des sites ou pour se taire sur le
temps beau ou laid, sur la saison du moment, quand
elles rendent compte à quelque amie d'une partie de
campagne? Ce sentiment de la nature, que Taine
attribue au génie anglo-saxon, me paraît, quant à
moi, une suite assez naturelle de ces deux circonstances combinées, une vie rurale, et une éducation
littéraire. L'aristocratie française, sous l'ancien régime, vivait, selon son rang haut ou bas, à Paris ou
dans les villes de province ; d'où toute une suite
différente d'images, d'émotions, d'occupations et de
plaisirs, et finalement de manifestations littéraires
dans ce qu'elle écrivait elle-même, ou dans ce qu'elle
demandait aux écrivains de profession.

Un public urbain, on peut même préciser davantage et dire un public de port de mer, contenant une
proportion importante d'hommes aventureux, éner-

giques, violents, ayant le goût des voyages et des
émotions tragiques, médiocrement tendres et fort peu
policés, également prompts à applaudir et à huer, a
exercé sur le théâtre de Shakespeare une influence
souveraine et a décidé des principaux caractères que
nous lui voyons, parce que, justement, il a rencontré
en Shakespeare un artiste résolu à réussir et pour
cela à satisfaire son public dans tous ses goûts, quels
qu'ils fussent, fort peu préoccupé de goût proprement
dit, et de mesure, et de tradition, de modèles, de règles ;
homme de génie, d'ailleurs (par un accident heureux
pour le théâtre anglais), et d'un génie qui précisément
trouvait son compte au genre d'indépendance (indépendance quant aux formes, aux sujets et au style)
que son public lui laissait très volontiers. — Taine a
fait de ce public un portrait ressemblant et coloré ;
et il n'a pas tout à fait méconnu son influence ; mais,
si l'on veut connaître toute la force et l'étendue de
son ascendant, c'est M. Jusserand qu'il faut lire.
Avant d'avoir lu M. Jusserand, je n'avais pas aperçu
tout l'intervalle, toute la distance qu'il y a entre les
hauts et les bas de Shakespeare, et en tous cas je
n'avais pas compris l'étonnante inégalité du poète.
M. Jusserand me l'a parfaitement expliquée, et expliquée précisément par la rencontre du public, tel que
je viens de le dire, et de l'artiste, tel que M. Jusserand
nous le montre, docile, empressé à offrir en tous
genres ce qui lui était demandé, insouciant de la

gloire à venir, laborieux, faiseur, rapetasseur de
pièces antérieures qu'il triture ou combine ensemble,
à la fois manœuvre de lettres et grand génie original,
mais sans aucun parti pris de l'être, l'étant quand
cela lui plaît, quand cela lui dit, et aisément, et avec
abondance, parce que la nature l'a doué avec une
prodigalité extraordinaire. — Taine, n'ayant voulu
voir, ce me semble, que les hauts de Shakespeare,
ne pouvait pas me l'expliquer.

***

Un grand public rural me paraît avoir fortement
influencé, quoique de façon moins directe et moins
apparente, la composition du moderne roman anglais.

Ces romans me semblent avoir été conçus par leurs
auteurs, d'après les réflexions suivantes : « J'écris
pour un public dispersé, qui vit à la campagne, en
des logis isolés, châteaux ou maisons bourgeoises.
Grâce à notre climat, ils subissent là de nombreuses
journées de pluie, et alors, faute de pouvoir monter
à cheval, courir le renard, ou manier leur aviron
sur la rivière, ils s'ennuient vigoureusement ; ils
regardent à travers la vitre tomber la pluie, et s'enfoncent dans des rêveries tristes ou mystiques, car
ils sont capables d'interroger avec anxiété leurs con-
sciences de *protestants*. Servons-leur des romans
prolixes, en plusieurs tomes, dont la lecture puisse

parer à toute une grande semaine de logis forcé. Et
puis d'ailleurs il y a toujours les soirées à occuper,
et nos gens ne sont pas mondains. D'un caractère
souvent orgueilleux ou d'humeur difficile, il leur arrive de s'isoler encore au sein de la famille et dans la
maison même. A ces esprits graves ou renfrognés,
on peut parler longuement de quoi que ce soit. Ils
ne sont point du tout artistes. Je peux me livrer
devant eux à toutes les fantaisies de mon imagination,
ou de ma verve, m'attarder, m'enfoncer là où le sujet
me plaît à moi, auteur... écrire comme pour mon
propre plaisir... Je ne dois prendre garde qu'à une
chose, éviter toute apparence d'immoralité ou même
de nonchaloir sur ce point, car ils sont maris et pères
de famille très susceptibles sur la candeur de leurs
filles et même sur celle de leurs femmes, dont ils
entendent bien gouverner le for intérieur et brider
l'imagination. Mes gens, n'ayant pas, pour la plupart,
reçu l'instruction classique, sont des esprits modernes qui demandent des représentations de la vie
moderne, des images de choses actuelles. Esprits
réalistes, pas du tout philosophes, ni abstracteurs
d'idées générales, ils ne comprennent, ne sentent les
caractères et les passions que par les actes quotidiens
que les caractères et les passions produisent. Je les
servirai comme ils le demandent. Je leur peindrai
leur propre vie, leurs occupations, leurs passions, et
par le menu, au moyen d'une foule de petits détails

accumulés. Je leur peindrai leur milieu, la campagne, la nature, comme je leur peins les hommes. Au reste je trouve à tout cela mon propre compte; car j'ai leurs inclinations, j'ai leurs facultés, et j'ai presque les mêmes lacunes. »

Dans ces réflexions que je viens de prêter aux romanciers (abusant peut-être de la liberté d'imaginer), je relève une assertion que je crois vraie : « Dans la famille, la maison, il y a chance qu'on s'isole. »

Rappelons ici quelques traits de la famille en Angleterre : Le mari, seigneur et maître de sa femme de par la loi et l'opinion, et assez souvent disposé, en effet, à parler en maître; le père, plus autoritaire encore avec ses enfants; ceux-ci absolument respectueux et tout à fait boutonnés devant le père; les frères entre eux souvent séparés par la jalousie, ou conjurés contre l'aîné qui est destiné à avoir à peu près toute la succession paternelle; des sœurs que leurs frères traitent volontiers en subordonnées, en raison de leur sexe; des filles qui savent parfois qu'elles ont bien des chances de rester filles. Vous ne serez pas étonnés si ces circonstances font qu'assez souvent le ton général de la famille manque de familiarité, d'expansion, que quelques-uns des membres vivent retirés en eux-mêmes; qu'il se forme là des caractères enclins à la rêverie, au mutisme, à la tristesse, à un certain égoïsme, celui que j'appellerai volontiers l'égoïsme défensif.

Ajoutez par là-dessus la solitude relative de la vie rurale — et le climat assez pluvieux — et maintenant demandez-vous si l'isolement moral et la tristesse n'ont pas quelque compagnonnage avec l'orgueil ? Je ne puis m'empêcher de me rappeler ici la vie que menait Chateaubriand à Combour, au sein de sa famille, et quelle tournure cette vie avait donnée au caractère de ce jeune Français, que l'existence mondaine à Paris modifia considérablement. Chateaubriand à Combour, me fait assez l'effet d'un jeune Anglais.

***

En outre des dissemblances politiques l'Angleterre a différé de la France par nombre d'autres institutions, sans parler ici du cours si différent des événements et des aventures nationales, dans les deux pays. Il me semble qu'avant de recourir à l'homme anglo-saxon, il fallait, en bonne méthode, rechercher les effets des conditions, plus certaines et plus immédiates. On aurait vu, après cela ce qui restait d'inexpliqué. Par exemple, j'ai déjà fait observer que Taine s'était trop peu occupé de savoir quel genre d'instruction les auteurs anglais avaient reçu aux écoles, dans leur enfance et leur adolescence. Je dois ajouter et quelle instruction avait reçue le public même, le public lisant ou allant au spectacle et influent ; car, je le rappelle,

il y a toujours ces deux termes à considérer en vis-à-
vis : l'auteur, le public.

Dès l'époque où les deux littératures, que Taine a
constamment comparées, ont commencé à diverger
fortement, c'est-à-dire dès la Renaissance, le public
influent en France s'est composé d'hommes ayant
appris à peu près exclusivement du latin, de la logique
(aristotélienne), de la théologie, ou du droit romain ;
en Angleterre, le public influent, plus étendu, plus
divers de condition, s'est composé en majeure partie
d'hommes n'ayant reçu qu'une instruction très sommaire, et puis lancés très jeunes dans les métiers, les
professions, la vie pratique. Il est résulté de cette
différence un effet très considérable, celui-ci : que les
juges des auteurs, en France, ont été, comme ces
auteurs mêmes, profondément influencés par les
œuvres de l'antiquité, grecque et romaine ; que le
respect, l'admiration traditionnelle de cette double
antiquité ont pesé assez lourdement sur les esprits et
des auteurs et des spectateurs ; tandis qu'en Angleterre, le gros du public a toujours eu l'esprit fort libre
à l'égard des mêmes traditions, et par suite a permis
aux auteurs de s'en libérer eux-mêmes, quand ils ont
eu personnellement le goût de l'indépendance, de
l'originalité. On voit que le régime politique et le
système d'instruction le plus général se sont accordés en Angleterre pour un même effet [1].

1. Voir notre théâtre à l'époque de Shakespeare.

Sur ce point de l'instruction première des auteurs, la négligence de Taine est bien notable. Il aurait dû s'enquérir avec un soin particulier si chaque auteur, dont il parlait, avait reçu une instruction plutôt technique, pratique, comme elle l'est encore pour la plupart des Anglais, ou une instruction classique, assez semblable à celle donnée dans les collèges français, laquelle enseignait encore naguère avant tout l'art de l'écrivain, s'efforçait d'inculquer le goût et était propre à inspirer uniquement l'ambition artistique. Il se serait peut-être aperçu que la différence de l'instruction reçue pouvait suffire à expliquer pourquoi on rencontre côte à côte sur le sol anglais (en dépit de la race) des écrivains, dont la manière de composer et d'écrire ressemble assez à celle des Français, à celle qu'il qualifie de classique, et d'autres écrivains pratiquant une esthétique plus libre, celle qu'il estime anglaise ou germanique.

A présent, il faut tenir compte de l'imitation. Il faut se souvenir que le premier auteur — en somme, contingent, accidentel, — qui inaugure, dans un genre donné, une forme, un ton, des procédés nouveaux, et qui réussit auprès du public, peut devenir la raison suffisante d'une lignée d'œuvres postérieures plus ou moins marquées au même coin ; ce qui fait que les auteurs de ces œuvres, regardés par un certain côté, sous un certain jour, ont l'air d'appartenir à une même famille, ou, si l'on est Taine, de déceler une même race.

Les exemples de Richardson, de Fielding, de Sterne,
ont à mon avis efficacement agi, en exhortant ou au
moins autorisant leurs successeurs à composer des
romans prolixes, abondants en descriptions minu-
tieuses du milieu rural ou urbain, en analyses psychologiques, en digressions ou même en divagations
humoristiques, sans souci d'un plan artistiquement
construit et équilibré dans ses parties ; et encore
moins de souci d'un style régulier, modéré et sobre.

Je citerai un exemple analogue de contagion imi-
tative pris chez nous, et je le choisis d'autant plus
volontiers qu'il regarde cet amour de la nature et cette
aptitude à la décrire, dont Taine a voulu faire un don
naturel, propre à l'Anglo-Saxon. S'il n'eût pas si fer-
mement bouché ses yeux sur notre romantisme, d'abord
il eût aperçu Victor Hugo, peintre de nature d'une
précision et d'une abondance incomparables assurément, et s'il eût observé les origines de notre romantisme, voyez quelle idée importante il aurait pu y
prendre. Il aurait vu combien vite, ce que j'ai appelé
tout à l'heure un don (et serait mieux nommé une
direction nouvelle de l'effort intellectuel) naît et se développe. Rousseau, le premier, se hasarde à faire des
tableaux de nature, à peu près peints pour eux-mêmes.
Nous avons tout de suite, après lui, Bernardin de
Saint-Pierre, puis Chateaubriand ; et dès lors c'est
une superbe *théorie* de peintres qui se développe avec
Lamartine, Hugo, Vigny, George Sand, Flaubert,

Maupassant, etc. (éclatante procession dans laquelle Taine lui-même a droit de figurer). A l'heure présente, nous avons un débordement de descriptions. Des romanciers, de troisième ordre d'ailleurs, trouvent moyen d'y montrer de l'originalité et surtout du savoir-faire. Même développement rapide et brillant du goût et de l'aptitude à décrire les milieux artificiels, industriels, sociaux, où se meuvent les héros des romans modernes. Nous avons de ce côté-là, Balzac, Flaubert, Maupassant, Zola, etc... Que n'a-t-on pas osé en ce genre? On nous a fait assister à des opérations de chirurgie très détaillées, et à des accouchements très laborieux. Et cela doit nous apprendre à ne parler jamais qu'avec doute et circonspection de ce que peut faire et ne pas faire « le génie » d'un peuple ou d'une race.

*

Enfin il est des différences qui disparaissent, ou qui s'atténuent beaucoup, devant les yeux de l'historien qui ne s'asservit pas à la méthode trop simple de comparer un peuple à un autre peuple, temps pour temps, dans un rigoureux synchronisme. Taine n'a pas aperçu ou voulu apercevoir que des phases assez semblables se présentent parfois chez deux peuples, mais à des époques chronologiquement différentes, ou même dans un ordre interverti. J'en donnerai tout de suite un

exemple. En ce moment nous différons extrêmement
des Anglais par la façon ouverte, complaisante (trop
complaisante, hélas!) dont nous exposons artistiquement l'acte sexuel. Sous Louis XIV dans le roman sérieux (romans de Mlles de Scudéry, de Lafayette) et dans
les pièces de théâtre, les amants au contraire se montraient platoniques exclusivement, et même jusqu'à
l'invraisemblance. (Voyez Pyrrhus, amoureux fou
d'Andromaque; elle est sa captive, son esclave, elle
vit chez lui, dans sa dépendance absolue depuis des
années, et elle y vit absolument respectée! Comme
c'est réel!)... Nous traitions alors l'acte sexuel comme
les Anglais le traitent maintenant. Et au rebours nous
le traitons maintenant comme les Anglais le traitaient
sous Charles II.

CHAPITRE IX

Ce qui apparaît au premier coup-d'œil dans l'histoire c'est le fait particulier, accompli par un homme ou par quelques-uns ensemble, autrement dit l'*événement*. Si l'on s'en tient à ces premières apparences, pas d'histoire scientifique. Mais à y regarder plus profondément, on aperçoit que l'histoire contient une autre espèce de fait : le fait imité, ou répété, ou réitéré par un nombre d'hommes plus ou moins grand.

Les faits de cette seconde espèce sont la matière propre à l'histoire scientifique, car il n'est science que de similitudes, on l'a dit souvent, et, d'autre part, un même fait, répété par une collectivité d'hommes, constitue bien évidemment entre eux une similitude. — Après cela, une similitude en langage d'historien philosophe, c'est même chose que ce qu'on nomme, en langage ordinaire, une institution. Similitude, institution, ou encore généralité, cela s'équivaut.

Quand le fait individuel, l'*événement*, a cette chance
— qu'il n'a pas toujours, tant s'en faut, — d'être répété, réitéré ou imité, il apparaît sous l'aspect d'une
nouveauté ou d'une innovation ou invention. Quand il
n'est pas répété, on l'oublie ; ou bien il n'est consigné
que dans l'histoire des événements.

L'histoire scientifique, *institutionnelle*, marche sur
ces deux roues : l'innovation, l'imitation. A la considérer très abstractivement, on la voit se composer
essentiellement d'une nouveauté qui devient le point
de départ de faits d'imitation, variés quant à la forme
et aux degrés, quant à l'étendue de l'imitation dans
l'espace et à son prolongement dans la durée. Puis
survient, dans le *même ordre d'activité*, une seconde
nouveauté, qui est à son tour le point de départ pour
une imitation, variable en forme, degré, étendue,
durée — et ainsi de suite.

*

D'après ce que j'ai dit plus haut, il semble que
l'innovation n'aurait pas droit d'entrer dans l'histoire
scientifique ; et que tout au plus serait-il utile de signaler chaque innovation, en tant que point de départ
des faits de répétition, et début accidentel des institutions, mais qu'il serait vain de chercher dans l'innovation une matière solide et substantielle pour
l'histoire scientifique. Et cela serait vrai, si l'inno-

vation était en entier l'œuvre, la création d'un esprit individuel. Mais voici ce qu'un examen attentif vient nous révéler. Ce novateur qui, à première vue, semble tout à fait individuel, tout à fait lui, s'il se compose en effet de traits qui ne sont qu'à lui, se compose aussi de traits qui lui sont communs avec les hommes de son temps ; et de traits communs aux hommes de tous les temps. Il y a en lui un homme *particulier*, un homme *temporaire* et un homme *général*. De plus son innovation ne lui appartient pas tant que cela ; en général, sinon toujours, elle n'est pas faite d'éléments créés à nouveau. Elle n'est guère qu'une combinaison nouvelle ou adaptation nouvelle d'éléments anciens. Dans la mesure où elle est faite d'éléments anciens, dans la mesure où elle est faite par les dispositions morales que le novateur a en commun avec les hommes de son temps, ou avec l'homme de tous les temps, l'innovation se prête à une étude scientifique ; je veux dire qu'on peut chercher, trouver jusqu'à quel point elle a été *déterminée* ; et par quoi elle a été déterminée.

Ce sont là les raisons qui justifient l'historien philosophe de se livrer à une étude approfondie de chacune des individualités qu'il rencontre comme point de départ, en tête de chaque institution, ou de chaque changement dans cette institution. — Et comme d'autre côté ces individualités, je le répète, font point de départ pour des imitations, des sugges-

tions ou des contradictions, il est assez logique de
commencer par leur étude.

*

J'ai analysé plus haut les endroits où Taine expose
ses idées sur la méthode à employer pour l'étude,
et si je puis dire, pour l'investigation des individualités. Et j'ai eu là l'occasion de montrer que je
n'adoptais pas cette méthode. Je reproche à Taine
deux choses : il a fait une hypothèse démentie par la
réalité la plus ordinaire en supposant qu'un auteur
reste toute sa vie sous la domination d'un même état
psychique ; il a prétendu saisir directement dans un
auteur ce qu'il a de particulier, ce qui fait qu'il est
lui et non un autre ; il a prétendu cela sans s'être au
préalable procuré un mètre pour mesurer cet auteur,
ou plutôt un cadre à poser sur cet auteur, sur tout
auteur.

Ce cadre c'est l'homme, l'homme général, comme
nous l'avons expliqué plus haut.

Quand je dis : il faut, pour pénétrer l'individu,
connaître d'abord l'homme général et s'en servir, c'est
tout simplement comme si je disais : il faut s'appuyer
sur les données de la psychologie ; mais j'estime que
cette expression-ci est moins nette que l'autre.

Je ne dis pas que Taine ait ignoré la psychologie ;
au contraire, il en a su beaucoup. Je ne dis pas qu'il

ne se soit pas servi de l'homme général ; au contraire, il l'a souvent invoqué, allégué (j'en ai cité de notables exemples). Seulement il ne l'a pas eu et tenu devant ses yeux comme il l'aurait fallu, c'est-à-dire constamment, méthodiquement, comme un cadre commun à poser sur les individus. Cet homme général apparaît chez lui ici et là, puis disparaît ; Taine le perd, puis le retrouve, un peu au hasard. Autrement dit, il n'a pas disposé méthodiquement son savoir psychologique de manière à s'en faire un instrument perpétuel. Il n'a même pas aperçu que c'était là la condition nécessaire. Ainsi que je le disais tout à l'heure, il a prétendu le plus souvent saisir l'individu en lui-même, directement, sans le comparer, sans le rapporter à l'homme donné par la psychologie. Taine a fait comme un médecin qui, oublieux de son anatomie et de sa physiologie, viserait à saisir ce qu'il y a de particulier dans la constitution d'un malade, ce qui, en langage médical, s'appelle l'idiosyncrasie.

En psychologie, l'idiosyncrasie du médecin a son analogue : c'est la *caractéristique*. Or justement, comme l'a observé le maître en cette matière, Stuart Mill, la caractéristique est la case vide de la psychologie, science à faire, et non faite. Il y a une chimie simplement qualitative et une chimie quantitative. Nous ne possédons encore que de la psychologie qualitative. Il faudrait, pour la caractéristique, avoir les moyens de mesurer chacune de nos facultés intellectuelles, de doser chacune de nos qualités morales ; nous n'en sommes pas encore là, et tant s'en faut.

***

Conséquemment, demandons d'abord à la psychologie actuelle ce qu'elle sait du caractère de l'homme, de ses visées, de ses ambitions, quand il parle ou écrit pour le public ; ce qu'elle sait de la manière dont l'esprit humain produit ses conceptions, et en particulier ses conceptions littéraires.

En parlant ou écrivant, l'homme n'a pas toujours la même visée. Tantôt il se propose d'affirmer que telle chose est réelle ou vraie ; et en ce cas il fait de la science. Tantôt il prétend porter ses semblables à faire un certain acte ou à s'en abstenir, et en ce cas il fait de l'art pratique, de la morale ou de la politique. Tantôt écartant ou tout au moins subordonnant le dessein de dire vrai, le dessein de promouvoir une certaine conduite, il se propose d'intéresser, de toucher, d'émouvoir ses semblables, soit au moyen de récits et de personnages plus ou moins fictifs, soit par l'expression passionnée et communicative de ses propres sentiments, et il fait de la littérature.

Ces trois desseins, ces trois visées, me semblent embrasser toute l'ambition, tout le vouloir de l'homme quand il parle ou écrit.

La distinction de ces diverses visées nous donne le

moyen de délimiter, de circonscrire le véritable domaine de la littérature. Désormais nous la reconnaîtrons à ce signe que l'homme y parle ou y écrit non pour instruire, ou pour conseiller ses semblables, mais pour leur susciter des émotions. J'entends que c'est là au moins sa préoccupation principale.

Ne pas étendre au delà de ses bornes naturelles le domaine de la littérature, cela importe. N'est-il pas en effet présumable que l'œuvre littéraire, l'œuvre pratique, l'œuvre scientifique, différentes par leurs fins, demandent l'emploi de moyens, c'est-à-dire de facultés différentes au moins en partie? Et il est présumable encore que le milieu environnant, à qui nous devons toutes nos stimulations, nos suggestions, suscite, provoque l'œuvre littéraire par des éléments, par des circonstances autres que celles qui lui servent à provoquer l'œuvre scientifique ou pratique. — Dans la recherche des causes (qui sont toujours d'un côté le milieu, de l'autre les facultés de quelque esprit) on encourt donc la chance de se tromper, si on mêle avec des œuvres littéraires quelques œuvres des deux autres ordres, et si l'on tente de les expliquer ensemble [1].

1. La prudence doit même, ce semble, aller encore plus loin. Dès qu'on observe le champ littéraire, on y distingue deux genres de productions assez tranchés : des œuvres où l'auteur parle au public directement, en son propre nom, où il se montre à visage découvert, où il met en jeu, en spectacle, sa propre personnalité ; et c'est le genre oratoire ou lyrique — des œuvres où l'auteur fait parler et agir à sa place des personnages imaginaires, derrière lesquels

Rompons décidément avec cette pratique de mettre
pêle-mêle dans l'histoire d'une littérature les savants,
les moralistes, les philosophes, avec les artistes littéraires. Cette confusion induit l'historien à chercher
entre eux tous des rapports indémontrables, et à nous
offrir des rapports imaginaires.

Si maintenant nous demandons à la psychologie de
nous dire en quoi diffère la démarche de l'esprit, selon
qu'il fait de la science ou de la littérature, elle nous
répond que le savant et l'artiste vont vers deux termes
qui sont à peu près opposés : le but du savant est de
découvrir entre des phénomènes d'aspect différent
une similitude plus ou moins cachée, masquée, mais
essentielle et profonde. Pour cela, il écarte de devant
ses pas, de devant ses yeux, tout ce qui est particularité, singularité. Ce qu'un objet, minéral, plante,
animal ou homme, présente en fait de qualités personnelles, si l'on peut dire, ou, à plus exactement
parler, ce qu'il présente de personnel comme combinaison, comme degré de ces qualités, est pour le
savant l'obstacle qu'il rejette hors de sa route, afin
d'atteindre le commun, le général, l'universel que
l'objet recèle d'autre part. De cette excursion le savant

il se dérobe, et c'est le genre dramatique. Puis, on aperçoit qu'il
existe un genre mixte, le poème ou le roman, dans lequel tantôt
l'auteur produit ses impressions et réflexions personnelles, et tantôt
abandonne toute la scène aux personnages de son invention. — On
se demande s'il n'est pas imprudent d'envelopper dans la même ten-
tative d'explication les œuvres lyriques et les œuvres dramatiques,
fussent-elles contemporaines.

rapporte quelque généralisation, plus ou moins étendue, et abstraite à proportion.

Ce que le littérateur prétend saisir est justement le
contraire; c'est le particulier, le singulier, l'individuel, parce qu'il n'y a de vivant que l'individu ou
l'objet individuel; et que l'artiste littéraire vise à nous
donner l'impression, l'illusion du vivant. Quel est le
suprême effort, le comble de l'art littéraire? Tout le
monde en convient, c'est de créer un *caractère* qui
nous paraisse avoir la même réalité que le souvenir
d'un homme de notre connaissance; c'est de créer
Othello, Hamlet, Tartufe, Madame Marneffe, etc...

***

Le but littéraire ainsi déterminé, il reste à chercher quelles facultés l'artiste emploie pour atteindre
ce but.

Ce mystérieux sujet des facultés littéraires, je ne
crois pas que la psychologie soit assez avancée, pour
qu'on puisse le traiter, dès à présent, en toute assurance. (Du moins ma psychologie particulière n'est
point assez avancée pour cela.) Je dirai donc bonne-
ment de ce sujet difficile ce qu'il m'en paraît.

Il me semble que les opérations de l'esprit littéraire
peuvent être distribuées sous quatre ou cinq déno-
minations : sensibilité, imagination, raison, goût et
tact. C'est là une première vue des choses, une vue

un peu large et vague. A y regarder de plus près, on entrevoit que l'imagination a plusieurs modes, la raison aussi, et la sensibilité encore plus ; et on comprend que, s'il veut en savoir davantage, l'historien doit s'imposer préalablement la tâche d'étudier, aussi analytiquement que possible, un assez grand nombre d'auteurs différents de temps et de pays.

Ce qu'on peut rapporter d'une excursion de ce genre (excursion assez laborieuse), j'ai essayé ailleurs de l'exposer plus amplement. Je me bornerai ici à un résumé [1].

Imagination. J'ai cru voir que ce qu'on désigne, par le terme général d'imagination, contenait en réalité quatre modes d'imagination assez discernables.

Il y a l'imagination la plus naturelle, la plus simple, qui consiste à se rappeler les objets, à les voir en esprit dans le détail plus ou moins complet de leur forme réelle : c'est l'imagination pittoresque proprement dite, ou si vous le voulez, l'imagination *représentative*. (Je propose cette épithète, parce que le mot de pittoresque est devenu banal et abusif.) Cette imagination représentative, il est bon de le remarquer en histoire littéraire, tel auteur semble ne la bien posséder que quand il l'applique aux objets de la nature ; au contraire, tel autre semble ne l'avoir que pour peindre les attitudes, les formes de l'homme, et les

_____

1. P. Lacombe, *Introduction à l'histoire littéraire.*

objets de son industrie. Le pittoresque renfermerait
donc au moins deux sous-modes.

Il y a l'imagination de l'auteur qui se rappelle et se
représente avec exactitude, avec vivacité ses sentiments ou ses émotions passés; on pourrait appeler
celle-ci l'imagination *lyrique* ou poétique (en donnant
alors à ce mot une acception étroite et spéciale).

Il y a l'imagination de l'auteur qui se représente
l'intérieur des autres hommes d'après les dehors,
actes, paroles ou gestes, et c'est l'imagination *psychologique*.

Il y a l'imagination qui fait qu'un objet vous en
suscite un autre d'*ordre* très différent, et qu'on assemble les deux dans une comparaison détaillée,
poussée, ou au contraire indiquée d'un mot; qui, par
exemple, fait dire d'un homme, c'est un aigle, un
lion; ou qui fait qu'Homère compare expressément,
longuement, Ulysse à un sanglier. Cette imagina-
tion-ci sera, à votre choix, l'imagination *comparative*
ou *métaphorique*.

La raison. Il y a certainement dans ce qu'on nomme
la raison, deux grandes modalités bien distinctes : la
raison raisonnante ou syllogistique par laquelle on
développe les conséquences d'une proposition tenue
pour certaine; et la raison qui induit, découvre, va
du connu à l'inconnu, par divers procédés ou diverses
opérations, telles que l'observation, l'hypothèse, l'ex-
périmentation, etc.

L'invention des métaphores et plus encore celle
des comparaisons explicites demande l'intervention
de la raison conséquentielle. Lisez, dans les *Iambes*
de Barbier, la France révolutionnaire comparée à un
vaisseau ; ou *la Cloche* de Victor Hugo ; le premier
concept de la comparaison, mais surtout son développement, la construction du parallélisme prolongé
qui constitue la pièce, exigent visiblement l'emploi
de la logique. — La construction de toute phrase qui
satisfait à la syntaxe, est œuvre de raison. — Pour
mettre les actes et les paroles d'un personnage en
rapport avec les sentiments momentanés qu'on lui
prête, ou avec le caractère qu'on lui a donné, il faut
sans doute avoir amassé des observations, des notions
sur les caractères divers des hommes, mais il faut la
coopération de la raison pour trouver les justes rapports entre les éléments de l'expérience acquise.

Il est assez difficile de démêler, dans les ouvrages
littéraires, la part de la raison ; ils sont, je crois,
beaucoup plus pénétrés de raison qu'on ne peut le
démontrer. La vraisemblance observée dans les événements, les sentiments, les caractères, me paraît être
un choix fait par la raison dans la multitude des souvenirs. C'est la raison aussi qui, je pense, procure un
sujet heureux et en dispose les détails de manière à
susciter chez le lecteur l'émotion préconçue et voulue
par l'artiste. La raison ici est un perpétuel jugement
porté sur la question de *convenance* des moyens aux

fins préméditées : chapitre de psychologie important
et laborieux à faire que de découvrir et démontrer
avec précision le rôle, le jeu de la raison aussi loin et
aussi profondément qu'il va dans les œuvres dites
d'imagination.

La sensibilité. Et d'abord mettons-nous en garde
contre une confusion trop ordinaire. Il y a dans
l'homme une sensibilité qui est proprement susceptibilité, disposition à s'affecter plus ou moins de tous
les événements qui le touchent personnellement. Il y
a dans le même homme une autre sensibilité qu'é-
meuvent les événements arrivés aux autres personnes : ceci est proprement la faculté de sympathie
qui a son pôle négatif dans l'antipathie, et son point
d'équilibre, de repos, dans l'indifférence. Outre ces
deux sensibilités, communes à tous les hommes, l'artiste littéraire possède, non pas en propre, mais à un
degré qui lui est propre, une troisième sensibilité,
sensibilité de tête, d'imagination, qui influe peu ou
point sur la conduite, mais beaucoup sur la composition des œuvres. On pourrait donc à la rigueur appeler
celle-ci la *sensibilité artistique.* Elle se compose de
curiosités, d'intérêts, d'estimes, de sympathies (ou
des sentiments contraires) soit pour des catégories de
personnes, pour des classes sociales, soit pour des
entités morales comme certains vices ou certaines
vertus, soit, ce qui est plus hautement artistique
encore, pour certains types, pour certains caractères

d'hommes. Bref, la sympathie artistique proprement
dite est un système idéal d'attraits ou de répulsions,
d'estimes ou de mépris, qui diffère en chaque artiste.

C'est par le système particulier de ses sympathies
et de ses antipathies qu'un auteur se caractérise le
mieux ; qu'il se distingue le plus nettement des auteurs
voisins.

Le goût. Dans ce qu'on désigne ordinairement par
le mot *goût*, il y a deux aptitudes qui s'accompagnent
souvent, mais toutefois diffèrent assez pour nécessiter
une double appellation. L'une de ces aptitudes sert à
concevoir les penchants d'un public donné, à prévoir
l'effet que produiraient sur lui telle pensée, telle conception, telle expression ; et à accepter ou rebuter,
d'après cette prévoyance, ce qui vous vient à l'esprit.
Les précautions oratoires, les réserves, les restrictions, tous les habiles ménagements procèdent de
cette faculté. Le terme de *tact* la nommerait, je crois,
très convenablement. L'autre aptitude consiste à se
refuser, — pour se satisfaire soi-même, et par un
attachement désintéressé à un idéal d'équilibre et de
modération, — à se refuser, dis-je, tout excès, toute
surabondance dans la manifestation des qualités ou
des pouvoirs artistiques que l'on possède, esprit, ou
sensibilité ou imagination. Et ceci est plus proprement
le *goût*.

A quoi bon ces observations — que j'espère exactes,
mais que je tiens pour sûrement incomplètes ? —

J'imagine, à tort ou à raison, qu'elles peuvent servir à diriger, à maintenir dans le droit chemin celui qui se propose de découvrir, avec quelque certitude, les grands traits distinctifs d'une individualité littéraire donnée ; et se propose ensuite d'en faire une exposition méthodiquement ordonnée. Ce que j'entends par ces derniers mots, je vais, avec plus de probité que d'égoïste prudence, essayer de le montrer par un exemple. (Pensez toujours qu'un plus habile que moi pourrait tirer, des mêmes règles méthodiques, un parti beaucoup meilleur.)

**

Donc je vais, non sans quelque appréhension, tenter l'analyse de Charles Dickens. Ce ne sera pas — je vous en avertis, — une étude détaillée, poussée, laquelle ferait ici disproportion ; mais une sorte d'esquisse où seront indiqués les traits principaux de la figure, avec leurs proportions et leurs rapports de position. On verra que pour cela je me conforme à l'ordre même que j'ai suivi dans l'exposé des facultés littéraires.

L'imagination, chez Dickens, l'imagination *pittoresque*, est d'une abondance ou même d'une surabondance qui frappe tout d'abord ; mais à y regarder de près, on s'aperçoit qu'il faut faire une distinction et que ce qui déborde en Dickens, c'est le *pittoresque humain*, c'est-à-dire les attitudes, mouvements phy-

siques, gesticulations, habitudes corporelles, bref tout
ce qui traduit à l'œil l'état intime des personnages. La
verve d'imagination de Dickens se retrouve encore
quand il traite les objets dus à l'industrie de l'homme,
et mêlés infailliblement à son existence, et qui par
conséquent sont comme un appendice du pittoresque
plus strictement humain. Au contraire, quand il s'agit
de peindre les choses de la nature, son imagination,
sauf dans quelques occasions exceptionnelles, est
plutôt un peu pauvre et assez banale. Les occasions
exceptionnelles dont je veux parler, c'est quand, par
rencontre, les objets naturels apparaissent en mouvement et surtout dans un mouvement violent.

Tout lecteur de Dickens se rappellera ici combien de
fois il a décrit avec bonheur les effets et méfaits du
vent; et aussi la course d'une diligence à travers
plaines et monts — et, remarquez-le, il décrit mieux
encore cette course quand c'est à travers villes et vil-
lages qu'elle passe. — A quoi tiennent ces réussites,
qui, je le répète, sont exceptionnelles dans la peinture
des objets naturels?

A ceci : que Dickens possède également, à un haut
degré, les imaginations *pittoresque* et *métaphorique*
— et plus particulièrement une variété de la seconde : l'aptitude à inventer ces figures que les traités
de rhétorique appellent très bien l'*animation* et la
personnification. Sans doute, les comparaisons ex-
presses et les métaphores s'accumulent en bien des

pages de Dickens tellement que j'en suis saisi ; mais
ce qui me frappe encore plus chez lui, c'est la vie,
tantôt plaisante, tantôt tragique, qu'il arrive à prêter
aux choses. Cette aptitude, ce penchant, me font maintenant comprendre pourquoi dès que, parmi les choses
naturelles, ordinairement fixes et inertes, quelque
objet se montre bougeant, courant, Dickens s'empresse
de le saisir au passage — et comprendre par quels
moyens et en quelle manière il réussit la description
des objets de cette classe.

Son imagination *psychologique* paraît manquer de
pénétration. Les caractères qu'il crée sont, à première
vue, très nets, vivants, et saisissants pour la plupart ;
mais ils sont obtenus par un procédé de simplification,
d'élimination d'un côté, et d'un autre côté par un procédé de répétition systématique, qui ramène à chaque
instant sous nos yeux une attitude, un geste, une locu-
tion caractéristique ; et ce n'est parfois que ce qu'on
appelle un tic. Son imagination psychologique est
donc d'une profondeur plutôt moyenne, puisqu'en
somme les personnages qu'elle invente ne sont pas
richement étoffés de traits caractéristiques. En revanche ces traits sont très habilement choisis pour
nous donner de l'intérêt, de l'amusement, de l'é-
motion.

L'artiste littéraire visant deux fins, qui diffèrent,
sans diverger, et qu'il peut par conséquent atteindre à
la fois, émouvoir et faire des caractères complexes, —

émouvoir au moyen de ces caractères — il arrive que
tel artiste a plus de puissance pour émouvoir et tel autre
pour faire complexe. Et cela diviserait assez bien les
artistes en deux grandes classes, selon qu'ils feraient
mieux l'un ou l'autre. Dickens serait dans les émouvants (par comparaison avec Thackeray par exemple).
Il porte souvent l'émotion jusqu'à la tragicité. Par
moments il y a dans Dickens du Shakespeare. Il me
semble que Taine ne l'a pas assez remarqué.

Dickens est en somme au premier rang parmi les
romanciers émouvants. Et cela m'amène à sa *sensibilité artistique*. D'abord particulièrement vives sont ses
sympathies et ses antipathies (comparez-le à cet égard
avec Thackeray). Dickens a ses classes favorites qu'il
rehausse, et ses classes détestées qu'il déprime avec
un égal entrain. Il est pour les humbles et pour les
ignorants. Il préfère de beaucoup la capacité émotion-
nelle à la capacité intellectuelle ; et il porte dans ces
préférences une véhémence qui, mieux peut-être que
tout autre trait, caractérise sa nature d'artiste. Ceci
me donne occasion et même m'oblige à revenir sur sa
psychologie, pour faire remarquer que chez lui la
psychologie des sentiments, des émotions occasion-
nelles, est bien autrement profonde que la psychologie
des types (c'est à peu près le contraire chez Thackeray). Voyez en preuve, dans les *Grandes espérances*,
la scène où son héros reste toute une nuit sous la
menace d'un assassinat imminent ; et dans *Martin*

Chuzzlewit les appréhensions de l'homme qui rentre chez lui, après avoir commis le meurtre prémédité. Il est également profond, détaillé et étonnamment lucide dans l'invention des lubies qui hantent une cervelle de demi-fou ou de demi-idiot (exemples dans *Nicolas Nickleby*, *David Copperfield* ; et *Barnabé Rudge*). D'où lui vient cette vraie supériorité comme explorateur de l'un des cantons les plus obscurs de l'âme humaine ? C'est qu'il s'intéresse à ces créatures à proportion même de la défectuosité de leur esprit. Il les a, par sympathie, observées, comprises, pénétrées à une profondeur extraordinaire. En conséquence atténuons un peu ce que j'ai dit plus haut : Dickens avait en lui de quoi être un créateur de caractères plus éminent qu'il ne l'a été, car il a fort bien su, par exception, composer des types vraiment complexes et riches, comme Peckniff dans *Martin Chuzzlewit* comme Skinpol dans *Bleak-House,* et surtout comme la délicieuse petite Dorrit.

Que dire de ses facultés de raison ? La raison raisonnante n'était guère à son usage ; le genre des ouvrages qu'il faisait n'en nécessitait pas, et il n'était pas homme à en montrer par luxe ou ostentation, lui qui avait fort peu d'estime pour les raisonneurs, et de sympathie encore moins. En revanche, comme on ne construit pas un caractère, qu'on ne décrit pas les effets d'un sentiment, sans une mesure d'observation et de raison inductive, il faut bien que Dickens ait possédé une

dose de cette raison-là ; mais estimer avec précision
ce qu'il en posséda de fait, c'est chose impossible, je
crois. Pourquoi ? je l'ai déjà dit : l'imagination et la
raison inductive coopèrent trop intimement et se fon-
dent trop bien ensemble dans la création de l'œuvre
artistique.

Du *tact*, des ménagements pour son public, Dickens
en a eu suffisamment. Il a su parfaitement esquiver
certaines situations, dont le lecteur anglais estime la
représentation artistique dangereuse pour les mœurs.
Il a de parti pris abondé, et récidivé, dans les peintures qu'il savait agréables à ce même lecteur, telles
que le tableau d'un foyer domestique où l'union conjugale règne, et celui, encore plus goûté, d'un foyer
momentanément troublé, où l'union renaît.

De *goût* proprement dit, il n'en a pas ; et cela lui
est fort égal : Dickens se permet tout, s'abandonne
à tous ses penchants de verve, d'ironie, d'humour,
de préciosité, d'ingéniosité ; il se lance en effréné à
la conquête des figures et des tours inattendus,
bizarres, déconcertants. On en citerait d'innombrables exemples.

Certainement le lecteur, qui connaît bien son
Dickens, l'a déjà remarqué, le Dickens que je viens
d'esquisser ou de croquer ressemble, pour les traits
essentiels, à l'ample portrait de Taine. Mais Taine
rattache tous ces traits, comme des effets et des
dépendances, à une certaine manière dont l'œil de

Dickens saisit la forme des choses. C'est là où je me
sépare, je l'avoue, de l'illustre critique. Son Dickens,
je ne le trouve pas faux, je le répète, les linéaments
principaux de la figure sont exacts, mais ils ne *sont
pas en place*, je veux dire que cela n'est pas ordonné,
hiérarchisé, ni proportionné — comme je le voudrais,
à tort ou à raison. Et puis la grosse fausseté à mon
sens, c'est cette énorme et arbitraire simplification qui
fait de Dickens tout entier, imagination, sensibilité,
raison, esprit, caprice, humour, etc., un produit nécessité par une seule cause, très simple, très élémentaire,
par une singularité de sa vision ; et cette singularité
est encore, par-dessus le marché, assez mal définie
par Taine.

***

Que viens-je de faire avec Dickens? Je me suis
servi de lui pour montrer, selon mes forces, comment
on *rapporte* à l'homme général un individu donné.
— Il s'agirait maintenant de montrer comment on
démêle dans l'individu, ce qu'il a d'absolument particulier, l'homme *individuel*, d'avec ce qu'il a de
commun avec ses contemporains, d'avec l'homme
temporaire.

Le trait individuel, qui dans un auteur importe le
plus à l'histoire littéraire, c'est son génie ou son talent, parce que ce génie ou ce talent est, toujours en

partie, la cause du succès que l'homme obtient, la
cause qui fait qu'il est ensuite imité, qu'il devient
pour les auteurs consécutifs un modèle, ou à tout le
moins un excitateur. Seulement la source même du génie ou du talent est insaisissable. Par quelles causes
Racine a-t-il eu, à un tout autre *degré* que Pradon,
les facultés communes nécessaires à tout artiste littéraire? Il y a là un premier et foncier élément qui
nous échappe, qui est le mystère de l'hérédité, de la
copulation, de la vie intra-utérine.

Ce talent ou génie, nous ne pouvons, en fait, que
le *caractériser*; par exemple, relever en Racine une
susceptibilité, une sensibilité particulière, une aisance,
une adresse, une finesse, un tact particuliers dans le
maniement de la langue, etc. D'autre part, par des
comparaisons avec d'autres artistes, nous pouvons
arriver à des notions qui confirmeront ou infirmeront
les idées acquises sur la psychologie générale de
l'artiste. Il y donc là une occasion d'apporter quelque
contribution à la science psychologique.

***

A présent, puisque j'ai nommé Racine, je le garde :
qu'est-ce que le Racine temporaire ? C'est Racine recevant du temps où il vit, le *genre dramatique* conçu
et pratiqué d'une certaine manière, recevant des mains
de Mairet, de Corneille, la tragédie écrite en vers

alexandrins, et soumise en principe aux trois unités, etc. etc. — C'est encore Racine recevant du temps où il vit, la possibilité de lire une multitude de tragédies, parmi lesquelles il y a même des œuvres de date fort ancienne (Euripide notamment), et une foule d'ouvrages qui, sans être des ouvrages de théâtre, sont de nature à nourrir, fortifier son imagination, exciter sa sensibilité (par exemple des romans, *l'Astrée, Théagène et Chariclée*, etc.). C'est enfin, et pour faire court, Racine mis à même de connaître et de pratiquer certaines habitudes de famille, d'amitié, de sociabilité, etc.

Mais... vous voyez bien que ce Racine-là n'est en réalité que le milieu, les institutions environnantes réfléchies par un homme général et individuel tout ensemble ; ou, pour mieux dire, que ce Racine-là se constitue des empreintes qu'ont enfoncées sur lui les institutions environnantes. Donc l'étude de ce Racine-là se confond avec l'étude des institutions qui composent le milieu. On ne peut pas les séparer l'une de l'autre. Et voici le résultat : l'étude des institutions explique le Racine temporaire. — Racine à son tour, mais tout le Racine cette fois, entre dans l'histoire scientifique par la réaction que son génie exerce sur les institutions littéraires, grâce à l'imitation qu'il provoque, ou aux suggestions, aux excitations que les auteurs postérieurs tiennent de lui.

Puisque le Racine temporaire (ou toute autre individualité) est ce que nous venons de dire, le chapitre des individualités est clos ; nous pouvons passer à l'étude méthodique des institutions.

**

L'histoire ordinaire, je le répète, nous présente en première ligne et en relief les faits uniques, les événements, et plus *vaguement* les faits de répétition, de similitude, les faits *institutionnels*, qui cependant sont ceux qui importent le plus à l'histoire scientifique. Pour constituer cette histoire, le premier effort à faire c'est donc de constater et de dégager les similitudes.

Il est des similitudes qui se laissent apercevoir à première vue ; d'autres « enfoncées dans les faits » sont plus ou moins latentes. Mais, même avec les similitudes manifestes, il y a à vaincre une double difficulté ; c'est d'abord de préciser le point essentiel et comme central de la similitude ; et, secondement, de déterminer son étendue, laquelle, il faut bien le dire, reste souvent vague et flottante.

Pour être plus clair, je donnerai en exemple quelques similitudes qui ont été pour moi autant de problèmes ; je ne veux ici les indiquer que sommairement.

Question de notre tragédie classique. — La similitude ici consiste dans ce fait historique que, pendant deux siècles, les tragédies qu'on a faites présentent *communément*, l'observation de certaines conditions ou règles; l'emploi, jugé indispensable ou avantageux, de certains procédés de composition.

Question du Classicisme anglais. — A partir de la restauration des Stuarts jusqu'à la fin du xviiie siècle, les poètes lyriques et les poètes épiques de l'Angleterre se ressemblent *généralement* par la recherche d'une composition logiquement ordonnée, et par l'emploi d'un style maintenu sur le ton d'une noblesse, ou au moins d'une élégance, que l'époque antérieure ne présentait pas.

Question du Romantisme français. — Les poètes lyriques, les poètes dramatiques de cette période, offrent des *ressemblances* indéniables, bien que moins bornées, et moins faciles à définir que celles de nos auteurs de tragédie : ce sont des imitations et des réminiscences des mêmes auteurs étrangers, ce sont des partialités contre les mêmes auteurs français; ce sont certaines affectations de sensibilité, etc., etc.

***

Avant tout il faut — je le répète — analyser le milieu que l'on considère, le résoudre en toutes les similitudes ou institutions qu'il présente. Après les grandes similitudes, les similitudes secondaires. Celles-ci sont l'infiniment petit de l'histoire scientifique. Il est nécessaire de le saisir. Si l'on veut

obtenir l'explication du milieu, c'est par l'explication
particulière de chacune de ces similitudes, petites et
grandes, qu'il faut commencer. L'explication brin à
brin, si je puis dire, doit précéder toute généralisation sur l'ensemble.

Qu'est-ce en réalité qu'une institution ? Un groupe
plus ou moins étendu d'hommes qui se ressemblent,
qui sont le même homme, mais partiellement,
mais uniquement parce qu'ils accomplissent également quelques actions d'un certain genre et visent à
un but communément désiré. Cette similitude partielle
fait la vie de l'institution ; dès qu'elle cesse, l'institution disparaît. C'est dans chacun de ces groupes
qu'existe véritablement l'homme *temporaire*, l'homme
d'une époque. Et comme chaque institution a son but
propre et ses pratiques particulières, on voit qu'il y a
en réalité autant *d'hommes temporaires que d'institutions composantes*. Après cela y a-t-il quelques
similitudes de pratique ou de conduite qui s'étendent
à tous les hommes du temps ? C'est possible. On peut
supposer *a priori* que, sous les institutions bornées,
il y ait une ou plusieurs institutions embrassant dans
leurs cercles tous les contemporains ; mais ces institutions générales ont besoin, comme les autres, et
plus encore, d'être précisées et prouvées. Il ne
faudrait, par exemple, comprendre, dans les institutions d'une époque, que ce qui a commencé et fini
avec elle. Ainsi : s'il y a eu sous Louis XIV une

manière particulière de croire ou de pratiquer le
Catholicisme, cela est certainement à qualifier d'institution de l'époque ; mais non pas les croyances et les
pratiques qui, nées depuis des siècles, vivent encore
à ce moment de l'histoire et se prolongeront au delà.

En tout cas l'idée que tous les hommes d'une
époque *se ressemblent en tout*, — idée impliquée dans
cette expression « l'esprit ou le génie d'une époque »
— est inadmissible.

En définitive, dans l'état actuel de la science, n'am-
bitionnons pas d'atteindre, de saisir le genre de race
(si race, il y a) ni même l'*esprit d'époque*. Analysons
une époque donnée ; découpons-la en autant d'institutions, c'est-à-dire de similitudes, qu'un examen très
attentif nous en pourra faire découvrir. Dans chaque
institution, dégageons, comme je l'ai dit, les points
essentiels de la similitude et son étendue sur les
hommes, laquelle fait l'étendue même de l'institution.
Puis passons aux causes qui l'ont formée.

∗

Supposons une similitude suffisamment démontrée,
établie, et son point essentiel assez nettement précisé.
— Il s'agit maintenant d'en trouver la cause ou les
causes.

Une chose que nous savons déjà, c'est que toute
similitude ou institution a sa naissance, son point de

départ, dans une invention ou une innovation accomplie par un homme ou au plus par quelques hommes. — Tout novateur ne réussit pas à recruter des partisans, des adhérents ; toute innovation n'obtient pas d'être acceptée, ou répétée, imitée ; et alors elle est comme non avenue. C'est l'imitation, ou au moins l'acceptation, qui constitue la condition seconde en date, mais non moins nécessaire que l'innovation, pour qu'une similitude, une institution prenne naissance.

Le succès ou l'insuccès d'une innovation tient, partie à ce qu'elle est en elle-même, partie au caractère de l'auteur et à sa conduite, partie aux dispositions du public environnant, et partie à des hasards, tel par exemple que l'intervention favorable ou hostile de quelque individualité puissante, qui aurait pu n'être pas là, ou agir différemment. En somme, pour s'expliquer le succès heureux ou malheureux d'une innovation, il faut étudier d'un côté l'œuvre et l'auteur, d'autre côté le milieu où l'œuvre naît. On pourrait aussi bien dire le public, car, en réalité, tout ce qui, autour de l'œuvre, appartient au milieu non vivant, extra humain, n'agit finalement que par l'intermédiaire des hommes vivants. L'influence du climat, par exemple, est déjà déposée dans les hommes vivants, sans quoi elle n'agirait pas sur la façon dont l'œuvre est accueillie par eux.

***

L'histoire donc nous montre d'abord que telle innovation ou invention est due à l'initiative de tel homme
ou de tels hommes, toujours en petit nombre. Secondement elle montre que l'innovation a été acceptée,
l'invention employée par un nombre d'hommes plus
ou moins grand. Ce sont là les dehors de la causalité.
Il s'agit après cela de savoir : 1° Comment l'idée
nouvelle s'est formée ; surtout de quels éléments elle
s'est formée dans l'esprit de son ou de ses inventeurs ;
2° de savoir pourquoi l'innovation a été tolérée ou
acceptée, ou utilisée par tel public. — Et c'est ce que
l'histoire, seule, l'histoire au sens ordinaire, ne nous
apprendra pas. Il faut lui donner, pour auxiliaire, la
psychologie [1].

Les besoins constants de l'homme (besoins ma-
tériels et moraux) composent comme un faisceau de
forces qui produisent ou, au moins, tendent constamment à produire des effets, c'est-à-dire des actes
dirigés vers des objets différents. Ces forces intimes,
nous ne les percevons pas directement, nous les con-

---

1. Par exemple, comment l'idée est venue à quelques esprits de
constituer une tragédie avec une unité de temps, de lieu, etc., et
pourquoi les auteurs ont pour la plupart accepté ces conditions,
ces règles ; et pourquoi le public a accepté ou au moins toléré ce
genre de spectacle. Dans la recherche de ces pourquoi, l'histoire
reste le premier guide ; mais elle n'y suffit plus ; l'assistance de la
psychologie devient nécessaire.

jecturons d'après leurs effets ; nous les conjecturons diverses, parce qu'au dehors l'homme nous montre des conduites divergentes, différents genres d'actes. Selon le genre d'actes nous disons : ceci est de l'intérêt — ou de l'orgueil — ou de l'ambition — ou de l'amour ; et réciproquement, si nous pensons à l'ambition, à l'amour etc., nous prévoyons, en gros, quel genre d'actes chacun de ces mobiles fera accomplir. C'est la psychologie qui nous livre cela.

Elle nous donne des renseignements encore plus précis. Elle nous indique, en gros, comment une profession, un métier, une occupation journalière, une situation prolongée, parfois même des circonstances passagères mais tragiques, affectent les grands mobiles primitifs et, par suite, elle nous indique — oh ! avec probabilité seulement — comment l'homme d'un métier ou d'une situation donnée est disposé à se conduire [1].

Il faut voir maintenant comment l'histoire et la psychologie, travaillant de concert, s'aident et se secourent mutuellement. Pour cela, nous devons nous attaquer à quelques problèmes, et tenter leur résolution. Voici des faits que l'histoire d'abord nous

---

1. Par exemple, pour ne pas sortir de l'histoire littéraire, nous pouvons conjecturer, avec quelque probabilité, quelles influences doivent émaner d'une institution comme l'Académie française. Un corps pareil exerce presque inévitablement sur les esprits littéraires une autorité variable en degrés ; et cette autorité, il l'emploie à obtenir une sorte d'unité, d'uniformité, par l'établissement de certaines règles de composition et de style.

livre : en France, la poésie lyrique, à partir de la
Renaissance, offre un premier temps où le poète prend
la liberté de parler familièrement de lui-même, de
ses amours, de ses ambitions, de ses affaires ; où il
exprime sans contrainte ses sentiments et ses passions. Elle a un second temps où le poète se refuse
les expansions, les confidences personnelles ; il emploie alors son talent à mettre en vers des événements publics ou des idées générales. Elle a enfin
un troisième temps où le poète se donne licence d'exprimer tout ce qu'il pense, sent ou fait ; où il ne s'inquiète que de s'exprimer avec saillie et relief.

Que nous donne à son tour la psychologie ? Elle
nous dit qu'un homme, le poète autant qu'un autre,
préfère la liberté à la contrainte ; qu'il tend toujours à
s'exprimer librement. Si la liberté nous apparaît par
l'histoire comme fort diminuée et réduite à un certain
moment, il faut bien que la tendance naturelle au
poète ait été combattue par quelque cause, qui a agi
victorieusement sur la volonté de ce poète. Où la
chercher cette cause ? La psychologie nous la désigne
comme devant exister *probablement* du côté du public.
C'est une supposition à vérifier. Recourons de nouveau aux faits historiques ; nous y voyons en effet des
injonctions, des prohibitions adressées par le public au
poète. Très bien ! mais... pourquoi le public exerce-
t-il cette contrainte au moment que voici, tandis qu'il
lâchait la bride au poète au moment précédent que

voilà ? C'est, répond la psychologie, que peut-être le
public de l'époque de contrainte n'est plus le même
que devant ; qu'il est autrement composé et qu'il a
par suite une psychique particulière. Soit, voyons ce
qu'il en est de cette nouvelle supposition. Consultons
de nouveau l'histoire. J'aperçois en effet, qu'il y a
dans le public un élément tout à fait prépondérant,
dominateur ; c'est une haute classe, une noblesse désœuvrée, mondaine, *salonnière* et artiste (d'intention
au moins), à qui il ne faut dire que des choses imper-
sonnelles, exemptes de toute familiarité, des choses
qui aient un air noble de détachement, cet air qu'elle
porté elle-même dans le monde comme un costume
distinctif, comme un signe sensible de son rang supérieur dans la nation. Nous voilà au bout, je crois,
et nous y sommes arrivés, en faisant *alternativement*
usage des faits historiques, et de la psychologie
abstraite.

Autre problème : Il y a eu un moment chez nous, au
xviie siècle, où parmi les grands écrivains, régnait
communément une opinion assez curieuse : on croyait
que les anciens, Grecs et Latins, avaient eu un langage
familier pour la vie ordinaire, et un langage épuré,
un vocabulaire choisi, restreint, pour écrire leurs
livres. Nos gens se trompaient, et même la méprise
était assez lourde. Elle avait contre elle l'évidence des
textes antiques. D'où provint la méprise en question ?

Sans doute je vais, pour résoudre ce problème,

inspecter avec attention les circonstances environnantes, le milieu historique ; mais en même temps,
j'aurai soin de rappeler, et de tenir présentes dans
mon esprit, les tendances générales de l'homme en
fonction d'auteur. Il est clair que je commencerai ma
revue historique par les circonstances *littéraires*.
L'une de ces circonstances s'offre presque tout de
suite à ma vue. Les auteurs du temps observent, quant
à eux, en écrivant, cette pratique d'un style noble,
qu'ils attribuent faussement aux anciens. Leur style
noble, ils l'obtiennent par l'élimination d'une grande
partie du vocabulaire quotidien et familier. Voici donc
un phénomène historique, un effet, qui présente de
la ressemblance avec la méprise, dont la cause est à
trouver : mais cette ressemblance ne m'explique pas
encore la méprise ; je ne vois pas encore comment
l'une a pu causer l'autre. Poursuivons.

 : Si je trouvais les causes qui ont fait que les auteurs
du xvii° siècle ont adopté un style noble, cela me
mettrait peut-être sur la voie. Je consulte la psychologie ; je parcours les tendances que je sais ordinaires
à l'homme en fonction d'auteur, et, comme j'y vois au
premier rang le penchant à l'imitation, je me demande
d'abord si, en usant du style noble, les auteurs du
xvii° siècle n'imitaient pas leurs prédécesseurs. En me
retournant vers les circonstances historiques, je vois
qu'ils estimaient peu leurs prédécesseurs et que ceux-
là mêmes, dont ils faisaient quelque cas, leur parais-

saient encore imparfaits, quant au style. N'imitant
pas, ils innovaient donc, dans une certaine mesure,
quand ils parlaient le langage noble.

Quelle cause les a faits novateurs ? Ici je me rappelle
à propos qu'il y a l'homme en fonction de lecteur, de
public ; et que cet homme peut influer grandement ;
que parfois, il sollicite, il anime les auteurs, mais que
plus souvent encore il leur impose des restrictions. —
Et je reviens à l'examen des circonstances environnantes ; mais du côté du public cette fois. Et j'aperçois, en effet, que depuis un certain temps il s'est
formé un public spécial, étroit, distingué quant à sa
condition sociale, très exigeant, intimidant, et qui,
par suite, a dû se faire obéir. Il est fait, ce public, de
trois éléments distincts, mais en relation journalière
dans les salons — nouvellement inventés. Ce sont des
gentilshommes, des dames élégantes et spirituelles,
des hommes de science ou de lettres. Chacune de ces
catégories s'est mise en tête de purifier, de régula-
riser, et d'ennoblir la langue parlée dans les lieux où
l'on se réunit et, *a fortiori*, la langue des livres qu'on
ambitionnera d'écrire pour la bonne compagnie. Le
gentilhomme veut qu'on s'abstienne des termes roturiers ; la belle dame veut qu'on s'abstienne de tout
terme qui rappelle, fût-ce de loin, les conditions basses
de notre nature ; le savant et le lettré veulent qu'on
s'abstienne de mots sentant le vieux français ou le
provincialisme. Ces vœux, divers en apparence, con-

cordaient au fond, se combinaient, se complétaient. Ils émanaient, je le répète, de personnes de qui dépendait, à cette époque, le succès des auteurs, parfois même leur subsistance. Je me dis, en psychologue, que ce public d'élite a dû être écouté des auteurs. L'histoire me montre qu'en effet les auteurs se sont efforcés de lui complaire. C'est un point acquis. Toutefois la vraie question est encore pendante ; pourquoi les auteurs se sont-ils imaginé, contre l'évidence, que les anciens avaient, sur le langage écrit, même théorie et même pratique qu'eux-mêmes? Je remarque cette circonstance : les auteurs professent pour les anciens une admiration sans réserve. Il doit suivre de là qu'ils se les proposent pour modèles. Et en effet ils prétendent les imiter. Mais il se trouve qu'ainsi les auteurs sont tirés en sens contraires, voulant imiter les anciens qui usent d'une langue libre, familière, et complaire à leurs contemporains par l'emploi d'un langage émondé, choisi. Que vont-ils faire? La psychologie me dit : ils satisferont aux vœux de leurs contemporains, car c'est leur *intérêt immédiat*. Et en effet l'histoire confirme la supposition. — Mais alors ils vont mettre au moins une réserve dans leur admiration et dans leur imitation des anciens. Je vois dans l'histoire qu'ils n'en font rien. Ici, je l'avoue, j'ai de l'embarras, je tâtonne, aussi est-ce le vrai nœud de la question. C'est la psychologie qui me tire de peine. Elle me rappelle que l'homme s'efforce toujours de croire, de penser ce qu'il a besoin de penser et de croire pour suivre son intérêt, en pleine tranquillité d'esprit. Les circonstances de l'époque, c'est-à-dire les documents de l'histoire littéraire, me montrent qu'en effet les auteurs ont cherché et ont trouvé les raisonnements voulus pour se persuader sur les anciens ce qu'ils désiraient penser[1].

Concluons : la cause de la méprise est complexe ; c'est une combinaison, c'est la rencontre et la fusion de deux courants : un courant qui vient de loin, et qui apporte l'admiration séculaire, traditionnelle de l'antiquité ; un courant temporaire, qui prend sa source, dans la vie mondaine, nouvellement inventée et qui reçoit sa force d'impulsion de la classe aristocratique, si prépondérante à cette époque. Et finalement, en termes plus psychologiques, c'est une conciliation, voulue à toute force par les auteurs, entre leur intérêt immédiat et le préjugé imposé à leur esprit par la tradition.

***

A présent je me retourne et j'observe quelle marche j'ai suivie. — Je suis allé constamment de l'histoire à la psychologie et de celle-ci à l'histoire. Quand j'avais pris en main un fait historique, je cherchais, je con-

---

1. Voir, entre autres preuves, la théorie de Boileau sur la noblesse des mots grecs dans Homère.

jecturais le mobile qui l'avait dû produire. Quand je
croyais avoir trouvé ce mobile, je repartais de la psychologie dans l'histoire, pour y trouver la confirmation
de mon hypothèse. A chaque pas, je faisais donc une
hypothèse. Qu'est-ce qui me décidait à adopter telle
supposition plutôt que telle autre? C'était — remarquez, je vous prie, ma réponse — c'était la similitude,
une certaine similitude, qui m'apparaissait entre le fait
historique, que je considérais dans le moment, et un
autre fait avoisinant, ou encore entre le fait, que je
considérais, et un genre de conduite que la psychologie me donnait comme suggérée par un certain
mobile. Par exemple, cherchant par quelle cause les
gens du XVIIᵉ siècle avaient faussement attribué aux
anciens un style noble, j'ai été frappé de ce fait,
que ces gens pratiquaient eux-mêmes le style noble.
Cherchant ensuite à quoi était due l'invention du style
noble, il m'a paru que cette *contrainte*, cette surveillance sur son langage que l'auteur pratiquait, *ressem-
blait* à la contrainte que les personnes de la haute
classe exerçaient sur tout leur maintien, et spéciale-
ment sur leur langage, dans les réunions mondaines
de l'époque.

*_**

En résumé, l'histoire nous livre les actes qui ont
été accomplis, les conduites qui ont été tenues *sem-*

blablement par un nombre d'hommes plus ou moins
grand, à une époque donnée : d'autre part, la psychologie nous livre ce qu'elle sait des besoins et mobiles
perpétuels de l'homme. — Il s'agit de s'expliquer actes
et conduites par des dispositions *temporaires*, qui ont
plus ou moins duré. Celles-ci ne *peuvent être* que des
modifications, imposées au fonds perpétuel par des
circonstances plus ou moins éventuelles. Mais quelles
sont ces circonstances, quelles sont ces modifications
ou formes, et sur quelles parties du fonds ont-elles
porté ? Tout milieu, tout état social *fourmille* de circonstances ; donc la difficulté est d'abord de mettre
la main sur des circonstances de nature à produire,
en affectant le fonds perpétuel, les dispositions temporaires voulues, — c'est-à-dire capables de produire,
à leur tour, les actes, les conduites données par l'histoire. Ces dispositions temporaires sont, en quelque
façon, le pont à trouver entre le fonds perpétuel livré
par la psychologie et les conduites livrées par l'histoire. Nous venons de le voir, le procédé employé
pour trouver ce pont est une consultation, méthodiquement alternative, de l'histoire et de la psychologie ;
consultation *dirigée*, et, si je puis ainsi parler, *endi-
guée* par ce principe *hypothétique* qu'une cause et son
effet doivent présenter quelque trait de ressemblance ;
principe hypothétique, je le répète, principe bon pour
la suggestion, indispensable même pour limiter les
recherches, pour resserrer le tâtonnement historique,

mais principe qui doit être rigoureusement borné à
cet office...

***

Dans le cours du temps, une institution se modifie
toujours plus ou moins. Qu'est-ce à dire? — Telle
pratique, qui était commune à un groupe d'hommes,
disparaît, cesse d'exister, tandis que d'autres pratiques, également communes dans ce groupe, se maintiennent (sans quoi, c'est l'institution même qui dis-
paraîtrait) — ou bien, sans que rien disparaisse, une
pratique nouvelle devient commune dans ce groupe —
ou bien la pratique, nouvellement adoptée, remplace,
supplée la pratique ancienne qu'elle fait disparaître :
annulation, complément, suppléance, ce sont les trois
formes du changement.

Pour désigner les changements successifs, subis
par une institution dans un temps donné, il y a un
terme assez généralement usité : c'est le mot d'*évolution*. Originairement ce mot contient une image, celle
d'une chose qui naît, puis peu à peu s'amplifie, gros-
sit, se développe ; et l'idée d'une force qui, cachée
dans le germe primitif, agit avec constance pour
amener ce développement. Empruntée à la vie des
plantes (ou de l'animal), cette idée dupe notre esprit,
quand nous l'appliquons aux choses sociales.

Je le répète, il est des changements qui sont de

pures annulations, d'autres qui s'ajoutent l'un à l'autre
pour produire un résultat, d'autres qui augmentent
un effet produit, d'autres qui produisent un effet déjà
acquis, mais le produisent d'une autre manière, par
d'autres biais. Entre ces mutations et celles d'une
plante qui naît, grandit et meurt, il y a, je le veux
bien, une *analogie*; mais une ressemblance foncière,
réelle, point du tout. Pour cela il manque que ce soit
une *force unique*, latente, immanente dans l'institution même, qui cause son évolution. Considérez l'évolution de notre tragédie, par exemple; voyez comment les éléments, qui ont peu à peu constitué cette
institution, ont été assemblés l'un après l'autre :
règle des trois unités, emploi du vers hexamètre, emploi, non exclusif mais préféré, d'un thème antique,
obligation d'un dénouement funeste, obligation de
prendre pour héros des princes ou au moins des personnes investies de hautes fonctions, obligation de
faire tenir à tous les personnages un langage soigneu-
sement émondé, obligation de mettre hors de la
scène les actions violentes commises par les personnages, etc. Ces divers éléments ont été forgés par
une quantité d'ouvriers, poètes, critiques, grammai-
riens, protecteurs ou soi-disant tels des poètes, venus
de tous les points de l'horizon et imaginant ou re-
commandant, chacun, sa conception, par des motifs
particuliers. Nulle comparaison sérieuse, profitable,
n'est à faire entre une végétation et ce concours de

volontés, de mobiles psychiques. Non, *les choses so-ciales ne sont exactement traduisibles qu'en langage psychologique.*

***

Comment étudier une évolution? Quelle méthode suivre, pour trouver les causes des phénomènes successifs? — La même méthode que pour trouver les causes des phénomènes simultanés, contemporains. Nous avons, à l'égard de ceux-ci, employé la méthode analytique et résolu chaque institution en ses éléments. Il faut résoudre de même chaque évolution institutionnelle en ses modifications successives, relever un à un les changements qui composent l'évolution, et chercher la cause de chacun d'eux à part, avant de prétendre à trouver d'un coup une cause générale à l'évolution. Bref, en *longitude* de même qu'en *latitude historique*, il faut pousser le travail analytique, tant qu'on rencontre *devant soi* de la *similitude.*

Je me demande si la méthode, ici exposée ou proposée, n'est pas si évidemment conforme à la prudence la plus vulgaire que c'est à moi naïveté de m'étendre sur une chose à ce point connue, admise, pratiquée. Et voici cependant que, me retournant vers Taine, par exemple, je le vois à chaque instant user d'une méthode à peu près contraire. Ce n'est pas qu'il n'ana-

lyse quelquefois et très brillamment ; mais chez lui
c'est rencontre, ce n'est pas procédé constamment
préalable à la généralisation ; et même quand il analyse, ce n'est pas l'exposition analytique qui le mène
à la généralisation finale : celle-ci ne sort pas, ne
résulte pas de celle-là.

En réalité, c'est le contraire. Préalablement à son
exposition analytique, Taine tient en main sa généralisation toute faite, il l'apporte ; et c'est elle qui
éclaire, justifie, explique son tableau d'*époque*, ou son
tableau d'*évolution*, peint à larges touches ; tableau,
dis-je, parce que cela est plutôt fait pour les yeux
que pour l'explication scientifique. Ne sont-ce pas
incontestablement des généralisations, préalablement
formées et arbitrairement formées, que son esprit
d'époque, son génie d'époque, son génie de race ?

Taine dit (préface des *Essais de critique et d'histoire*) : « Il reste un pas à faire. Jusqu'à présent, il ne
s'agissait que de la liaison des choses simultanées ;
il s'agit maintenant de la liaison des choses successives..... vous avez cherché et trouvé la définition
d'un groupe ; j'entends cette petite phrase exacte et
expressive qui enferme en son enceinte étroite les
caractères essentiels d'où les autres peuvent être
déduits. Supposons ici qu'elle (cette phrase) désigne
ceux (les caractères) de notre xvii° siècle. Comparez-la
à celles par lesquelles vous avez désigné l'époque
précédente et les autres plus anciennes de la même

histoire dans le même pays ; cherchez maintenant si les termes divers de cette série ne contiennent pas quelque élément commun. Il s'en trouve un, le caractère et l'esprit propres à la race. » — Comment le trouve-t-on, cet élément commun à une longue suite d'époques, à une multitude de générations successives, à des millions et des millions d'hommes ? En tout cas comment Taine l'a-t-il trouvé, vérifié sur tant de têtes, sur de si larges espaces de temps et de lieux, et dégagé sans incertitude ? Il ne l'a ni trouvé, ni vérifié, dans les temps, les lieux, les personnes, et conséquemment pas dégagé ; il l'avait, il l'a apporté et il l'a appliqué à l'histoire, avant toute expérience, par transposition dans l'histoire d'une idée empruntée à la *biologie*.

Avec plus d'outrance encore, il arrive à Taine de réunir dans une seule phrase plusieurs généralisations extrêmement vastes. Il nous dira par exemple que la catégorie des esprits pensant par bloc, et non analytiquement (vous connaissez maintenant assez ce concept de Taine), englobe « les poètes, les prophètes, les inventeurs, les *siècles romantiques* et les *races germaniques* ». Faites effort, tâchez de vous représenter, approximativement, l'énorme multitude de faits différents que les expressions de Taine prétendent embrasser, définir et expliquer.

***

Quand nous avons résolu une littérature en toutes ses institutions composantes, quand nous avons résolu l'évolution particulière de chacune de ces institutions dans les changements, les pas successifs qui composent cette évolution ; à supposer que nous sachions en outre les causes qui d'un pas ont conduit à un autre, et cela pour tous les pas des diverses évolutions, il reste à voir si les changements successifs paraissent aboutir à un résultat favorable, *avantageux*, qu'on puisse définir, soit qu'il ait été l'accomplissement graduel de la volonté des hommes, ou l'effet harmonisé des événements inconscients.

Il n'est pas inutile de se demander au préalable s'il n'existe pas des causes générales, immanentes, régulières, qui tendent à produire de ces résultats *avantageux*, qui nous autorisent à les supposer provisoirement, et qui même nous indiquent de quelle espèce ils peuvent être.

***

Premières et élémentaires observations :

Hors de la littérature, comme au dedans d'elle, il n'est rien qui reste immuable. Il semble que les choses changent parfois sans que l'homme y mette du sien, qu'il le veuille, et même sans qu'il s'en aperçoive. D'autres fois le changement apparaît avec évidence comme son œuvre et comme une œuvre voulue. — C'est là une distinction qui pourra peut-être servir.

Remarquons encore ceci qu'il y a des générations successives. Prenons dans un pays tous les hommes qui arrivent la même année à atteindre leurs vingt et un ans. Voilà ce que j'appelle une génération. En tel pays, à telle époque, cette génération se montre disposée à penser tout ce que ses parents pensent, et à faire toutes choses comme ses parents les font. En tel autre pays ou telle autre époque, la génération nouvelle manifeste une disposition plus ou moins déclarée à contredire ses parents dans leurs croyances ou dans leurs procédés pratiques. Pourquoi docilité à la tradition dans le premier cas, indocilité dans le second? Comment se fait-il que l'homme soit tout ensemble routinier et changeant, conservateur et novateur ; aujourd'hui routinier, demain changeant?

On peut répondre : Il est routinier (ou imitateur) par paresse d'esprit. Quand il repense ce qu'on a déjà pensé, refait ce qu'on a fait, c'est évidemment, qu'il suit la ligne du moindre effort. L'intérêt de l'*esprit* est de s'épargner de la peine. C'est donc l'esprit qui veut que l'homme soit routinier.

Mais l'homme ne peut supporter l'insensibilité; il veut sentir *le plus possible* (dans les limites de l'agréable, bien entendu). Or les choses trop fréquentées ne font plus aucune impression. L'intérêt de la *sensibilité* est que les choses soient changées. La

sensibilité veut donc le contraire de ce que veut
l'esprit.

Une autre cause encore fait qu'il change, celle-ci
même plus évidente, plus frappante que l'autre. C'est
son *amour-propre* ou si vous voulez le sentiment de
sa personnalité, j'entends ce besoin, légitime dans
une certaine mesure, en tout cas naturel, de s'affirmer
comme individu distinct, différent par rapport à tout
autre de ses congénères. L'amour-propre veut que
l'homme contredise, contrecarre son prochain, par
pensée et par action.

Il y a ensuite le *changement involontaire*. En voulant imiter, et croyant imiter parfaitement, l'homme
ne refait pas exactement ce qu'il imite. Et ceci est
très fréquent.

A présent, voyons les effets. Ce qui apparaît au
premier coup d'œil, c'est que, grâce à la contradiction volontaire ou inconsciente, et à l'imitation voulue, mais imparfaite par inconscience ou par mala-
dresse, certaines choses vont *s'accumulant* sans cesse.
Chaque époque ajoute plus ou moins d'œuvres au
reliquat des époques précédentes.

Ces œuvres contiennent forcément, toujours en
quelque mesure, des observations psychologiques
neuves, dans leur fond, ou dans leur forme ; elles
peignent, elles *rendent*, elles *réalisent* artistiquement
des nuances de sentiment, ou des effets de passion,
ou des types humains, qui sont nouveaux par quelque

côté : bref elles augmentent notre fonds de connaissances psychologiques.

J'aperçois d'autre part que la société, l'ensemble
des relations qu'entretiennent les hommes entre eux,
cette réalité déroulée devant les yeux de l'artiste, va
toujours se diversifiant, se compliquant. Ceci est le
modèle vivant, par rapport aux œuvres écrites, dont
je parlais tout à l'heure, et qui sont, elles, comme des
toiles peintes, comme un musée de tableaux. Et je
remarque que, de ce côté-ci encore, il y a *accumulation croissante de modèles*, propres à animer, inspirer,
suggérer, et varier indéfiniment les suggestions.

Il semble suivre de là naturellement, et il suit en
effet assez régulièrement, pour les artistes, une possibilité de faire des œuvres où les sentiments, les passions, les caractères sont reproduits avec un plus
grand nombre de traits, de linéaments, — ou avec des
traits plus profonds, plus pénétrants ; bref une possibilité de faire des œuvres plus riches, et plus étoffées
psychiquement.

Je vois les inventions, la science appliquée, l'état
de paix plus durable augmenter le bien-être des
classes moyennes et inférieures, relever le niveau de
leur esprit et de leurs connaissances, et ainsi les
rendre plus importantes dans l'Etat, le régime démocratique s'établir, et le sentiment démocratique
répandu à l'alentour des artistes solliciter l'attention
de ces artistes, leur curiosité, puis leur intérêt, leur

sympathie intellectuelle pour les mœurs et pour les types de toutes classes ; immense extension de la sensibilité *artistique*, qui a pour résultat une grande diversité dans les œuvres produites.

Comme elles réfléchissent maintenant, sans exclusion, ni pruderie, tous les milieux, ces œuvres intéressent plus de gens. L'aire du public lisant s'agrandit. Par une suite forcée, dans la vaste enceinte de cette aire, il se constitue des publics divers, différents par leur condition, leur goût, leur manière de sentir ; et qui conséquemment diffèrent dans les demandes ou commandes qu'ils font à l'artiste.

Cette diversité dans la clientèle a pour effet de procurer à l'artiste plus de liberté, plus de latitude et quant aux sujets et quant à la forme même, au ton du style.

A cela le public trouve un nouveau profit, ses désirs conscients ou sourds étant toujours de rencontrer sur sa route une diversité d'œuvres qui renouvelle en lui l'intérêt, l'émotion.

Je vois enfin, et je l'ai déjà remarqué ailleurs, que la littérature devient ainsi un miroir plus exact et en tout cas plus complet de la société environnante.

***

Ces résultats qui s'enchaînent, qui n'en font qu'un, assez complexe, ont un nom que le lecteur devine :

c'est le progrès, le progrès de la littérature chez un peuple donné.

Taine a-t-il traité la question du progrès? En fermant son ample histoire de la littérature anglaise, je me le demande; et je doute. Certes il a noté, et abondamment décrit les changements, innovations ou réversions. A-t-il eu le sentiment net d'un mouvement, d'un courant toujours plus profond, s'avançant avec constance sous les fluctuations superficielles par lui notées? Il ne me le paraît pas. Peut-être faut-il, pour apercevoir le progrès, avoir au préalable la conviction, ou le pressentiment qu'il doit y avoir progrès : Taine n'avait pas cela. Son esprit était plutôt prévenu en sens contraire. Par quoi? par sa conception de la race, conception prédominante chez lui. — La race, comme il la comprenait, implique fixité du principe générateur des actes et des œuvres; et par suite une sorte d'équivalence de ces œuvres, depuis le commencement jusqu'à la fin.

***

Quand nous avons réussi à dégager avec certitude les résultats, sommes-nous au bout de la besogne à accomplir? Non, il reste immensément à faire. Il reste d'abord à trouver quels rapports les mouvements de cette littérature nationale ont soutenus avec les mouvements des autres institutions ambiantes; en quelle.

mesure les premiers ont été causés par les seconds et quelle influence ils ont exercée eux-mêmes (c'est la question de l'interdépendance dont nous avons déjà parlé).

Plus tard il y aura à faire, par la comparaison des littératures, l'histoire *mondiale* de la littérature, comme au reste l'histoire mondiale de chacune des institutions sociales (prêt à intérêt, mariage, etc., etc.) — Plus tard encore, après l'histoire mondiale de chaque institution, l'histoire tout à fait *universelle,* celle qui montrera, entre toutes les sociétés qui auront existé, les ressemblances essentielles qui se manifestent dans leur développement général, et dans la fin capitale ou les fins capitales qu'elles ont atteintes : histoire dont nous avons peine à nous former préventivement une conception un peu nette, histoire réservée évidemment à un avenir assez lointain. Plusieurs siècles d'études analytiques (minutieusement analytiques, nous l'avons déjà dit), accomplies par d'indispensables légions de travailleurs, doivent forcément préparer et précéder cette synthèse formidable.

CHAPITRE X

FACULTÉS NATURELLES QU'ON PEUT SUPPOSER A TAINE ET GÉNÉRATION PROBABLE DE SES IDÉES
CONCLUSION

Essayons de conjecturer aussi vraisemblablement que possible la génération des idées de Taine.

Il est très curieux et il est très significatif que le premier goût, et la première aptitude, qui apparaissent en Taine encore très jeune, presque enfant, soient ce que j'appellerai d'un seul nom, l'intelligence métaphysique. Ses toutes premières lettres nous l'apprennent, il a commencé par sonder l'ontologie du catholicisme, sa religion maternelle. Et son intelligence a été de force à apercevoir tout de suite la nullité de ce système ontologique. Il l'a donc rejeté. Il l'a rejeté avec une netteté, une fermeté de résolution extraordinaires à cet âge. Puis n'ayant encore rien à mettre à sa place, il est tombé dans un état de scepticisme absolu.

Et voici un second fait très caractéristique. De cet

état de scepticisme, Taine s'est promptement effrayé
pour ses principes de conduite, pour sa moralité ; et
aussi pour la santé de son intelligence. Il a fait tout
de suite effort pour sortir de cet état dangereux. C'est
à ce moment qu'il a rencontré Spinoza. D'emblée,
Taine fut conquis par Spinoza. Nous avons à cet
égard une lettre précieuse de Charles Bénard qui fut
le professeur de Taine.

« Taine est entré dans la classe de philosophie, déjà
philosophe, fervent disciple de Spinoza ! Il n'y avait
pas à changer un iota à sa foi au Spinozisme. Il s'y
était enfermé comme dans une forteresse, dont, au
reste, il n'est jamais sorti. Il n'y avait pas même à
discuter avec lui... Comment est-il devenu Hege-
lien ou semi-Hégelien ? Il n'y a qu'un pas à franchir.
Plus tard, il est devenu positiviste. C'est une évolution
qu'on a faite également en Allemagne. Quelle fut sa
faculté maîtresse ? Pour moi Taine n'est pas à proprement parler un philosophe. Il a été sous ce rapport
beaucoup surfait. C'est un écrivain d'un très grand
talent, un merveilleux esprit d'assimilation (non original et né créateur) ; comme penseur, toujours à la
suite de Spinoza, de Hegel, de Comte, de Darwin, de
Spenser. Ses formules sont vides (race, milieu, moment). Ce qu'il a produit sous ce rapport ne laissera
pas la moindre trace... S'il s'agit de l'écrivain, du
poète, c'est autre chose... J'aurais encore à dire sur
ce sujet, en particulier de l'abus qu'il fait sans cesse

de la métaphore, scientifique, si vous voulez, mais qui ne donne que de grossières analyses (ex. les couches d'idées, etc...).»

A partir de cette époque, pendant plusieurs années, les lettres de Taine expriment, avec une fréquence et une vivacité singulières, un sentiment qui se rencontre très rarement au degré où on le voit dans ces lettres. Taine y apparaît comme un impatient de certitude; (c'est le mot qui vient naturellement à l'esprit) et un impatient de certitude absolue. Il lui faut à toute force la vérité primordiale, la vérité mère d'où sortent, en quantité innombrable, toutes les autres, et qui, les causant toutes, les explique toutes. Sans cette vérité les autres lui sont de peu de prix. Son besoin de cette vérité est tel qu'il ne comprend pas qu'un esprit se repose avant de l'avoir conquise; et qu'il adjure, qu'il gourmande ceux qu'il aime, s'il les trouve moins ardents que lui à marcher vers cette suprême et défi-nitive étape de l'esprit.

Lettre à Prévost-Paradol septembre 1848 :

« Voici à peu près le discours que tu tiens. Je ne sais rien sur le principe et l'origine de ce monde dont je fais partie; je n'ai jamais examiné sérieusement si Dieu existe ou non, je ne sais pas où va ce monde, ni quelle est la fin et la destinée du genre humain. Je ne sais pas si j'ai une âme spirituelle ou si tout se fait en moi mécaniquement par le jeu des organes. Je ne sais pas ce que c'est que la mort, ni si j'y survivrai... Il

y a quelqu'un qui était dans la même incertitude que
moi et qui maintenant est hors d'incertitude. Ce quelqu'un m'invite à suivre la même marche que lui et à
étudier la science qui l'a guéri de ses doutes ; mais
moi je méprise cette science... Je préfère l'incertitude
de mon doute au repos des convictions. Je veux vivre
d'instinct comme un animal. Je risque ma vie, et je
m'expose à prendre le plus mauvais et le plus malheureux de tous les partis ; je ferme les yeux pour ne
pas voir et, heureux de mon ignorance et de ma mi-
sère, je raille l'homme inepte et ridicule qui m'en-
gage à en sortir. »

Voilà de quel ton, presque amer, Taine prêche son
ami le plus aimé (à cette époque) parce que cet ami
s'obstine en des idées d'un intérêt immédiat, contemporain, au lieu de s'attacher uniquement aux idées
purement spéculatives. J'ai dit : il prêche. Voyez en
effet ; il n'y a qu'un mot à changer dans cette lettre,
il n'y a qu'à remplacer le terme de science (en fait
il s'agit de métaphysique) par celui de religion, et
l'on a un vrai sermon où les raisonnements, le ton,
sont tout à fait d'un prêtre en train de tancer un
incrédule.

On ne peut, je crois, faire trop attention au tempérament intellectuel que cette lettre, entre autres manifeste ; car tel se montre ici Taine, jeune homme de
vingt ans, dans la façon dont il embrasse la métaphysique, tel nous le retrouverons plus tard, quand,

s'étant tourné du côté des sciences naturelles, c'est d'elles qu'il attendra la vérité. A elles, comme autrefois à la métaphysique, il demandera une vérité universelle, dominante, c'est-à-dire une force suprême emportant dans sa direction toutes les autres forces conformes ou contraires[1].

Et presque tel nous le retrouverons encore, ou au moins beaucoup trop pareil, et se ressentant trop de son ambition première, quand, après les sciences naturelles, il abordera les sciences morales. La complication beaucoup plus grande de celles-ci, il la méconnaîtra et lui fera violence, pour la contraindre à livrer un aussi petit nombre que possible de principes dominateurs et explicatifs.

La lettre de Charles Bénard nous a montré en Taine un élève fortement volontaire, très appliqué, très laborieux et consciencieux, déjà capable de résister à l'ascendant de ses maîtres et plutôt enclin à exercer lui-même de l'ascendant sur ses camarades. On voit par d'autres lettres qu'il se retire volontiers en lui-même. La solitude lui pèse peu. Les relations mondaines le rebutent. Il a une certaine intolérance pour les esprits ordinaires et les caractères communs. Le dédain même ne lui est pas inconnu. Il est timide, disposé à la tristesse, aux rêveries pessimistes. Evi-

_____

1. Il me paraît évident que sa première maîtresse, j'entends la métaphysique panthéiste de Spinoza, d'Hegel, a implanté dans Taine l'ambition de découvrir en histoire une grande loi suprême.

demment son caractère est celui d'un orgueilleux, ne
prenez pas ce mot dans une mauvaise acception, d'autant que son orgueil n'a rien d'agressif, ni même de
démonstratif. Peu ou point de vanité. De l'ambition
et même beaucoup, comme vous l'allez voir, mais
tout intellectuelle. Il se résignerait aisément à une
existence économiquement et socialement médiocre.
Sans ennui ni amertume il se prévoit une vie à la
Spinoza.

Réfractaire aux idées philosophiques des personnes
qui l'endoctrinaient, il fait tête encore à ses maîtres
par d'autres côtés. L'enseignement de l'École normale
lui paraît futile sur bien des points. Les exercices
qu'on lui impose l'impatientent jusqu'au dégoût. Il
ne pardonne qu'aux discours qu'on lui fait faire, et
par un motif qu'il faut relever, c'est que le discours,
selon lui, nécessite la construction (plus ou moins
hypothétique) d'un caractère humain. Il ne donne pas
dans certaines admirations, par exemple, dans celle
des auteurs du XVIIᵉ siècle.

On ne résiste jamais (ou bien rarement) aux influences environnantes qu'en s'appuyant sur des au-
torités éloignées dans le temps ou dans l'espace.
Contre la philosophie régnante autour de lui, Taine
s'appuie de Spinoza, puis bientôt de Hegel. Contre
notre littérature classique, il invoque les littératures
étrangères : l'allemande, l'anglaise. Le voilà déjà qui
systématiquement regarde avec une attention bien-

veillante ce qui se fait et ce qui se pense à l'étranger. Au reste, ce qui se passe chez nous à cette date n'est pas fait pour nous le rendre indulgent ; c'est le moment où l'Empire s'établit par un coup d'Etat. Le clergé, qui soutient le nouveau gouvernement, lui demande en échange de son appui des mesures de répression ou d'exclusion à l'égard des libres-penseurs. Les amis de Taine et lui-même sont frappés ou mis en suspicion, en surveillance. Il quitte le professorat où il se sent étouffer. Il rentre à Paris pour y vivre d'une existence précaire, économiquement parlant (avec des leçons, des articles de journaux), mais libre, maître de sa pensée, de sa plume, même d'une grande partie de son temps. Déjà à Nevers sa curiosité philosophique avait évolué. De la métaphysique, il avait descendu vers l'étude de la logique, puis de la psychologie ; il avait essayé de saisir sur lui-même le mécanisme des sensations. Il tendait visiblement aux sciences proprement dites. Une fois à Paris, des circonstances fortuites précipitèrent sa marche dans cette direction. Il s'adonna consciencieusement à l'étude des sciences naturelles, biologie, physique.

Simultanément l'histoire littéraire et la critique sollicitaient son intérêt. Il prenait pour sujet de sa thèse de doctorat : « La Fontaine, ses fables et son temps ».

Arrêtons-nous un moment pour saisir, si possible, le fond même de sa nature.

Ce que je crois apercevoir tout d'abord en lui, c'est une volonté forte, soutenue, tendue par une extrême ambition intellectuelle. Taine, dès sa vingt-cinquième année, au plus tard, s'est proposé d'être à la fois un investigateur hardi dans les sciences morales, et un brillant artiste littéraire, dans la critique ; aux résultats il apparaît qu'il avait été suffisamment doué par la nature pour aller assez loin dans ces deux carrières, mais il se pourrait bien, toutefois, que la volonté, le travail, lui aient plus donné encore que la nature.

Partagé de bonne heure entre la science et l'art, Taine est resté tel jusqu'au bout ; cette dualité, dans ses préoccupations, ses études, il l'a gardée toute sa vie. Elle répondait à la dualité même de ses facultés. Nous avons vu son exceptionnelle aptitude pour les idées abstraites ; de cette aptitude il avait parfaitement conscience, en se comparant à ses camarades de l'Ecole ; mais déjà, dans le même temps, il sentait en lui les germes d'un talent littéraire, qui devait grandir. En effet, si Taine n'a pas manifesté le don de créer des caractères, pas même de forger des aventures romanesques, il eut une éclatante aptitude pour parler éloquemment, avec abondance et surabondance d'expressions, pour faire des descriptions, des tableaux, pour inventer des métaphores, des comparaisons expressées et détaillées, jusqu'à nous en accabler, jusqu'à étouffer sous leur amas la clarté de ses idées (Taine est certainement, et de beaucoup, le prosateur le plus imagé qu'il y ait eu chez nous ; il est en prose l'équivalent de Hugo en vers).

Son verbe ne fut pas tout d'abord aussi riche qu'il l'est devenu. Taine se travailla, s'efforça dans cette direction ; ce qui prouve que, s'il fut artiste naturellement, il voulut encore l'être plus.

Qu'il fasse de la psychologie, qu'il fasse de l'histoire, en essayant d'y apporter une rigueur tout à fait scientifique, jamais Taine, pour cela, n'abandonnera ses préoccupations d'artiste. Il veut que ce qu'il écrit, soit écrit, non pas seulement avec ordre et clarté, mais avec des agréments, des ornements, avec de la verve et de l'éclat. Il lui faut un style qui soit classique par l'ordre, la suite dans l'exposition des idées, et en même temps romantique par la description des réalités, par l'abondance des comparaisons, par le luxe des métaphores. Il a fort bien réussi à faire ce qu'il voulait.

Romantique, Taine l'est de très bonne heure, mais d'une curieuse façon. Il n'a pas pour nos auteurs classiques du xvii° siècle, pour Boileau, Racine, Bossuet, etc., etc., cette admiration coutumière à ceux qui sont chez nous les partisans du classicisme. Et, d'autre part, il goûte assez médiocrement, ce semble, nos poètes romantiques : Hugo notamment. Il est romantique en dehors de France : son admiration il la réserve à Shakespeare, à Gœthe, et à

quelques autres moindres. En France, il n'aime
(Musset mis à part) que les romanciers, Stendhal,
Balzac, plus tard Flaubert. En réalité, plus encore
que romantique, il est exotique ; j'entends dire par là
qu'il a une curiosité et une bienveillance préventives
pour les produits littéraires de l'étranger.

Il n'y a pas que les littératures étrangères qu'il
préfère à la nôtre. Il préfère les philosophes allemands
aux nôtres ; et il préfère le régime politique de l'Angleterre et ses mœurs familiales à notre régime politique et à nos mœurs. Taine n'a pas laissé pour cela
d'aimer son pays (il y a de lui des écrits de 1870 qui
en témoignent) mais il n'en était pas si fier que
d'autres. A mon sens, il y mettait parfois une modestie un peu exagérée.

Revenons au Taine savant. Spinoza avait dressé
son esprit à la conception d'un déterminisme absolu,
en lui donnant l'idée d'un monde qui serait comme
sorti d'une formule géométrique et se serait déployé
en corollaires inévitables. Hegel lui avait confirmé et
circonstancié cette conception. Au moment où Taine
arrivait à l'étude des sciences naturelles, elles venaient de faire des pas décisifs, et de rencontrer des
vérités d'une ampleur extraordinaire. En tout cas les
esprits d'alentour, à ce moment, subissaient tous le
prestige de ces sciences ; ils les admiraient d'avoir
trouvé, avec certitude, quelques lois qui paraissaient
universelles.

Ces lois faisaient, elles aussi, concevoir l'univers physique comme gouverné par une détermination absolue. On comprend combien Taine était disposé à accepter la conclusion des sciences. Cette conception du monde physique, par une transposition téméraire, mais très explicable, il l'étendit tout de suite au monde moral, à la littérature, à la politique, à la vie pratique, bref à tous les actes, à toutes les œuvres de l'homme, ce microcosme —. Le sentiment du déterminé, du nécessité, c'est le premier fonds de tout esprit scientifique. Taine fut, de par sa nature et sa première instruction, un scientifique à outrance. Il crut que tout était déterminé, ce qui est vrai — tout *également* déterminé, ce qui est faux — tout déterminable dès aujourd'hui pour l'homme, ce qui est une terrible illusion.

Que « la vertu soit un produit aussi bien que le vitriol » et de même le génie, Taine n'a pas tort de le penser, puisque tout est causé. Son erreur est de croire qu'il peut trouver la cause du génie d'un Racine ou d'un Shakespeare, parce que sûrement cette cause existe. Qu'importe qu'elle existe, si elle est hors de nos prises, si elle est cachée dans des phénomènes que nos moyens d'investigation ne peuvent atteindre, du moins pour le moment.

Partant de cette conception, il fut induit à retrouver ou à imaginer, dans le monde moral, ce que les sciences naturelles lui montraient dans le monde

physique, je veux dire des lois, des généralités pré-
cises et circonstanciées. De là ce parallélisme entre
les sciences naturelles et la science historique que
nous avons vu plus haut.

Le même ascendant prestigieux des sciences naturelles lui donna son idée de la race. Nous avons vu
l'usage excessif qu'il en a fait. La race lui a été, par
la supposition de son rôle capital et permanent, une
cause toute trouvée pour toutes les choses, auxquelles
il n'apercevait pas une cause particulière ; et une
explication sommaire, définitive, là où l'explication
topique lui manquait. Et pis encore, il a été trop
souvent conduit par là à recourir tout de suite à cette
explication commode, toujours sous la main, et à se
dispenser de beaucoup de recherches.

L'idée des races diverses, une fois acceptée, celle
de l'inégalité des races arrivait presque forcément.
La géographie, l'histoire, présentent des peuples
inégaux ; Taine devait confondre le peuple et la race,
qui ne sont pourtant pas la même chose. L'idée que,
de toutes les races, la germanique était la mieux
douée, qu'elle était la supérieure, sortit logiquement
de l'estime que Taine accordait à la philosophie allemande d'un côté et d'autre côté, à la liberté, à la
stabilité politiques du peuple anglais. Après cela l'infériorité des races latines allait comme de soi. Pour
ce qui est de la France en particulier, Taine voyait
la preuve irrécusable de son infériorité dans ses révo-

lutions multipliées depuis un siècle, et dans la durée de sa littérature classique, durée que d'ailleurs il exagérait fortement.

Remarquons que la nature, telle que nous la montrent ses sciences propres ne connaît que les espèces, les races; elle semble ignorer l'être individuel. Élève des sciences naturelles, Taine donc l'est encore, quand il ne considère les grandes individualités que comme des expressions, des témoins, des échantillons de la race ou du peuple.

⁎

Taine a possédé deux avantages, qui en fait, ont tourné à son détriment. La raison raisonnante a eu chez lui une précocité extraordinaire, rappelez-vous la lettre de M. Bénard (même précocité probablement pour l'esprit de conduite, pour la sagesse). A l'Ecole normale, ses camarades disaient déjà de lui « Taine a un système ». C'est terrible d'avoir un système à vingt ans, même à trente, surtout quand on se voue aux sciences morales. Et secondement il a eu, à doses trop égales, l'esprit du savant, et l'esprit de l'artiste littéraire. Cette composition intellectuelle est bien probablement ce qui l'a jeté dans l'erreur où nous l'avons vu, mêlant, confondant ensemble le processus du savant et celui de l'artiste; imaginant que l'historien devait être capable des abstractions les plus fortes, des généralisations les plus larges, et à la fois capable de brosser les tableaux d'histoire les plus pittoresques. C'était donner à la science historique un canon établi d'après soi-même. Ce canon, il l'a pour son propre compte, observé tant qu'il l'a pu. Il ne se proposait rien moins que de faire de chaque époque un tableau où les acteurs, individus et peuples même, devinssent des « objets aussi visuels que l'homme qui passe actuellement dans la rue ».

Ce n'est pas, en ambitionnant de faire une histoire pittoresque qu'il se trompe, car cette histoire a son utilité et sa place à part, c'est en professant l'idée que l'histoire pittoresque est comme l'esprit intime, l'âme formatrice de l'histoire scientifique et qu'il faut donc bâtir ensemble ces deux histoires. Cette erreur, infiniment dommageable pour l'histoire scientifique, a mené Taine à individuer, à personnifier chaque peuple, à faire de chaque peuple un personnage qui dure et reste identique à lui-même, dans l'immense multiplicité de ses membres contemporains et dans l'énorme masse de ses générations successives.

***

Taine, en vertu de son esprit scientifique, entreprit tout d'abord un gros ouvrage de psychologie. En vertu du même esprit, il conçut l'idée de traiter l'histoire scientifiquement. Et en vertu de son autre aptitude, de l'aptitude littéraire, artistique, il devait choisir de composer scientifiquement une histoire littéraire. Ayant dans l'esprit une conception inexacte de la détermination, — je rappelle qu'il croyait tous les phénomènes historiques également déterminés et déterminables, — il choisissait mal. Il allait essayer de traiter rigoureusement ceux des phénomènes historiques qui s'y prêtent le moins, ceux où l'initiative des grandes individualités exerce une influence capitale et introduit forcément le plus de contingence.

*

Telle m'apparaît en raccourci la carrière de Taine, — entendons-nous bien, de Taine considéré uniquement, comme historien des littératures.

J'ai supposé de mon mieux son fond natif (on ne peut, je crois, faire autre chose). Moins hasardeusement, j'ai essayé de noter les contingences qui exercèrent leur action sur ce caractère; les préventions qui se saisirent de cette intelligence. Quant aux erreurs qui résultèrent de là, je crois en être un peu plus sûr. Il me reste à dire par quelles raisons, à mon sens, Taine survivra.

Le premier chez nous, il a donné l'exemple d'*écrire l'histoire d'une littérature nationale, particulière, d'une façon générale*, si je puis ainsi parler. Je veux dire qu'il a écrit une histoire particulière à la fois comme telle et comme un chapitre de l'histoire universelle. Ce grand ouvrage en effet s'ouvre par l'exposé d'une méthode que Taine déclare applicable à toute histoire. Dans le corps de l'ouvrage, après avoir raconté les faits en simple historien, Taine essaye de les réunir et relier en grands faisceaux par de vastes généralisations, et de les rattacher finalement tous à quelques causes ultimes, à des causes étendant leur empire par delà la littérature anglaise, même par delà toute littérature, jusque sur les phénomènes historiques de tout ordre.

Le mérite très grand d'une pareille initiative lui demeurera ; il ne peut plus lui être ôté.

Quant à sa méthode, et aux grandes causes qu'il a alléguées, elles sont en contestation. Les parties de son œuvre où il a prétendu expliquer les phénomènes littéraires sont déjà caduques au jugement de beaucoup d'esprits philosophiques. Dans les parties, au contraire, où il s'est borné à exprimer l'impression personnelle, subjective, qu'il avait reçue des œuvres littéraires, son ascendant persiste, Taine continue à communiquer ses estimes, ses admirations, il fait accepter ses jugements ; il entraîne, il maîtrise souvent son lecteur. Il apparaît là un historien des plus éloquents qu'on ait vus, mais, destinée singulière pour un homme qui s'est tant efforcé vers l'histoire-science, il n'est plus, à le prendre ainsi, que le plus grand des critiquesimpressionistes. — Il est vrai que cela même n'est pas d'une mince dignité.

Il a eu l'aperception nette du rôle de la science dans le monde, et du rang suprême qu'elle tient entre les activités intellectuelles de l'homme. Sa foi en la science a été vive, et par son éloquence il l'a certainement répandue autour de lui.

Il nous a légué une conception capitale pour la science historique, quand il a dit de lui-même, après avoir fait tant d'œuvres historiques : « Je n'ai jamais fait que de la psychologie pure ou appliquée », car c'était affirmer cette vérité, encore trop méconnue, que l'histoire est de la psychologie qui se réalise et se déploie dans l'espace et le temps.

Comme historien de la littérature il a professé cette idée importante encore que l'œuvre littéraire détient une moralité spéciale, et n'a pas besoin d'en emprunter à la morale proprement dite, en règle avec celle-ci, dès qu'elle ne la combat pas expressément ; bref, que morale et arts sont deux principautés distinctes, et qu'il faut prudemment conserver telles.

A côté des enseignements que Taine eut la très noble ambition de nous donner, il y a les leçons, involontaires et imprévues de lui, que nous pouvons tirer de son œuvre. Et ici le profit, si nous savons nous y prendre, peut être très considérable.

Stuart Mill a écrit un livre d'apparence paradoxale à première vue (pour quelques-uns) où il développe

une idée neuve et profonde ; à savoir que les erreurs
de certains esprits, qui au reste marquèrent dans l'humanité, « ont été fécondes, qu'elles nous ont été ser-
viables, presque autant que des vérités, parce que ces
idées erronées, l'intelligence humaine était vouée a
les produire d'abord, à ne trouver, qu'en les traver-
sant les vérités opposées, ou « l'âme de vérité[1] »,
cachée dans leur épaisseur. Taine a bien des partie
où, sans le savoir, il justifie et illustre la thèse de
Stuart Mill.

Je rappellerai ici, comme exemple, la théorie relative au génie latin ou classique, si souvent répétée
par Taine. Il nous apparaît sur ce point dupe d'une
erreur positive, mais en même temps il nous donne
occasion de remarquer que cette erreur passe tout
près d'une vérité, à savoir qu'il y a eu, en certains
temps, certains lieux, une éducation classique qui a
exercé un grave ascendant sur l'esprit de beaucoup
d'auteurs. L'œuvre de Taine offre un assez grand
nombre d'endroits pareils en cela qu'ils nous sug-
gèrent une explication *symétriquement* contradictoire,
ou simplement latérale.

Comme il a un style tout relevé d'images, d'analogies, d'oppositions antithétiques, le ton décidé et
affirmatif, la coutume d'insister sur l'idée dès qu'il la

---

1. Idée déjà conçue et clairement exposée par **Fontenelle**. Mais
Stuart Mill n'a pas connu Fontenelle ; et puis il a donné à cette
idée un développement magistral.

juge importante et d'en réitérer l'énonciation, bref comme il use systématiquement de tous les procédés propres à provoquer l'attention du lecteur, il arrive avec lui qu'aucune de ses idées importantes ne glisse sur l'esprit, mais au contraire s'y accroche bon gré, mal gré. Vraie ou fausse, une idée de Taine conquiert d'abord tout le monde. Les esprits légers, ou occupés ailleurs, restent séduits. Les esprits réfléchis, en vertu même de l'attention si fortement provoquée, sondent l'idée, et, quand elle est fausse, ils ne peuvent manquer une fois ou l'autre d'en découvrir la fausseté. Après cela si l'un de ces esprits est du métier, j'entends s'il est quelque peu sociologue ou historien philosophe, il démêle les principales causes qui ont engagé Taine dans ses fausses voies, et naturellement il se promet d'en éviter les entrées. Il se dit : Taine a méconnu la complexité de la science qu'il traitait. Il a abordé, avec un ferme espoir de les résoudre, des problèmes qui ne seront pas de longtemps mis en état d'être résolus. Soyons beaucoup moins confiants, moins impatients, moins impétueux. Gardons-nous surtout de poursuivre deux fins à la fois. Faisons franchement de l'histoire scientifique ou de l'histoire narrative et pittoresque, selon nos goûts et nos moyens prudemment consultés. L'histoire scientifique est bien assez épineuse toute seule ; et l'emploi entier de toute notre capacité, quelle qu'elle soit, n'y est pas de reste.

Taine nous avise encore en bien d'autres façons de

veiller sur nous, de prendre garde à nos pentes. Il adviendra, je crois, que, grâce à lui, les sociologues se défendront mieux qu'ils n'auraient fait, avant lui contre les généralisations hâtives, les assemblages lâches, la prévention des idées métaphysiques et la prétention au style artistique. — Et ce seront là des services de premier ordre.

*

Si en fin de compte on trouvait que j'ai beaucoup trop réduit la stature du « grand Taine », je prie qu'on prenne garde à ceci : je n'ai traité qu'un Taine partiel ; il reste en dehors de mon ouvrage le Taine auteur de *L'Intelligence*, le Taine voyageur, observateur des réalités, paysages et peuples, le Taine professeur d'esthétique, le Taine historien narrateur et peintre, le Taine historien politique, le Taine artiste de style et le Taine poète. Cette simple énumération suffit, je crois, pour rappeler à l'esprit que l'homme eut de très vastes proportions.

Si, d'autre part, on me reprochait d'avoir fait surtout la critique des défauts, et d'avoir négligé la critique « féconde » des beautés, je conviendrais que cette dernière est féconde en effet ; féconde en ce qu'elle est un principe de suggestion, d'émulation, d'encouragement, donc d'activité ; mais seule, exclusive, elle est aussi un principe d'erreur. Ce n'est pas connaître tout l'individu réel que d'ignorer ses défauts, ses lacunes, pas plus qu'on ne connaît un corps sans ses lignes terminales, sans ses limites. Et la critique critique n'est pas moins féconde que l'autre, car elle nous avertit, nous avise, nous met en défiance de nous-mêmes par l'exemple des fautes commises. Qu'on me permette une comparaison : figurez-vous un voyageur prêt à parcourir une route inconnue de lui. Il interroge deux personnes qui l'ont faite. L'un lui décrit toutes les beautés qu'il a rencontrées, ce qui accroît son impatience et son ardeur d'aller en avant. L'autre l'avise des mauvais pas, des fondrières, des coupe-gorges, des bifurcations trompeuses, etc... Voilà l'image des deux critiques.

———

Ce livre-ci est avant tout le résultat d'une lecture plusieurs fois réitérée des ouvrages de Taine, et d'une réflexion personnelle. Je n'ai cependant pas omis de m'informer de ce que mes contemporains pensaient au sujet de Taine. Parmi les ouvrages dont, à différents degrés et en différentes manières, j'ai fait mon profit, je mentionnerai : *Les maîtres de l'histoire* : M. Gabriel Monod, le premier, je crois, a tenté dans ce livre un portrait en pied, un portrait complet de Taine, caractère, théorie et méthode. En dépit d'un certain optimisme involontaire, dû aux relations amicales de l'auteur avec Taine, le livre reste foncièrement vrai. — Le discours de réception à l'Académie de M. Sorel (*Nouveaux essais de critique et d'histoire*) où l'auteur a finement indiqué de justes réserves, et autant que le lieu et la circonstance le permettaient, émis des critiques qui portent profondément. — Les quelques pages, très méditées et très remplies où (dans le tome VIII de l'histoire de la langue et de la *littérature française*), M. Seignobos nous a donné ses observat... is sur Taine. — L'article consacré à Taine dans *Politiques et moralistes du XIX* siècle de M. Faguet, qui excelle à pénétrer les idées des autres et à en faire des exposés brefs et concentrés. — L'ouvrage de M. Victor Giraud *Essai sur Taine* a été pour moi un utile complément de la correspondance de Taine. — J'ai trouvé un grand profit à comparer l'histoire de la littérature anglaise de Taine avec l'*histoire littéraire du peuple anglais* et l'*histoire du théâtre anglais* de M. Jusserand, historien on ne peut mieux renseigné et critique exempt d'engouement. — J'ai confronté les chapitres de Taine sur Shakespeare et son époque avec les trois volumes de M. Mézières : *Shakespeare : ses prédécesseurs et contemporains; les contemporains et successeurs de Shakespeare*. Et il m'a paru que le solide bon sens de M. Mézières était excellent à entendre au sortir de Taine. — Il va sans dire que j'ai lu les articles de Sainte-Beuve, que tout le monde connaît et dont l'éloge n'est plus à faire. (*Causeries du Lundi*, tome XIII.)

FIN.

TABLE DES MATIÈRES

VERSAILLES. — IMPRIMERIES CERF, 59, RUE DUPLESSIS.

BIBLIOTHÈQUE DE PHILOSOPHIE CONTEMPORAINE
Volumes in-8, brochés, à 3 fr. 75, 5 fr., 7 fr. 50 et 10 fr.

EXTRAIT DU CATALOGUE